KB119678

나는 과거로 가는
다리를 건너지 않겠다

―― 풀어 쓴 교류분석 이야기 ――

나는 과거로 가는 다리를 건너지 않겠다

───── 풀어 쓴 교류분석 이야기 ─────

이영호 · 박미현 공저

I Will Not Cross the Bridge That Leads Me to the Past
- Transactional Analysis Explained -

"마음이라는 비행물체를 잘 조종하는 사람은 아름답고 평화
로운 하늘, 산, 바다와 강을 더 멀리 그리고 더 넓게 볼 수 있다."

나에게 평소 갖고 싶었던 잔디 정원이 생겼다고 하자. 그 정
원이 저절로 사시사철 푸르고 예쁘게 가꾸어질 수 있을까? 아
마 저절로 되는 것이 아니라, 귀하게 여기고 가꾸어 주어야 그
정원은 내가 원하는 아름다운 모습으로 언제나 그 자리에 있을
것이다. 잔디 정원은 '나에게 소중한 사람' '귀한 관계'의 은유이
다. 결국 내 삶을 행복하고 풍요롭게 하는 것은 상대와의 관계
라는 소중한 정원을 어떻게 가꾸는가에 달려 있다.

'좋은 관계만 있으면 잃을 게 없다.'는 것이 나의 삶의 지론이
다. 그러나 실상 좋은 관계를 맺어 나가는 것은 쉽지가 않다. 사
람마다 마음이 움직이는 이치가 다 다르기 때문이다. 모두가
내 마음 같지 않고, 또 다른 사람의 마음을 잘 모르기에 더욱 그
렇다.

우리는 관계를 통해 행복해지기도 하고 상처투성이가 되기도 한다. 마음이 여려서, 독해서, 강해서, 올곧아서, 고와서, 모질지 못해서, 종잡을 수가 없어서 등이 그 이유이다. 상처받는 많은 사람은 과거의 마음 습성을 고수하고 반복하며 관계를 맺는다. 무슨 이유인지도 모르면서 '왜 나만 이렇게 힘들지?' 하고 독백을 한다. 그리고 그다음에는 '그래도 너는 나보다는……'이라고 비교하며 열등감을 느낀다. 그렇지만 이런 마음도 가만히 들여다보고 헤아려 보면, '정말 나만 힘들까? 내가 몰라서 그렇지 너도 힘든 것이 아닐까?' 하는 생각이 들기 시작한다.

언제나 '내 마음의 작동'이 문제이다. 내 마음을 중심으로 세상을 바라보면 모든 것이 부족하고 불만일 수 있다. 비교하여 열등한 나를 앞세우는 순간부터 타인과 경계가 생기고, 갈등, 시샘, 근거 없는 박탈감에 휘말린다. 그래서 내 마음의 작동 방향을 바꾸어야 한다. 결국 '그래도 너는'이 아니라 '그래도 나는'과 같은 긍정의 마음 작동으로 전환이 되어야 관계가 잘 이루어지고 행복하다.

관계 때문에 힘들어 본 적이 있는 사람이라면 누구나 '사람들의 마음은 어떻게 작동되는 걸까?' 하고 궁금해할 것이다. 그래서 마음의 관계방식을 알아보는 것은 무척 흥미로운 일이다. 다만, 이 관계방식은 고정된 것이 아니라 언제라도 변화할 수 있다. 상대가 누구이든, 상황이 어떠하든, 내 마음의 작동 방식을 건강하게 변화시키면 일그러진 관계방식이 깨지고 건강한 자기세계를 되찾게 된다. 결국 자신의 마음이 어떻게 작동하는지를 아는 것이 답이다.

자, 이제 우리 좋은 관계, 좋은 삶을 위한 마음의 훌륭한 조종사가 되어 보자.

이영호, 박미현

차
례

1

마음이
아프다

***

🌿 아내의 편지

여보……

오늘 아침부터 일찍 일어나 당신이 좋아하는 된장국에 새우젓을 넣은 계란찜을 하고 시금치를 파랗게 무쳤지만, 여전히 당신은 먹는 시늉만 하고 밥상을 물리더라. 처음에는 정성껏 차린 밥상을 물리는 당신을 보고 나도 심기가 영 불편했어. 하지만 그러기를 벌써 두 달여, 점점 말수도 줄어 가고 한밤중에 슬며시 침대를 빠져나가는 당신을 보고 있자니 나도 이젠 어찌해야 좋을지 모르겠다는 생각이 들어.

친구들과 술잔을 기울이며 밤늦도록 얘기하기를 좋아했던 당신이 이제는 전화조차 받지 않으려 하고 그토록 예뻐하던 딸아이의 재잘거림조차 귀찮아하니, 우리에게는 마치 낯선 사람처럼 느껴져.

얼마 전까지 우리가 귀찮다고 해도 주말이면 공원으로 바닷가로 우리를 끌고 다니던 그 사람이 지금 당신과 같은 사람인가 하고 혼자 생각도 해 봐.

지난 토요일, 퇴근할 시간이 지났는데도 오지 않는 당신이 걱정이 되어 수십여 통의 전화를 했었어. 한 번도 전화 없이 늦지 않았던 정확한 사람이었기에 밤이 늦을수록 나는 거의 초주검이 되어 온갖 상상에 시달려야 했지. 당신이 무사히 돌아오게만 해 준다면 앞으로 교회는 빠지지 않고 나가겠다는 아이 같은 기도를 진심으로 드리면서 정말로 가슴이 먹먹했었어.

그런데 12시가 넘어서 들어온 당신은 어디에 있었냐는 내 물음에 "그저…… 답답해서…… 바람 쐬려고 바닷가에 갔다가 시간이 이렇게 된 줄을 모르고 그냥 차에…… 있었는데…… 미안해." 이렇게 두서없이 대답하더군.

예전 같았으면 아마 사흘은 나에게 잔소리를 들을 일이었지만 당신의 그 어두운 얼굴 앞에 나는 더 이상 물어볼 엄두도 못 내고 말았지.

무엇이 당신을 그렇게 힘들게 하는지……. 아내인 나는 당신을 어떻게 도와야 하는지…….

이젠 당신의 우울증이 나에게도 전염이 되는 듯해. 제발 나에게 무엇을 어떻게 해야 하는지 얘기해 줘. 당신이 예전으로 돌아올 수만 있다면, 당신의 얼굴에서 건강한 그 웃음을 다시 볼 수만 있다면 무슨 일이라도 기꺼이 할 것 같아.

곱게 접힌 아내의 편지를 식탁에서 읽던 그날, 나는 상담실 문을 두드렸다. 사실 나에게는 그럴 의욕조차 없었지만, 안타깝게 바라보는 아내의 얼굴을 떠올리고 용기를 내었다. 아내가 나의 우울증을 피부로 느낀 것은 두 달여지만, 사실 1년 전부터 가끔 심하게 우울한 것을 느끼곤 했다. 하지만 누구나 가끔은 우울한 것을 느낀다고들 주변에서 이야기하기에 그러려니 하고 지냈었다. 상담을 하는 선생님은 1년 전에 무슨 일이 있었냐고 물었지만, 사실 그다지 큰일이 있었던 것도 아니었다. 항상 그렇듯이 집값이 얼마나 올랐는지, 동창 녀석들이 얼마나 출세를 했는지, 점점 연로해지시는 부모님을 누가 모셔야 하는 건지…… 뭐 이런 이야기들을 친구와 조금 심각하게 나누었던 시기였고, 오랜만에 만난 친구는 솔직히 공부 꽤나 하던 내가 친구들의 기대보다는 소박하게 살아간다며 술의 힘을 빌려 나에게 폄하 비슷하게 비아냥거렸다.

아무렇지도 않던 그런 이야기들이 지난 생활과 겹치면서, 난 나도 모르게 조금씩 우울의 늪으로 빠져든 것 같다. 아무리 애써도 잠을 잘 수가 없었고 식욕도 없었으며 사소한 결정도 내릴 수가 없었다. 잘 지내던 친구들과의 운동 약속도 의미가 없게 느껴지고, 그들과 나누던 대화도 내게는 더 이상 흥미가 없는 이야기들 같았다. 가족 또한 그저 짐스럽고, 머릿속에는 오로지 벗어나고 싶다는 생각뿐이었다.

아내가 초주검이 되어 기다리던 그날도 사실 그동안 봐 두었던 조용한 바닷가에서 유서를 쓰고 인생을 정리하려 했다. 하지만 아이들 생각에, 아내 생각에 그저 눈물만 흘리다 발길을 돌린 것이었다. 내가 우울증에 걸린 것 같다는 생각은 들었지만 어떻게 해야 할지는 잘 몰랐다. 열심히 살고 있는 친구들에게 이야기를 하더라도 그들은 이해하지 못할 것 같았고, 연약한 아내는 더더구나 어쩔 줄 모를 것이라는 생각이 들었다.

하지만 상담을 받기 시작하면서 나는 나의 이야기를 누군가에게 털어놓고 온전히 이해받는, 낯설지만 따뜻한 느낌이 들었다. 나도 모르게 내 몸속 깊이 자리 잡고 나를 괴롭히던 정체 모를 그림자와의 싸움이 그렇게 시작되었다. 긍정적으로 생각하라는 충고를 머릿속에 입력시킬라치면 그놈은 슬며시 내 귓가에 다가와 '그런다고 뭐가 달라져? 세상 살기가 얼마나 어려운데 긍정적이라고? 너만 바보 되지.'라고 속삭였다. 친구와 어울리려고 노력하면 '믿을 놈 없어. 다 똑같아.'라고 충동질했다.

그 지루한 싸움에서 벗어날 수 있었던 것은 비판이나 충고 없이 그 과정을 다 들어 주신 선생님도 큰 힘이 되었지만 무엇보다 아내가 나에게 준 무조건적인 긍정적 스트로크의 결과였다. 노력하는 내 모습에 아내는 전적으로 응원해 주었고, 그런 내 모습을 보는 것 자체가 행복하다고 했다. 그리고 내가 느끼는 감정에 대해 이해하려 애써 주었다.

지나간 시간을 되돌아보면 우울증에 걸린 일이 무슨 자랑이고 좋은 추억이랴마는, 그 기간 동안 우리 부부가 그놈을 상대로 한판 승부를 벌인 듯한 느낌과 결국 힘을 합쳐 이긴 듯한 이 느낌은 앞으로 살면서 다가올 어떤 고비에도 우리는 끄떡없을 것이라는 자신감으로 어느덧 바뀌었음을 느낀다. 그리고 아내가 내 생각만큼 연약한 사람이 아니라 죽는 날까지 믿고 의지할 수 있는 친구였다는 깨달음 또한 우울증이라는 놈이 내게서 떠나가면서 남기고 간 선물이었다.

슬픔을 느끼지 못한다면

별생각 없이 가볍게 읽던 책의 한 구절에서 더 이상 진도를 나가지 못하고 생각에 잠기게 되는 일이 종종 있다. 며칠 전에 그와 같은 경험을 하게 되었다. 책 속 '바닷가' '애도' 등의 단어들이 마음속 깊숙이 밀어 두었던 어떤 기억을 불러일으키며 나를 사로잡았다.

그때는 4월이었고, 바람은 따뜻하고 부드러웠다. 미풍 속에 가벼운 옷차림으로 운동을 하는 사람들이 하루를 열고 있는 새벽에, 나는 흐르는 눈물을 주체하지 못해 어쩔 줄 몰라 하며 걸었던 기억이 난다.

그날은 큰아이의 열여덟 번째 생일이었고, 생일 기념으로 석양이 아름답다고 소문난 바닷가로 여행을 떠났었다. 잠자리가 바뀌어서인지 새벽에 눈이 떠졌는데, 더 이상 잠이 올 것 같지 않아 걸어 보려고 운동화 끈을 매고 나선 참이었다.

처음에는 그저 따뜻한 바람과 갈매기, 밝아오는 아침을 즐기는 데 온통 집중하고 있었는데, 어느 순간 그날이 큰아이의 생일이라는 생각이 들었다. '아, 미역국은 어디서 먹지? …… 뭐. 할 수 없지.' 그다음 순간, 마음 밑바닥에서 서늘한 기운이 차올라옴을 느꼈다. 그것은 첫아이를 낳고 먹었던 미역국 맛과 함께 슬픔이랄지 고통이랄지 미처 이름 지을 수 없는 감정이 함께 올라오는 것이었다.

큰아이는 실은 둘째인 셈이었고, 나에게는 낳은 지 며칠 만에 제대로 보지도 못하고 떠나보낸 첫아이가 있었다. 하지만 첫아이를 잃은 젊은 엄마인 나는 그날까지 단 한 번도 그 아이를 위해 그리고 나를 위해 울어 본 적이 없었다. 슬픔이나 고통이나 애절함 따위의 감정은 억압해 놓고, 그 사실의 원인이 무엇인지 밝히고자 몸부림을 쳤었다. 이미 일어난 일, 원인 따위는 제쳐놓고 충분히 울고 슬퍼했으면 좋았을 것을, 아직 미숙했던 나는 아는 의사들을 찾아다니거나 책을 찾아보며 슬픔을 머리로 이해하려 했었다. 그런데 그날 아침 무슨 일인가 마음속에서 일어나는 것이 느껴지며 20년 전에 차마 하지 못했던, 첫아이를 떠나보내는 의식을 나 혼자 치르고 있었던 것이다.

아무도 아는 이 없는 새벽의 바닷가, 혼자 울기에 그보다 더 적합한 장소가 있을까? 그렇게 혼자 몇 시간을 발 닿는 대로 헤매며 눈물이 더 이상 나오지 않을 때까지 울고 나자, 그제서야 몸의 어딘가가 좀 가벼워진 느낌이 들었다. 아니, 마음속에 무슨 덩어리인가가 조금 작아진 듯 느껴졌다는 말이 더 옳을지도 모르겠다. 물기를 짜고 나면 가벼워지는 스펀지처럼……

나는 그간 왜 울지 못했을까? 지금 생각해 보면 살아오는 내내 난 슬픔을 표현하는 일에 서툴렀고, 운다는 것은 나에게 연약함이나 미숙함과 마찬가지였다.

부모님이 어릴 적부터 나에게 부여한 속성attribution은 '성숙한 아이'였다. 나이에 맞지 않게 어른스러운 아이라는 말을 제일 많이 들었고, 그런 아이는 떼를 쓴다든지 쉽게 울음을 터뜨린다든지 하는 행동은 하지 않는 거라는 것이 어린 시절부터 내가 나 자신에게 알게 모르게 강요한 심리적 메시지였다.

엄마는 나를 어른들에게 소개할 때면 "우리 애는 나이에 맞지 않게 좀 조숙해서……"라든지 "얘는 참 냉정해요. 여간해서는 잘 안 울어요."라고 말하곤 했다. 게다가 말뿐이 아니라 부모님이 나를 대하는 태도는 어른 대 어른 같은 동등함을 느끼기에 충분할 만큼 이성적이었다. 그래서 나는 한 치의 의심도 없이 스스로가 냉정하고 성숙하며 어른스러워야 한다고 믿게 되었던 것이다. 이렇게 부여된 속성은 나의 각본이 되었고, 좀처럼 울지 않는 어른으로 성장하게 되었다.

웃음과 눈물이 흔하다는 여고 시절에도 영화를 보면서 우는 일 따위는 절대 하지 않았다. 슬픈 영화 앞에서는 '이건 영화일 뿐이야. 뭣 때문에 다른 사람이 지어낸 이야기를 보면서 울고 짜는 미숙한 짓을 해야 한단 말인가?' 하며 울지 않아야 한다고 다짐하곤 했다. 가장 창피한 일이 여러 사람 앞에서 눈물을 보이는 일이었고, 혹시 주체 못할 감정이 터져 나올지도 모른다는 불안감에 어떻게 해서든 그런 자리는 피하고 보는 것이 전략 중 하나였다.

이것은 '성숙한 아이' '냉정한 아이'라는 나의 존재에 대한 정의를 부모로부터 부여받은 것이고(속성), '눈물로 감정을 표현하는 것은 미숙한 짓이므로 슬픔은 표현하지 않겠다.'는 초기 결단을 어린 시절에 한 것이다. 아마 내가 부모로부터 받은 금지령은 '느끼지 마라Don't feel it.'가 아니었을까? 그 금지령에 따라 나는 '감정에 초연한 사람'이라는 각본을 지금껏 유지하며 살아왔을 것이다.

그렇다면 이런 각본은 절대로 변하지 않는 것일까? 비록 각본이 우리의 무의식에 존재하며 인생의 중요한 선택과 행동을 하게 만드는 프로그램이라 해도, 나의 각본을 이해함으로써 재결단을 하고 이를 통해 각본을 바꿀 수도 있다는 것을 아는 것은 참 중요한 일이다.

　나는 어쩌면 부모님의 말처럼 그렇게 성숙하고 냉정한 사람이 아닐지도 모른다. 엄마가 나를 성숙하다고 말할 때마다 느껴지던 약간은 자랑 같은 언어적 메시지와 입가에 번지던 미소에서 보았던 뿌듯한 느낌의 비언어적 메시지들이 어느새 나의 무의식에 저장되어 나를 그렇게 몰고 갔던 것뿐이다. 성숙한 척, 냉정한 척, 울지 않으려 애써 딴청을 하면서 감정을 드러내지 않으려 했을 때 느껴지던 '내가 아닌 것 같던' 그 느낌이 불편하다면, 지금이라도 어릴 적 부여받았던 그 역할각본을 자각하는 것이 먼저이다. 그리고 스스로에게 '울어도 된다.' '슬픔을 표현해도 괜찮다.'와 같은 허가를 해 주는 것이 필요하다. 지금-여기에서 어른으로서 나는 어떤 사람인지 성찰하고 다시금 깊이 자신의 내면과 기꺼이 마주할 때, 점차 본래의 나를 알아 갈 수 있을 것이다.

내 마음속 '작은 아이' 키우기

상담을 신청한 지우 양은 겉보기에는 아름다운 20대 후반의 아가씨였다. 그러나 그녀는 항상 누군가와 함께 있지 않으면 마음이 텅 빈 것 같다고 했다.

그녀에게 자신의 삶에 대해 말해 보라고 했다. 그녀는 엄격한 아버지, 이기적인 어머니, 예민한 남동생 사이에서 항상 혼자였다고 했다.

그녀는 남자친구를 만날 때마다 그 남자가 부모 역할을 해 주기를 바랐다. 그녀의 끊임없는 요구에 지친 상대가 떠나려 하면 그녀는 다른 상대를 찾을 때까지 그를 붙잡다가 다른 사람이 나타나면 이전의 연인과 헤어짐을 반복했다.

그녀의 연애방식은 상대에게는 집착처럼 느껴졌지만, 정작 그녀에게는 불안과 행복의 롤러코스터였다. 연인과 통화를 못 하면 정신없이 연거푸 통화 버튼을 눌러 댔다. 그 사람이 일 때문에 바빠 며칠간 못 만나면 불안해 견딜 수가 없었다. 남자가 지친다며 헤어지자고 하면, 그녀는 울면서 더 잘하겠다고 애원을 했다. 그것도 그때뿐. 그녀는 연인과 결국 헤어졌다. 그러고 나면 세상이 무너지는 듯한, 자기 존재 자체가 없어지는 듯한 느낌이 들었다고 했다.

상담을 하면서 그녀는 자신의 마음속에 '작은 아이(내면 아이라고도 한다)'가 있음을 깨달았다. 싸늘한 부모로부터 제대로 된 사랑을 받지 못했던 자신, 동생이 태어나던 날 커다란 방 한쪽 구석에 혼자 남겨졌던 자신, 그렇게도 원하던 놀이공원에 갔지만 인파에 밀린 데다 잔뜩 인상을 쓴 아버지 옆에서 타고 싶은 놀이기구도, 갖고 싶던 풍선도 말하지 못한 채 눈치만 보고 있던 자신, 에스컬레이터를 타는 게 무서워 내려가지도 못하고 울고 있을 때 자신을 내버려 두고 혼자 가 버린 어머니의 싸늘한 뒷모습을 바라보던 자신, 일기를 안 썼다는 이유로 다리에 멍이 들도록 맞았던 어린 시절의 자신, 꾸중을 들을 때 아버지에게 들었던 비아냥거림과 거친 말투에 아파하던 자신…….

그녀는 상담을 통해 '작은 아이'를 안아 줄 수 있는 사람은 어느 누구도 아닌 '나' 자신뿐이라는 것을 깨닫기 시작했다.

그녀는 차츰 자신의 마음속에서 불안해하던 작은 아이에게 "괜찮아. 많이 아팠지? 너에게는 내가 있어. 널 버리지 않아."라며 다독여 줄 수 있는 힘을 갖기 시작했다. 그녀는 '내가 나 스스로를 괴롭히지 않는 한 어느 것도 나를 괴롭힐 수는 없다.'는 사실을 알게 되면서 점점 성장해 나갔다. 이제는 이틀에 한 번 꼴로 남자친구를 안 보면 죽을 것처럼 불안해하지 않는다. 남자친구가 전화를 받지 않아도 무던하게 대처할 수 있게 되었다.

누구에게나 마음속에 이렇게 자라지 못한 '작은 아이'가 자리

잡고 있다. '작은 아이'는 타인과의 관계에서 열등감으로 나타나거나, 못난 자존심으로 튀어나오거나, 사랑받지 못할까 봐 두려워하는 모습으로 나타난다.

내면의 '작은 아이'를 성장시키는 방법은 자신이 사랑해 주는 것이다. 못난 모습 혹은 고쳐야 할 단점을 생각하거나, 더 열심히 살라고 하는 채찍은 아무런 도움이 되지 않는다. 그것보다는 무엇이 나에게 가장 좋은 것인지, 나에게 힘이 되는 말은 무엇인지 생각하면서 남들과 비교하지 말고 나를 있는 그대로 인정하고 수용하고 사랑하자.

우리 모두는 지금 모습 그대로 참 괜찮은 사람들이다.

우리가 알아야 할 것은 오직 그것뿐이다.

 ## 용서하지 못해 괴로워하는 당신께 드리는 편지

당신이 무슨 일로 누구를 미워하고 용서하지 못하는지 저는 모릅니다.

당신이 얼마나 오랫동안 그 일로 인해 혹은 그 사람으로 인해 고통스러워하며 지냈는지 그것도 저는 모릅니다.

하지만 분명히 알 수 있는 것은 하나 있습니다.

그것은 당신이 수없이 많은 밤 깊은 잠을 이루지 못하고, 때때로 가슴 밑바닥으로부터 주체할 수 없이 올라오는 분노를 견디고 있으며, 이유를 알 수 없는 슬픔과도 씨름을 하고 있다는 것입니다.

그래서 당신은 남들처럼 온몸을 뒤흔들며 웃지도 못하고, 온전한 행복은 당신의 것이 아니라는 생각에 일상의 작은 즐거움조차 마음껏 누리지 못하고 있는 것입니다.

당신에게 상처 준 이를 용서하지 못하는 그 미움이 고스란히 날카로운 칼날이 되어 당신의 가슴에 생채기를 내고 있는 것이지요. 어쩌면 당신에게만이 아닐 것입니다. 그 상처는 상관도 없는 가족, 배우자와 아이들에게까지 전염되고 있을지도 모릅니다.

사람들은 쉽게도 말을 합니다. '용서하라고' 그리고 '잊으라고'…….

하지만 막상 누구도 당신의 자리에 서 보지 않으면 그것이 얼마나 어려운 일인지 모를 것입니다. 그러니 어찌해야 할까요?

너무나 어렵겠지만, 먼저는 용서하지 못해서 생기는 그 고통으로부터 도망치지 말고 용기를 가지고 마주 서야 합니다. 용서는 선택하는 것이 아니라 필수이기 때문입니다. 그리고 용서하지 못하면 미움의 상대가 아니라 바로 나 자신이 다치기 때문입니다. 절망과 고통을 서서히 부드럽게 드러내는 일이 바로 용서의 시작이고 치유의 시작이 될 수 있습니다.

심리학자이며 철학자인 앨리스 밀러Alice Miller는 "분노와 통곡을 충분하게 표현하지 못하고 의무감으로 하는 용서는 오히려 나쁜 결과를 가져온다. 용서는 상처에 대해 충분히 애통해하고 아파한 결과로 저절로 오는 것이다."라고 했습니다.

그러니 누구에겐가 털어놓으십시오. 당신의 고통과 분노와 절망을 혼자 삭이면서 겉으로는 웃는 피에로의 역할에서 벗어나, 이제는 이야기하십시오. 이미 드러난 상처는 더 이상 상처가 아닙니다. 아니, 상처라 하더라도 이미 아물기 시작한 상처입니다.

그리고 미움의 대상을 떠올리면서 '용서한다'고 이야기해 보십시오. 하루에도 몇 번씩 그 사람이 떠오를 때마다 소리 내어 '용서한다'고 이야기하는 겁니다.

이 어려운 일을 해야 하는 이유는 너무 간단합니다. 그건 '내가 살기 위해서'입니다. 대상이 누구이든 미움을 마음에 품고 평화롭고 행복하게 살아가는 일은 거의 불가능한 일이기 때문입니다.

그리고 다른 이들의 용서를 도와주십시오. 누군가가 당신처럼 힘들어할 때 그 옆에 있어 주며, 그들에게 "내가 안다. 내가 너의 마음을 다 안다."라고 말해 주십시오.

세상의 어느 누가 당신보다 더 그들의 마음을 잘 알 수 있겠습니까? 진심으로 마음을 나눌 때, 억지로 용서를 떠올리지 않더라도 어느새 고통이 저만큼 물러나 있는 것을 보게 될 것입니다.

마지막은 그 모든 상황에서 자유롭지 못했던, 그리고 그간 고통으로 자기를 힘들게 했던 자신을 용서해 주십시오. '내가 왜 가만히 당하고만 있었을까? 바보같이…….'라든지, '아! 그때는 내가 왜 그랬을까?' 이런 생각들로 자신을 괴롭히고 있다면, 이제는 자신을 자유롭게 해 줄 때입니다. 스스로에게도 '용서한다'고 말해 주십시오.

그렇게 당신이 평화를 지니게 되면 당신이 사랑하는 사람들도 그것을 갖게 될 것이고, 당신이 행복해서 웃으면 그 웃음도 당신이 사랑하는 사람들이 제일 먼저 갖게 될 선물이 될 테니까요.

아름다운 계절에 당신과 당신이 사랑하는 사람들에게 마음의 평화와 행복이 가득하기를…….

🪶 두려움이라는 감정

수영에 서툰 나는 수영장에 가면 절대로 발이 닿지 않는 깊이로는 가지 않으려 노력한다. 조금이라도 바닥이 멀어 보인다 싶으면 얼른 가까이 있는 수영장 가장자리를 더듬어 밖으로 나오거나 있는 힘껏 버둥거려 되돌아오려고 애를 쓴다. 그러다 보니 수영은 재미있는 놀이도 운동도 아니고, 늘 두려움과 함께 짝을 이루는 피하고 싶은 일이 되어 버렸다.

그 두려움의 정체는 무엇일까? 죽음 혹은 죽음 직전의 숨을 쉴 수 없다는 고통을 상상하는 것 아닐까?

김여진의 『연애』라는 책에 인도에서의 경험이 적혀 있다. 대학생들과 봉사를 갔던 인도에서 벼랑길을 따라 줄을 지어 산에 오르는데, 대여섯 살의 인도 꼬마들은 팔랑거리고 뛰어오르는 그 길을 벌벌 떨며 기어오르다 결국은 무릎이 꺾여 주저앉고 말았다는 것이다.

옆은 까마득한 낭떠러지에 죽은 소의 시체들이 아득히 보이는 그 길에서 주저앉아 자신의 두려움을 들여다보았다는 그녀는 그 두려움의 실체를 죽음에서 찾고 나서야 일어서서 걸을 수 있었다고 했다. '그래……. 죽지 뭐. 죽어야 되면.'이라고 생각하자, 비로소 발이 떨어지고 앞이 보이더라고 했다.

그렇게 자신의 두려움을 들여다볼 수 있다면 살아가는 일이 한결 쉬울지도 모른다. 그저 용기를 내자. '아자! 아자!'를 공허하게 외치기보다 조용히 내가 떨어지기 무서워하는 저 두려움의 실체는 무엇인지, 어디에 발이 묶인 것인지 들여다보면 그 실체는 그저 생각뿐일 수도 있다. 관념적인 두려움, 습관성 두려움, 조심스러운 성격이라 말할 수도 있는데, 늘 미래를 예단하고 걱정하고 포기하고서야 그 두려움에서 벗어나는 사람도 있다. 스스로 늘 자신은 용기가 없고 겁쟁이라고 생각하면서도, 일이 닥치면 반복해서 피할 수 있는 핑계만 생각해 낸다.

두려움은 극복의 대상이 아니다. 그저 인간이기에 느끼는 또 하나의 정서일 뿐이다. 현실적인 두려움은 위험을 피하게 하는 종소리가 되기도 한다. 하지만 부정적 예측은 그 두려움의 실체를 부풀려 우리를 견딜 수 없는 극단으로 밀고 가는 방아쇠가 되기도 한다.

두려움을 느낀다면 그저 느끼는 것을 알아차리는 것으로 내가 할 수 있는 것은 다 했다고 생각하기로 하자. '지금 두려워하고 있구나.' 이 두려움은 현실적인 것인가? 혹은 지나친 불안에서 오는 것인가? 그렇게 두려움을 들여다보는 것 외에 무엇을 할 수 있을까 의문이 든다.

두려움 또한 나의 것이니, 소중히 길들이면서 살아갈 수밖에…….

감정 따위는 필요 없어!

강철 씨는 사회에서나 가정에서나 강하고 남자다워야 한다는 생각을 가지고 평생을 살아왔다. 청소년 시절에 아버지가 갑자기 교통사고로 돌아가시고 몇 년 뒤 어머니마저 세상을 떠나신 후, 그는 아무런 감정도 느끼지 않으려고 노력했다. 감정은 살아가는 데 불필요한 것이고 고통스럽기만 한 것이라 여겼다. 어떻게 해서든 살아남아야 한다는 생각에 삶의 문제해결에만 온 에너지를 쓰기로 결심했고, 가난하고 고단한 삶의 주인공으로서 성공과 경제적인 성취만을 최고의 가치로 여기며 앞만 보고 달려왔다.

강철 씨는 예상보다 일찍 회사에서 퇴직을 하게 되었다. 그런데 그가 돌아간 가정에는 가족이 없었다. 대화를 원하고 마음을 좀 알아 달라고 젊은 시절부터 늘 말하던 아내와 아이들은 이제 각자 생활에 바빠서, 또 그간 소원해진 관계 때문에 더 이상 강철 씨와 대화하지 않으려 했다. 강철 씨는 누구를 위해 인생을 살았던 것인지 억울하고 혼란스러워 고민 끝에 상담을 받아 보기로 하였다.

그는 평소 인식하지 못했던, 자신의 각본 속에 있는 '남자다움'이라는 강박, 즉 강해야 한다거나 자신의 약점 혹은 어설픈 감정을 결코 드러내서는 안 된다는 심리가 자신을 옥죄고 있다는 사실을 알게 되었다. 아무리 힘들어도 슬퍼도 겉으로 드러내지 못한 채 오히려 가족에게 화를 내고 훈계를 하거나 설교, 설득을 하고 있었던 자신에 대해서도 알게 되었다.

강철 씨는 지금까지 마음을 표현하는 것을 부끄럽거나 나약하거나 소용없는 일이라고 여겨 왔는데, 그것이 결국 사람들과의 관계에서 따뜻한 친밀감을 갖지 못하게 하는 원인이라는 것을 알았다. 그리고 자신이 관계가 아니라 일을 삶의 중심에 두고 살아왔다는 것도 깨달았다. 가족은 그런 강철 씨를 '마음을 몰라주고 늘 이성적인 이야기만 하는 남편, 아빠'라고 인식하면서 가능하면 마주치지 않으려고 했던 것이다.

강철 씨는 자신에 대해 알게 되었지만, 안다는 것만으로는 변화할 수 없었다. 평생 자신을 표현하지 않던 사람이 자신의 마음을 표현하는 일은 저절로 되는 게 아니었다. 의도적인 노력이 필요한 부분이었고, 부끄럽고 어색해도 말을 해야 변화가 있는 것이다.

강철 씨는 조금씩 상대의 마음을 알아주는 말을 하기 시작했다. 아들에게는 "네가 그렇게 아빠하고 말을 잘 하지 않으려 하니까 아빠가 좀 섭섭한데……."라고 했고, 아내에게는 "여보, 밥 차리기 귀찮지? 오늘은 내가 라면이라도 끓일까? 같이 먹을래?"라고 먼저 살갑게 다가가려 애썼다.

가족은 강철 씨의 변화를 눈치채기 시작했다. 강철 씨는 그동안 답습해 온 삶의 각본을 인지하고 이것을 바꾸어야 한다는 자각을 갖게 된 게 다행스러운 일이었다고 고백했다. 아들에게도 "감정적으로 힘들 때는 솔직하게 힘들다고 털어놓고 도움을 청해라. 그렇게 하는 게 감정을 억압하고 참는 것보다 오히려 더 용기 있는 행동이다."라고 조언할 수 있게 되었다.

강철 씨는 이미 지나가 버린 과거, 즉 어린 시절에 자신의 존재를 인정받기 위해 어쩔 수 없이 내린 결정('강해져라')이 자신의 삶을 황폐하게 만들었다는 사실을 알아차렸고, 이제는 현재의 삶에서 느낄 수 있는 것을 무시하지 않고 표현하게 되었다. 그리고 과거의 힘든 상황을 꿋꿋이 잘 이겨 낸 자신을 대견해하며 현재의 변화를 통해 누리게 된 감사와 기쁨을 이제는 가족들에게 되돌려 주려 하는 자신이 정말 좋다고 말한다.

🪶 사랑연습

우리가 흔히 하는 실수 중 하나가 첫인상 혹은 몇 번의 만남으로 상대방을 잘 알게 되었다며 판단하는 것이다. 사실은 상대의 실체를 보지 못한 채 나의 생각 속에서만 상대를 보고 좋아하고, 싫어하고, 섭섭해한 것이었는지도 모른다. 그런데 시간이 흐른 뒤 마음의 눈으로 다시 상대를 보면서 상대의 본질을 이해할 때가 있다. 그 본질 속에는 누구나 다 독특한 관계 방식이 있고, 사람을 사랑하는 자신만의 방식이 있다는 것을 알게 된다.

주명 씨의 이야기는 이러한 관계 방식을 잘 보여 준다. 주명 씨는 아버지와 사이가 좋지 않았다. 어렸을 때 주명 씨의 아버지는 어머니를 자주 때렸고, 결국 어머니는 집을 나갔다. 그 뒤 그는 친할머니 손에서 자랐다. 친할머니는 주명 씨를 가엾게 여기고 사랑해 주었다. 주명 씨는 아버지가 집에 오는 날이 싫었다. 아버지가 술을 마시고 늘 "아빠에게는 사랑하는 여자가 따로 있었다. 네 엄마가 너를 임신해 어쩔 수 없이 결혼했다. 너만 없었어도……."라며 푸념을 하기 일쑤였기 때문이었다. 주명 씨는 마치 자신의 존재가 아버지의 삶을 고통과 회한으로 만든 것처럼 말하는 아버지를 원망하며 고등학교를 졸업하기도 전에 가출하였다.

가출해 살던 주명 씨는 군 입대 영장을 받고 마치 살아 돌아올 수 없는 곳으로 가는 사람의 마음으로 인사를 하러 아버지를 찾아갔다. 아버지는 어렵게 찾아온 아들에게 "힘들게 키웠더니 싫다고 마음대로 집 나간 녀석"이라며 주명 씨를 야단쳤다. 주명 씨는 아버지에게서 다시 마음에 상처를 입고 홀로 입대했다. 훈련소에서는 부모에 대한 감사와 효도를 강조했지만, 주명 씨에게는 먼 나라의 이야기로만 느껴졌다.

5주간의 훈련을 마치고 수료식을 하던 날, 동기들은 부모들을 기다리며 들떠 있었다. 아무도 올 사람이 없는 주명 씨는 그저 다른 가족의 모습을 멍하니 바라보기만 했다. 그런데 그때 갑자기 한 사람이 그의 눈에 띄었다. 아버지였다. 그는 자신도 모르게 울컥했다. 그간의 미움은 어디 갔는지, 다정한 다른 가족의 모습에 자극이라도 받은 것인지 자신도 모르게 달려가 아버지를 끌어안고 울었다. 훈련이 힘들어서 혹은 삭막한 군에 혼자 떨어져서 지낸 외로움과 서러움 때문은 아닌 것 같았다. 아버지를 원망하던 아들을 보기 위해 휴가를 내고 부산에서 인천까지 왔을 아버지의 모습이 그려지면서, 표현은 안 해도 아버지의 사랑이 느껴졌기 때문이었다. 아버지가 가만히 주명 씨 얼굴을 만지며 말했다. "사내자식이 왜 질질 짜고 그러냐. 보기 싫게."

끝까지 따뜻한 말 한마디를 해 주지 않고 돌아서신 아버지. 주명 씨는 그제서야 이것이 아버지의 사랑법이라는 걸 알게 되었다. '내가 아버지를 그리워했듯 아버지도 나를 기다리지 않았을까?' 그는 그때부터 자신이 먼저 아버지에게 마음을 열어야겠다고 결심했다.

이후 주명 씨는 제대 후 열심히 공부해서 검정고시를 거쳐 대학에 진학하게 되었다. 주명 씨는 대학 생활을 하면서 자신도 여자친구에게 자신의 마음을 잘 표현하지 못하고 오히려 더 퉁

명스럽게 관심이 없는 척한다는 것을 알게 되었다. 동시에 어릴 때부터 사랑을 주고받는 방법을 배우지 못하였고 그렇게 자신이 싫어하던 아버지의 방법을 자신도 그대로 사용하고 있다는 것을 알게 되었다. 이것은 주명 씨에게 큰 자각이었고, 이제는 그러한 표현 방식이 적합하지 않고 여자친구에게도 썩 도움이 되지 않음을 인식하게 되었다. 그리하여 사랑 표현에도 연습이 필요하다는 것을 절감하게 되었다.

『사랑 충동Vers l'amour vrai』의 저자 마리 리즈 라봉테Marie Lise Labonte는 이렇게 말한다. "모든 생명에 탄생의 순간이 존재하듯이, 사랑에도 탄생의 순간이 존재한다. 여러분이 사랑받았던 방식은 여러분이 사랑하게 될 방식에 영향을 미친다. 사랑은 생이 시작될 때부터 우리를 둘러싸서 생을 끝마칠 때까지 우리와 동행하는 놀라운 떨림이다."

주명 씨가 아버지의 무뚝뚝함을 아버지만의 사랑법이라고 이해하는 것은 내 생각만으로 상대를 판단하지 않는 열린 마음을 의미한다. 하지만 자신이 받지 못해 익히지 못한 사랑법을 새로 연습하기로 한다면, 그것은 새로운 삶의 시작을 의미하는 것이다. 우리 주변에는 '내 마음대로 사랑법'을 고수하는 사람이 너무 많다. 상대를 지나치게 집착하여 고통스럽게 하는 것을 '사랑하기 때문에'라고 합리화하고, '사랑하기 때문에' 자녀에게 이렇게 할 수밖에 없다고 항변하며 아이들을 병들게 하는 부모도 많다. 그래서 나의 사랑법을 어른 자아(A)를 사용해서 점검해 보고, 상대와 조율하면서 새로운 방법을 연습하는 것만이 나의 자녀에게 나의 사랑법을 마음 놓고 물려줄 수 있는 훌륭한 유산 으로 만드는 것이다.

2

내 마음을
알아 가다

＊＊＊

내면 탐색[1]
성격기능

　부모교육 시간이었다. 내성적이고 차분한 나무 님이 한숨을 쉬며 말을 꺼낸다. "지난주에는 정말 제가 생각해도 힘들었어요. 아는 언니의 부탁을 거절하지 못해서 그 언니 아들의 축구 경기에 따라갔는데, 그것 때문에 저희 애들은 학교를 하루 빠지게 되어 버렸어요."

　모두 놀라 눈이 휘둥그레졌다. "아니, 남의 애 경기 때문에 나무 님 애들 학교를 하루 빠졌다고요?" "예. 아무리 이 핑계 저 핑계로 거절을 해도 운전을 잘 못해서 혼자서는 못 간다면서 간절히 부탁해서, 하는 수 없이 그렇게 되어 버렸어요."

　옆에 있던 풀잎 님이 물었다. "아니, 나무 님 아이들이 학교를

---

1 집단상담에서 흔히 이름 대신 닉네임을 사용하기도 함.

빠지고 남의 아들 경기를 보러 간다고 해요?" "제가 아이들에게 자초지종을 설명하고 일이 이렇게 되었는데 너희들이 결정을 하라고 했더니, 아이들이 엄마가 곤란하면 그냥 경기 보러 가자고 하더라고요. 그래서……."

노라 님이 한마디 한다. "어머, 말도 안 돼. 아니, 안 된다 하지……. 어쩜 그런 사람이 다 있대? 나무 님은 너무 사람이 좋아서 탈이야."

사실 나무 님은 사람들의 부탁을 잘 거절하지 못한다. 그런데 힘들게 남의 일을 도와주거나 대신 해 주고도 자신이 원하는 만큼의 사랑 또한 받지 못한다고 생각을 하는 사람이다. 그럴수록 더 잘하려고 노력하지만 언제나 사람들과의 관계에서 자신이 하는 만큼 보상받지 못한다는 것이다.

나무 님의 고민 속에는 여러 가지 요인이 있지만, 가장 먼저 눈에 띄는 것은 나무 님의 성격이었다. 나무 님은 양육적 부모 자아(NP)와 순응하는 어린이 자아(AC)의 비중이 다른 자아 상태[2]에 비해 눈에 띄게 높았다. 양육적 부모 자아(NP)는 부모 자아(P) 중 타인을 돌봐 주고 염려해 주는 기능을 하는 자아 상태

---

[2] 자아 상태: 일관된 유형의 행동이자 함께 발생하는 감정과 사고의 결합적 주체로, 부모 자아(Parent: P), 어른 자아(Adult: A), 어린이 자아(Child: C)로 나뉜다. 이 세 가지 자아 상태의 내용이 타인과 교류할 때 다섯 가지 자아 상태로의 성격기능으로 나타나게 된다. 이를 '성격'이라고 이해할 수 있다. 비판적 부모 자아(Critical Parent: CP), 양육적 부모 자아(Nurturing Parent: NP), 어른 자아(Adult: A), 자유로운 어린이 자아(Free Child: FC), 순응하는 어린이 자아(Adapted Child: AC)와 같이 다섯 가지 자아 상태이고, 관찰이 가능하다.

이고, 순응하는 어린이 자아(AC)는 타인과 잘 지내기 위해 순응을 하고 타인의 눈치를 보는 성격적 속성을 가진 자아 상태이다.

나무 님은 남들에 대한 배려가 많고 아이들, 남편, 친구를 도와주고 돌봐 주는 역할에서 가장 만족할 만한 긍정적인 스트로크를 받고 있다. 그러나 순응하는 어린이 자아(AC)의 비중 또한 높았기 때문에 자신의 생활을 희생하면서까지 남의 말을 들어주는 것이었다. 엄마로서 아이들의 등교 문제는 스스로 결정해야 함에도 불구하고 그 결정을 아이들에게 맡긴 것은 아주 단적인 예이다. 아는 언니의 부탁도 거절하지 못하고 아이들의 등교 여부도 결정을 못한 상황에서 자신이 책임을 질 수가 없기 때문에 그 책임을 아이들에게 미뤄 버렸다. 그리고 이런 상황이 되어 버린 것에 대해 스스로 자책을 하게 되었다. 그리고 자신이 이런 희생을 했음에도 만약 그 언니로부터 섭섭한 말을 듣거나 부탁을 거절당하는 일이 생기면 큰 상처를 받게 될 것이다.

옆에 있던 풀잎 님은 어른 자아(A)가 높은 사람이다. 어른 자아는 '지금'이라는 현실 상황에서 정보를 수집하여 이성적이고 합리적인 판단 아래에 말과 행동을 하는 성격기능의 자아 상태이다. 풀잎 님은 "아무리 친해도 거절해야 할 것과 들어줄 것이 있는데, 이런 경우에는 양해를 구하고 거절을 했어야 옳았을 것 같네요. 그렇게 마음이 상하면서도 남의 부탁을 거절 못 하는 이유가 무엇인지 생각해 보셨나요?" 하고 물었다.

"아니, 뭐. 생각하고 말고 할 게 뭐 있어요? 부탁한 사람이 나쁘지. 너무 경우 없는 사람이잖아. 나 같으면 기분 나빠서 절대로 같이 안 가 주는데……." 뿌리 님의 대답이다.

자유로운 어린이 자아(FC)가 높은 뿌리 님의 대답은 항상 시원시원하고 재미있고 엉뚱하기도 해서 같이 공부하는 그룹의 좋은 활력소가 되곤 한다. 자유로운 어린이 자아(FC)는 솔직한 감정과 호기심의 표현, 풍부한 창의력의 기초가 되는 자아 상태이다.

비판적 부모 자아(CP)가 높은 가시 님이 한마디 덧붙인다. "부탁을 하는 사람이나 그 부탁을 거절하지 못하고 들어주는 사람이나 다 똑같아. 한쪽이 그러면 다른 쪽이라도 정신을 차려야지, 그렇게 질질 끌려 다니면서 나중에 속상하다고 울어 봐야 다 소용없는 일이에요."

비판적 부모 자아(CP)는 부모 자아 중 자신이 갖고 있는 가치관이나 규칙을 절대시하며 다른 사람들이 이에 안 따르거나 거슬리면 비판이나 비난, 질책을 하는 것과 관련된 기능의 자아 상태이다. 비판적 부모 자아(CP)가 강한 사람은 자신이 부모로부터 전수받은 자신의 가치관이나 윤리적인 관점으로 남들을 판단하거나 비난, 통제하는 경우가 많아서 타인으로부터 가까이하기에는 너무 부담되고 어려운 사람이라는 생각이 들게 한다.

한 가지 주제를 놓고 이렇게 서로 다른 생각을 나누다 보면 성격기능을 알기 전과 알고 난 후에 타인을 이해하는 폭이 달라짐을 느낀다. 누구나 자신의 생각이 옳은 것 같고 다른 사람의 생각은 뭔가 이해가 안 되거나 혹 이해한다 해도 그저 막연하게 '살아온 게 다르니까.' '원래 저러니까.' 하고 넘겨 왔다. 하지만 서로의 성격을 알고 난 후부터는 "역시 나무 님은 순응하는 어린이 자아(AC)가 강하다 보니 그렇게 생각하시네요."라든지 "나무 님의 양육적 부모 자아(NP) 기능은 알아줘야 한다니까." 하고 농담도 편하게 하게 되었다. 또한 자기 자녀들과의 마찰에서도, 남편과의 사소한 언쟁에서도 예전보다는 조금 더 자신을 돌아보게 되더라는 것이 참가자들의 반응이었다.

남의 눈의 티끌은 잘 보이면서 내 눈의 들보는 안 보인다는 말이 있다. 남은 정확히 꿰뚫어 보면서도 나 자신은 잘 모른다는 말이다. 그래서 '나 자신을 탐색해 가는 일'만큼 흥미롭고 재미있는 일이 없다. 왜냐하면 누구나 '나는 왜 이럴까?' '나는 어떤 사람일까?' 모두 고민하기 때문이다.

항상 재미만 있는 것은 아니다. 때로는 오랜 세월 묵혀 둔 상처도 끄집어내다 보면 아파해야 하고 나의 보기 싫은 부분들과도 마주쳐야 하기 때문이다. 하지만 이것이 바른 삶의 길이라고 믿는다. 내가 어떤 사람인지 알아 가는 일, 있는 그대로의 나를 수용하고 격려하는 일, 그리고 조금 더 변화하려 노력하는 일.

이런 일들이야말로 내 삶에 자율성과 긍정성을 회복하는, 진정 내 인생을 책임지는 자세가 아닐까? 그것은 자아 상태의 분석을 통해서 자신의 성격기능을 알아 나가고 이해하는 첫걸음이 될 것이다.

왜 사이코패스가 되는가
자아 상태 오염, 배제

신문을 펼칠 때마다 두 눈을 감아 버리고 싶을 만큼 특히 보고 싶지 않은 사건들이 있다. 그것은 어린 여자아이를 대상으로 하는 성범죄이다. 인간이 얼마나 잔혹할 수 있는지 새삼 회의가 일어나는 사건 중에 중학교 입학을 앞둔 13세 여자 어린이를 납치해 성폭행 후 살해한 비윤리적이고 잔인한 범죄가 있었다.

이 사건의 범인으로 지목된 사람은 두 차례의 성범죄로 11년을 복역했다. 경찰 수사본부는 성폭력 및 아동 실종 살인 사건의 유력한 용의자로 지명수배된 이 사람이 반사회적 인격장애 성향을 가진 인물이라고 밝혔다.

반사회적 인격장애는 일반적으로 통용되는 사회적인 규범들을 준수하지 못하는 양상으로 나타나는데, 이 사람의 경우도 자신이 저지른 범행에 대해서 강하게 부인하는 경향을 보였다.

이러한 반사회적 인격장애의 병리에 대해 TA_{Transactional Analysis; 교류분석} 이론의 P-A-C 성격 모델에서는 특정 자아 상태의 배제 현상으로 설명한다.

TA 이론의 P-A-C 성격 모델에서는 부모 자아(P), 어른 자아(A), 어린이 자아(C) 등이 각각 강약의 차이는 있어도, 한 인간 속에는 이 모든 자아 상태가 존재한다고 본다. 그러나 예외도 있다. 즉, 자아 상태의 어떤 부분이 결핍되어 있는 사람이 있다. 특히 세 가지 자아 상태 중 어느 부분이 결핍되어 있으면 그것은 일종의 병적인 상태가 될 수 있다는 것이다.

그렇다면 결핍되어 있는 자아 상태란 도대체 어떤 것일까? 앞서 언급한 사건에서 범인을 구체적인 예로 들어 설명하면 이해가 빠르리라고 생각한다. 그는 어른 자아(A)와 어린이 자아(C)는 있었지만 부모 자아(P)는 전혀 사용하고 있지 않았다고 여겨진다.

오랜 교도소 생활에 의한 심리적 불안감이 여성에 대한 성적인 충동성으로 나타나고, 사회규범과 구속, 규제를 극도로 싫어하며, 이를 강요하는 대상이나 현실에 대한 잔인한 공격성을 보이는 모습은 바로 극도로 부정적인 어린이 자아 상태(C)이다. 동시에 이 용의자에게는 어른 자아(A)의 기능도 작용하고 있었다. 실제로 사건을 저지르고도 교묘히 피하여, 경찰이 총동원되어 검거에 노력했음에도 불구하고 쉽사리 증거나 도주 흔적을 찾아내지 못하도록 철저하고 치밀하게 도피했기 때문이다. 그런데 용의자는 자신이 저지른 일에 대해 죄의식은커녕 일말의 양심의 가책조차 느끼지 않았고, 오히려 범행을 부인하였다. 이는 도덕·윤리·선악의 판단에 사용되는 부모 자아 상태(P)의 메시지가 배제된 상태이기 때문이다. 이 용의자는 왜 자신이 죽일 놈으로 지탄을 받아야 하는지 도무지 이해되지 않을 것이다. 극도의 내적 불안감으로부터 벗어나고 싶어 여자아이를 사랑하여 주었고 그 아이가 반항을 하고 시끄러워져 자신이 잡히면 안 되니 죽인 것은 당연한 일이 아닌가 하는 생각밖에 없을 수도 있다. 도덕적인 선악의 척도, 사회적인 선악의 척도인 부모 자아(P)의 작용이 아주 결핍되어 있었기 때문에 인간으로서 어떤 행동이 '좋다'든지 '나쁘다'든지 하는 기준이 없기 때문이다. 이 때문에 용의자는 죄의식을 느끼지 못하고 당당할 수 있다. 도리어 이 사건을 다루는 경찰이나 언론 등에 불만을 제기할 수도 있고, 용의자인 자신의 행위가 당연하다고 생각할 수도 있다.

이렇듯 자아 상태가 상당히 결핍된 것을 TA에서는 '배제'라고 한다. 즉, 특정 자아 상태가 배제되었다고 하는 것이다. 부모 자아(P)가 배제된 사람들은 '부모'가 갖는 특성, 즉 세상에 대한 기존의 규칙들(사회적으로 가치를 부여하는 이상, 도덕, 양심, 전통, 엄격성, 동정, 예의, 관용 등)을 자신이 속한 공동체나 인간관계적 맥락에 하나도 적용하지 않는다. 그뿐 아니라 자신을 비롯한 다른 사람에 대해 '부모'가 갖게 되는 마음이 전혀 생겨나지 않고 어린이 자아(C) 욕구를 충족시키기 위해 어른 자아(A)를 사용하여 매 상황 또는 타인에 대해 새롭게 자신의 규칙들을 만들어 일방적으로 적용시킨다.

우리 사회는 지금 이 사람과 같이 부모의 특성(가르침, 윤리 등)이 배제된 사람들로 인해 반인륜적이고 잔혹한 사건들이 발생하고 있고, 인간 생명에 대한 경외심이 위협받는 안타까운 실정이다. 이는 우리 사회에 부모다운 요소, 즉 본받고 따르고 싶은 도덕적 가치를 지니며 살아온, 존경받을 만한 어른들의 목소리가 부재하다는 점, 그리고 정치인과 사회지도층 인사들의 윤리적·도덕적 불감증 등으로 인한 허무주의적 현상에 기인한다.

아울러 어린이 자아(C)적 요소들이 지나치게 강렬한 감정으로 상호반응한다는 사실과도 관련되어 있다. 그리고 많은 사람은 부분적으로만 어른이고 아직 마음속 부분에서는 '어린이'이며, 인식되고 있지 않는, 심각하게 문제가 되는 유아기적 동기에 사로잡혀 있기 때문에 내적 갈등으로부터 벗어나지 못하고 있다. 청소년의 허무주의와 현실도피에서 비롯되는 약물남용, 정보산업(인터넷 등)의 역기능으로 인한 인간소외와 인간성 마비 현상, 초감각적인 한탕주의에 입각한 물질만능주의, 분별없는 소비주의와 성도덕의 문란화 현상도 크게 작용한다.

자, 그러면 이제 우리는 어떻게 해야 하는가? 각자가 모두 한 숨 돌리며 우리 주위를 천천히 살펴보면(어른 자아), 이처럼 오늘날의 사회가 온통 우리의 정신을 못 차리게 하고 무엇에 홀린 듯 살아가게 하는 것 같이 느껴져도, 일상 속에서 자신만의 가치를 고집하며(부모 자아 상태) 중심을 잡고 건강한 삶을 살아가는 사람도 많다.

힘들고 삭막한 현실에서 우리가 배워야 할 건강한 삶을 영위해 나가는 사람들의 특징(어른 자아 상태)들은 무엇일까? 우리는 여러 가지를 생각할 수 있을 것이다. 그것은 '어디를 가도 절망이 있고 어디를 가도 고통은 있다. 하지만 지금 나 자신에게 그러한 것을 기꺼이 감내할 수 있는 가치지향적인 그 무엇(긍정적인 부모 자아)이 있는가?'를 확인하고 이를 회복하는 것이다. 인간소외 현상이 초래하는 무서운 결과를 극복하기 위해서는 우리 사회의 따뜻한 관심과 배려(양육적 부모 자아) 또한 반드시 필요하다.

그리하여 결국 우리 사회의 '도덕성 지수(부모 자아)'와 '자타의 가치에 대한 존중과 엄격성(부모 자아)'이 한 단계 높아지고 강화될 때 그리고 이것이 어른 자아에 의해 실천될 때 더욱 맑고 따뜻한 사회가 될 것이다.

열등감
자아 상태

　열등감은 사전에 "다른 사람에 비하여 자기는 뒤떨어졌다거나 자기에게는 능력이 없다고 생각하는 만성적인 감정 또는 의식"과 같이 정의된다. 교류분석으로 말하면, 어떤 상황이나 대상에게서 어린이 자아(C)가 자극을 받아 불유쾌한 정서를 경험하는 것이다. 그 불유쾌한 정서는 거의 'I'm not OK'에 근거한 정서이다. 이는 과거 경험 속 부족했던 긍정적 스트로크, 비난이나 지적 등이 원인이 될 수도 있다.

　열등감 없이 산다는 것은 아마 현실적으로 불가능에 가까운 일일 것이다. 많은 사람은 다른 사람과 자신을 비교하다가, 혹은 앞의 정의처럼 과거의 어떤 경험 때문에 열등감을 가지게 된다. 외모에 대한 열등감, 물질, 지위는 물론이거니와 심지어 아주 사소한 것까지. 열등감을 많이 느낄수록 현실의 삶은 행복하지 않고 만족은 사라지게 된다. 그렇다면 마음속에서 끊임없이 소용돌이치다가 비집고 나와 우리를 괴롭히는 열등감은 과연 쓸모가 없기만 한 것일까? 열등감이 우리를 움직이게 하는 추진력이 될 수는 없는 것일까?

　지금은 행복한 경미 씨도 예전에는 사회적으로 성공한 여자들에 대해 지독한 열등감이 있었다. 경미 씨의 친구들은 결혼보다는 일을 더 중요하게 여겼다. 혹시 결혼생활에 영향을 미치더라도 일을 포기하지 않고 힘들다고 하면서도 꿋꿋하게 해 나가는 친구들을 만나면 자신은 형편없는 사람처럼 생각되었다.

경미 씨는 졸업과 동시에 결혼을 하는 바람에 일을 할 기회를 갖지 못했다. 친구들을 만나면 여유 있는 시간을 즐기는 경미 씨가 부럽다는 말을 많이 했지만 그 말조차 자기들의 성취를 내세우는 것처럼 들렸다. 특히 어릴 적부터 사회적으로 성공한 여자가 더 가치 있는 인생을 사는 것이라는 어머니의 이야기를 듣고 자란 터라 어머니의 기대까지도 저버렸다는 미안함까지 더해져 한때는 친구들을 만나는 것도 꺼려질 정도였다.

만약 경미 씨의 이야기가 소설이나 드라마라면 어떤 식으로든 열등감을 발판 삼아 다른 방식의 성공을 이루는 것으로 결말이 나겠지만, 현실은 그렇지 않았다. 경미 씨가 열등감을 극복한 방식은 너무나 고전적이고 일반적인 것이었다. 오랜 시간 열등감에 시달리면서 벗어나 보려 애를 쓰던 끝에 얻게 된 일종의 자각이었다. 모든 사람은 다 나름대로 고귀하고, 각자의 성공 여부에 상관없이 가치가 있고, 하루하루 매 순간에 충실한 것이 가장 큰 성공이라는 평범한 진리를 알게 되었기 때문이다. 사회적으로 성공한 친구가 가진 것을 내가 못 가졌다면, 그들 또한 내가 가졌던 시간과 경험, 성취를 가지지 못했을 것이라는 깨달음 말이다. 성취의 가치는 어느 것이 더 크고 값진 것이 아니라 행복이 결정한다고 믿게 되었다. 남들의 시선에서 느끼는 행복이 아니라 진정 자신의 내면에서 솟아오르는 행복과 만족이야말로 성취의 가치를 결정하는 데 가장 중요한 척도라는, 평범하지만 중요한 깨달음을 고민 끝에 얻게 되면서였다.

경미 씨는 자신이 행복한 시간을 찾기 시작했고, 지금은 남들의 시선과는 무관하게 자신이 좋아하는 일을 하면서 살아가고 있다. 경미 씨의 열등감을 극복하는 데 오랜 시간이 걸리기는 했지만 근원적인 물음에 나름대로의 답을 찾은 것 같아 열등감을 가졌던 사실 자체가 오히려 도움이 되었다는 생각을 한다.

부정적으로만 생각해 온 열등감이라는 감정이 오히려 출발점일 수도 있다. 남들의 성공에 초점을 맞추지 말고 '내가 행복한 일은 무엇일까?' '만족을 얻는 일은 무엇일까?' 하고 호기심 어린 관점에서 자신을 바라보며 기준을 자신에게 두는 것이 해결책이 될 것이다.

오염된 마음
자아 상태 오염

그 아이가 나를 찾아온 그날 아침은 유난히 햇살이 뜨거운 날이었다. 보통 청소년의 부모들이 상담을 요청하는 경우가 대부분인데, 특이하게도 그 아이는 직접 전화를 걸어 만나기를 요청했다. 전화상의 목소리는 차분했고 자신의 상태를 객관적으로 담담하게 설명하며 시간 약속을 잡았다. 밖은 뜨거운 햇살에 눈을 뜨지 못할 만큼 더운 날 자신의 이름을 '경민'이라고 소개한 아이는 긴팔 티셔츠에 가디건까지 걸쳐 입은 단정한 모습이었다.

첫 회기가 으레 그렇듯이 상담의 간단한 정보와 내담자의 정보를 적고 비밀보장 서약서에 사인을 하고 나자, 경민은 소파에 기대앉아 긴 한숨을 쉬었다. 지금 느낌이 어떠냐고 묻자, 아무 말 없이 묵묵히 바닥만 내려 보고 있었다. 그 모습을 보고 있자니 머릿속에 하나의 이미지가 떠올랐다. 그건 머릿속에서 생각의 말들이 서로 엉켜 먼저 나가 보겠다고 다투고 있는 듯한 이미지였다.

시간이 필요한 것 같아 조금 기다리고 있는데, 경민은 종이와 펜을 좀 달라고 하더니 뭔가를 적기 시작했다. 그러고는 그것을 내게 내밀었다.

① 열등의식(학교, 특히 시험)

② 여자친구(열등감)

③ 지나친 긴장(오래 지속됨)

④ 공부할 때 집중이 안 됨

⑤ 스스로 금지시키는 것과 실제로 원하는 것(위선)

⑥ 소극적 성격(친구 없음)

아마 평소에도 자신의 생각을 정리하는 나름대로의 방식인 것 같았다. 그중 무엇이 가장 불편하냐고 묻자, 질문과는 거리가 먼 친구들의 이야기를 하기 시작했다.

열심히 귀를 기울이지 않으면 따라가기가 어려운 아이의 이야기는 마치 지금의 심리상태를 반영하는 듯 두서가 없었다. 그렇게 시작된 상담은, 어느 날은 심하게 가라앉은 기분 때문에 눈도 못 뜨고 누워 묻는 말에만 간신히 대답을 하고 또 어느 날은 프로이트S. Freud의 정신분석을 읽었다며 질문을 퍼붓는 극단적인 상태를 오가며 진행되었다. 상담이 진행되면서 나는 에릭 번Eric Berne이 말한 건강하지 못한 자아 상태가 어른 자아(A)를 오염시키고 있는 정확한 사례를 보고 있다는 것을 깨닫게 되었다.

에릭 번은 그것을 자아 상태의 오염contamination이라 설명하였는데, 오염이란 하나 또는 두 개의 자아 상태가 어른 자아 상태(A)의 경계를 침범하는 것이다. 즉, 부모 자아(P)가 어른 자아(A)를, 어린이 자아(C)가 어른 자아(A)를, 또는 부모 자아(P)와 어린이 자아(C)가 동시에 어른 자아(A)를 침범하여 어른 자아(A)의 기능을 약화시킨 상태를 말한다.

경민이의 경우 심한 스트레스 상황에 놓이면 어른 자아(A)의

기능이 약해지며 부모 자아(P)의 영향과 어린이 자아(C)의 영향을 동시에 받아 현실적인 기능을 잘 수행하지 못하게 되는 것 같았다. 결국 경민이는 부모 자아(P)와 어린이 자아(C)에 의해 어른 자아(A)가 오염되는 이중오염상태에 있다고 말할 수 있겠다.

경민이의 부모 자아(P)에 의한 어른 자아(A)의 오염은 부모, 특히 아버지로부터 빌려오거나 영향받은 준거틀이 현실에서 아무런 검증과 평가 없이 틀림없다는 강한 확신과 더불어 그대로 행동으로 나타난다. 이럴 때 우리는 그러한 당사자를 편견이 매우 심하고 낡은 신념을 너무나 고지식하게 고집하는 사람으로 인식하며 대화가 어렵다고 말하게 된다.

이를 증명하는 경민이의 진술은 '세상은 마치 정글과 같은 곳으로 약자의 존재는 무가치하며 무슨 수를 쓰더라도 반드시 이겨야 하는 곳' '약하면 죽는다. 그러니 강해야 한다.' '약한 자는 바보이다.' '세상은 피도 눈물도 없는 곳이다.' 등과 같은 것이다.

동시에 경민이의 어린이 자아(C)에 의한 어른 자아(A)의 오염은 어릴 적 부모, 특히 엄하고 괴팍하며 강한 아버지와의 관계 경험 속에서 느낀 창피함, 열등감, 모멸감, 피해의식 등의 감정과 관계가 있다. 혼자 상상하거나 공상하며 그때의 현실을 감내한 내용들이 지금의 현실에서 아무런 검증과 평가 없이 그대로 느껴지고, 상상과 공상의 내용이 틀림없다는 강한 확신과 더불어 그대로 행동으로 나타난다는 것이다. 이럴 때 우리는 그러한 당사자를 감정이 현실과 맞지 않게 부적절하며 현실을 왜곡되게 인식하는 사람으로 느끼고 대화가 어렵다고 말하게 된다.

이를 증명하는 경민이의 표현과 행동, 진술 중 어린이 자아(C)에서의 잘못된 믿음(망상)은 '타인이 나에게 보내는 긍정적인 말과 행동의 이면에는 뭔가 숨겨진 의도가 있을 것'이라는 것이다. 그래서 '남들은 믿을 수가 없다.'고 생각하고, '뭔가가 잘 안 되면 내가 부족한 사람'이고 '다른 사람은 내가 잘되도록 절대 돕지 않는다.'는 피해적인 사고와 열등감을 느끼게 된다.

경민이는 겨우 17세였고, 아직 세상에 대한 경험도 많이 부족한 상태에 있는 청소년이었다. 경민이는 차츰 안정된 분위기 속에서 어른 자아(A)를 회복하며 자신의 스토리텔링을 하였다. 이야기 도중 아버지에 대한 지극한 존경심을 드러내는 적이 종종 있었다. "저희 아버지는 저를 위해서 이러한 희생을 하셨어요." 라든지 "아버지는 근검절약하시고 항상 바른 분이세요."라고 이야기를 했다.

작은 회사를 성공적으로 운영하고 있는 경민이의 아버지는 어릴 적부터 똑똑해 보이는 아들을 앉혀 두고 이런저런 이야기를 들려주는 것을 좋아했다고 한다. 이야기는 항상 사내는 용감해야 하고 최선을 다해 세상과 싸워 나가야 하며, 사람 좋다는 말을 듣는 것보다는 항상 타인의 내면에 무슨 생각이 있는지 잘 살펴서 행동해야 실패를 하지 않는다는 것 등으로 마무리를 짓곤 했다.

존경하는 아버지의 이야기를 합리적이고 이성적인 진리로 믿은 경민이는 아버지의 기대에 맞추기 위해 부단히 노력하였고, 가끔은 좋은 결과로 자신과 아버지를 기쁘게 해 줄 수도 있었으나 때로는 실패를 경험하기도 했다. 하지만 실패에 대한 경험은 뼈저리게 느껴지고 성공에 대한 경험은 더 잘해야 한다는 과중한 압박으로 느껴져서, 어느 날부터 우울증과 더불어 타인과 관계 맺기 어려운 지경이 된 것이다.

경민이가 가지게 된 편견들은 얼핏 들으면 그럴듯하게 들리는 소리이다. '세상은 험한 곳이고, 쉽게 다른 사람을 믿으면 손해를 보게 된다.'는 말은 흔히들 하는 말이다. 별생각 없이 자주 듣게 되고 그 편견을 뒷받침하는 경험의 이야기들을 듣다 보면 마치 그 말은 진리인 것처럼 느껴진다. 그래서 그 편견을 의심 없이 믿게 되고 현실 상황에 대한 평가 없이 그 신념에 따라 행동하게 되는 것을 에릭 번은 어른 자아(A)가 오염된 상태에 있다고 하였다.

낡고 왜곡된 아버지의 메시지를 의심 없이 받아들여 그대로 사용하고 있는 것이다. 경민이는 항상 전투적인 자세로 학교를 다녀야 했고, 친구들은 모두 경계해야 할 믿지 못할 인물일 뿐이었다. 성적이 원하는 대로 나오지 않거나 무슨 일인가 실패를 한다는 것은 내가 부족해서이고 그렇게 되지 못한 것에 대한 분노를 타인에게 되풀이해서 투사를 하는 것이다. 자신에게 왜곡된 각본신념, 즉 편견이 있다는 것을 알게 되면 어떻게 해야 할까? 우선, 오염을 제거하여 건강한 어른 자아(A)를 회복해야 한다.

어른 자아(A)의 기능이 부모 자아(P)에 의해 오염된 경우 대개가 자존감이 낮기 때문에 끊임없는 무조건적인 긍정적 스트로크가 필요하다. 조건적이고 부정적인 스트로크는 무엇을 해 보고자 하는 조금이나마 남아 있는 자신감을 공격하며 아프게 한다. 그러므로 경민이가 가진 왜곡된 낡은 신념, 편견과 상상과 공상이 현실에 투영되어 그대로 나타나는 비현실적인 행동 등에 대해 너무 일찍 의도적인 도전을 하지 않는 것이 좋다. 경민이가 천천히 자신의 상황에 대해 자신의 관점에서 보도록 내버려 두면서 끊임없는 공감과 무조건적인 긍정적 스트로크를 일관성 있게 제공하며 어른 자아(A)에서의 검토를 유도해야 한다.

즉, 지금껏 이성적이고 합리적이라고 믿어 왔던 그 생각이 절대 진리인지 스스로 한번 살펴보도록 하는 것이다. 세상은 험한 곳이기만 할까? 내가 믿을 만한 사람은 이 세상에 정말 단 한 사람도 없는 것일까? 그 생각을 가지고 생활을 할 때 나에게 도움이 되는 것은 무엇인지, 또한 도움이 되지 않고 오히려 불편한 것은 무엇인지 스스로 살펴보도록 하는 것이다. 그리고 그 신념을 바꾸면서 같이 바꾸어야 할 실제적인 행동은 무엇인지 또한 검토해 볼 필요가 있다.

경민이는 상담을 통해 힘들지만 보람된 과정을 함께 거치면서 천천히 주변 사람들에 대해, 특히 친구들에 대해 긍정적인 사고와 태도를 회복하게 되었고, 자신의 실수에 대해서도 조금은 너그러운 마음으로 용납할 수 있게 되었다.

상담을 종결하던 날 경민이가 수줍게 지어 보이던 웃음에 마치 친한 친구를 떠나보내듯 가슴이 뭉클해졌다. 하지만 다시는 나를 찾아올 일이 없기를 빌며, 작별의 인사로 내민 손을 꼭 잡아 주었다.

아직도 내 속에 살아 계신 아버지
CP 메시지, 각본

동석 씨는 늘 자신에 대해 불만족스러웠다. 건실한 중소기업의 CEO이고 시간을 쪼개 경영학 석사 학위를 받았지만, '나는 다른 사람들에 비해 많이 모자라는 것 같아. 학위도 아마 교수님이 적당히 봐줘서 받지 않았을까?'라는 생각을 하곤 한다. 실력 있는 사람을 만나면 짧은 지식이 들통나는 것 아닌가 하는 불안감도 들었다.

사실 객관적으로 보면 그의 논문은 완성도가 높았고 관련 지식에 있어서도 뛰어났다. 그러나 문제는 동석 씨 자신이 주관적으로 자신을 평가하기를 '아는 게 많지 않은 사람' '조금 아는 것을 가지고 허풍 떠는 사람'으로 느끼고 있다는 것이다. 그는 이 부족감을 메우기 위해 책도 많이 읽고, 대화할 때는 어려운 전문용어나 영어를 섞어 말을 하곤 했다. 뒤늦은 석사 학위도 실은 자신의 이런 주관적 부족감을 은폐하기 위한 노력일지 모른다.

그러나 학위를 따 보아도 변함없이 그의 내면에서 들리는, 평가하는 듯한 목소리는 '별로 뛰어나지 못하고 실력도 없는 놈'이라고 비웃었다. 책을 많이 읽어도, 영어를 많이 섞어 말해도 그의 내부 목소리는 '네가 그런 짓을 해도 별 수 있겠냐? 아무것도 모르는 게 유식한 체하고 다니는 것을 아는 사람은 다 안다.'고 비난했다. 이 내부비판자는 동석 씨가 유아기 때부터 줄곧 들어온 부모 자아(P)의 평가적 메시지였다.

아버지는 늘 동석 씨의 능력을 디스카운트하고 무능력을 지적하며 형과 비교하였다. "네 형을 봐라. 공부 잘하지, 말 잘 듣지, 얼마나 반듯하냐? 무엇 하나 빠지는 게 없다. 그런데 너는 왜 이 모양이냐! 성적이 좋나, 뭐 하나 제대로 하는 게 없으니……. 쯧쯧."

아버지의 이러한 비판적 부모 자아(CP) 메시지는 평생 동석 씨의 내면세계에 저장되어 있다가, 유사한 상황만 되면 마치 녹음기의 재생 스위치를 누른 것처럼 머릿속에 울려 퍼졌다. 작은 실수라도 하면 여지없이 비판적 부모 자아(CP) 메시지의 울림이 온다. 예컨대 회사에서 회의 중에 작은 말실수를 했을 때에도 가슴이 철렁 내려앉는다. 아무도 눈치채지 못했지만 그의 내면에서는 또 메시지가 들려온다. "도대체 네가 제대로 할 줄 아는 게 뭐냐. 한심한 놈." 하고 얼굴을 돌려 버리는 아버지의 차가운 표정이 순식간에 지나가면서 좌절감과 무력감에 휩싸이게 되는 것이다.

교류분석에서는 유년기 때의 중요한 인물이 주는 부모 명령, 메시지, 스트로크 등이 그 아이로 하여금 각본을 갖게 하고 그것이 내재화되어 그 각본에 맞는 행동 패턴을 취하게 만든다고 한다.

동석 씨는 늘 비난하고 야단을 치는 박해자 역할을 하는 아버지와 그 앞에서 늘 주눅이 들고 위축된 희생자 역할을 하는 관계를 갖고 있었다. 이러한 과거의 역할각본은 현재 생활에 영향을 미쳐 다른 사람과의 관계에 투영되기도 한다. 자신보다 권위가 있고 지위가 높은 사람에게는 박해자 이미지를 투사하며 그 사람 앞에서 무력감을 느끼고, 희생자라는 자신의 역할각본을 재경험한다. 또 반대로 가정에서는 아내에게 희생자 이미지를 투사하고, 자신은 아버지처럼 냉정하고 무리한 요구를 하는 박해자가 된다. 이런 일은 동석 씨의 각본에서 진행되고 있다.

그는 자기가 이런 내부비판자, 즉 비판적 부모 자아(CP)의 영향을 강하게 받고 있고 그 앞에서 늘 주눅 든 아이처럼 살아왔다는 사실을 몰랐다. 각본에 빠져 들어갈 때, 각본 속에 있을 때 우리는 과거의 어두운 메시지, 그때의 경험, 과거 감정의 영향을 받게 된다. 그러나 이것은 자신의 내면적 어둠 속에서 진행되기 때문에 평소 잘 인식하지 못한다. 인식하지 못하니 치료할 수도 없다.

이러한 각본 속의 부정적 메시지들은 어둠 속에서만 활개 치는 드라큘라와 같다. 드라큘라는 강하고 두려운 대상이지만 햇빛을 비추면 먼지처럼 분해되어 버린다. 각본 속의 부정적 메시지들에 햇빛을 비추는 과정이 이해와 자각을 갖게 되는 과정이다.

내담자들은 상담을 하는 동안 상담자를 내부비판자로 보는 경우가 많다. 교류분석상담을 받는 내담자들은 여러 가지 게임game을 하며 드라마 삼각형의 역할 중 한 가지 역할을 맡으려 한다. 평생을 그렇게 각본 속의 대상을 현실의 대상에게 투사하며 살아왔기 때문에 상담자를 내부비판자로 보는 것은 당연한 일인지도 모르겠다. 각본의 세계에서는 한 대상에게 미움과 사랑을 동시에 느낄 수 있다. 상담자를 이상적이고 다정한 아버지로 느끼기도 하고 내부비판자인 아버지로 보기도 한다. 그래서 내담자는 상담자 앞에서 약한 어린아이처럼 행동하기도 하고 상담자에게 인정받으려고 노력하기도 한다.

내담자들은 자신이 그동안 얼마나 어려운 성취를 하였으며 나름 얼마나 중요한 역할을 했는지 여러 번 강조한다. 그럴 때 상담자의 반응이 시원치 않다 싶으면 심리게임을 하며 어릴 적 자주 맛본 감정에 빠져들며 초조해지기도 한다. 이유도 모르게 마음이 심란하고 불안해 잠을 잘 수가 없다고 호소하는 경우도 있다.

교류분석상담에서 이런 경험은 유년기에 부모와 경험했던 감정 경험으로, '지금-여기'에는 맞지 않다고 한다. 즉, 각본 속으로 빠져들어 있는 것이다. 이러한 경험은 자신이 어릴 적 갖게 된 역할각본마음속 내면아이을 발견하게 되는 계기가 된다. 어릴 적 어쩔 수 없이 가질 수밖에 없었던 매우 비합리적이고 유치한 감정과 역할각본이 지금의 자기를 지배하고 있는 것을 이해하게 되는 것이다.

이렇게 되면 교류분석에서 강조하는 자각awareness 현상이 일어난다. '아! 그래! 난 지금 어린아이가 아닌데, 이런, 내가 무슨 짓을 하고 있는 거야?' 하는 자각이다. 이러한 깊은 자각이 일어나면 내적 변화가 시작된다.

동석 씨는 매사에 자기를 무능한 사람이라고 비판하던 내면의 실체를 보게 되고, 부모 같은 권위자 앞에 가면 주눅 들어 온

몸이 굳어 버리고 부모 같은 권위자의 눈치를 살피고 있는 자신의 모습을 알아차리게 된다. 나아가 자신이 교류하고 있는 자아 상태의 현실이 마치 교무실에 불려 온 초등학생과 비슷하다는 것도 이해하게 된다.

교류분석상담을 통해서 많은 내담자는 '자기자각self-awareness'의 영역을 생활 속 교류방식, 게임, 각본까지 확장한다. 이러한 과정을 통해 각본에서 해방script free된다. 물론 아직 불완전하고 갈 길이 멀지만, 부분적으로는 자율적 교류와 생활이 가능해진다.

벗어나기에 너무 늦은 감정도 없고, 자각하기에 너무 늦은 나이도 없다. 지금이 바로 최상의 시기이고 최고의 기회이다.

슈퍼우먼이 날아다니는 이유
서둘러라 드라이버

경란은 국내 유수의 IT 업체에 다니는 30대 후반 직장 여성이다. 그녀는 느긋하게 걷는 법이 결코 없다. 그녀가 걷는 것을 보면 걷고 있다기보다는 거의 '뛰고 있다'고 표현하는 것이 더 어울린다. 사실 느긋할 시간이 없기도 하다. 아침이면 아직 초등학생인 두 아들의 등교 준비와 출근 준비, 그리고 자신도 빨리 출근해서 그날 업무를 파악하고 미팅하고…… 서류를 들고 뛰어다닐 수밖에 없다. 혹시 워킹맘이라는 이유로 다른 직원들과 비교가 될까 전력투구해서 모든 일을 빨리 처리하려고 한다. 윗사람들은 그녀를 '일 하나는 빨리 한다.'며 칭찬한다. 그래서 그녀는 더욱 바쁘게 살 수밖에 없다. 총알처럼 날아다녀도 시간이 부족하다. 늘 마음이 조급하고, 할 일은 파도처럼 밀려오고 또 밀려온다.

그녀는 말을 할 때도 자신만 빨리 하는 것이 아니라 상대방도 빨리 결론을 말해 주기를 바란다. 그래서 상대가 더듬거리면 자신이 대신 말해 버린다. "그러니까 이러이러하다는 말씀이지요?" 자신의 속도와 맞지 않으면 조급증이 일어나 숨이 막히려 한다. 그녀의 조급증은 운전할 때도 여지없이 모습을 드러낸다. 끼어들기에다 과속이 다반사이다. 고속도로에서는 자기 앞으로 차가 끼어드는 것을 참지 못하고 추월하고야 만다. 조금이라도 빨리 갈 수만 있다면 기꺼이 위험을 무릅쓴다. 그러다가 싸우기도 많이 했다.

집에서는 아이들과 차분히 놀아 줄 시간도 없다. 아이들에게 무조건 지시하고 확인하는 식이다. 아이들이 자기 말대로 따라오지 않으면 화가 치민다. 남편에게도 자기 할 말만 한다. 가족은 이런 그녀가 정말 피곤하다. 아이들은 엄마가 직장에 나가는 것을 더 좋아한다. 함께 있으면 잔소리가 그치지 않기 때문이다.

그녀는 늘 동시에 두 가지 일을 한다. 음식을 먹으면서 일하고, 전화를 걸면서 보고서를 검토한다. 부서 사람들은 자기 일을 빨리 처리해 주지 않는다고 불평하고 재촉해 대는 그녀 때문에 피곤하기 짝이 없지만, 정작 그녀는 상사가 "이렇게 빨리 해 왔어?" 하며 놀라는 모습이 은근히 기분 좋다. 빨리빨리 일을 처리하다 보니 자연히 맡게 되는 일도 많다. 느긋하게 일하는 동료들을 보면 부아가 치민다. 자기는 열심히 일하는데 남들은 놀면서 월급만 축내는 것같이 보이는 것이다.

그녀는 슈퍼마켓에서도 기다리지 못해 마음이 조급하다. 할 일이 언제나 머릿속을 가득 채우고 있는데 느긋하게 계산을 하고 있는 사람들을 보면 가슴이 답답해지고 화가 난다. 요즘은 건강도 좋지 않다. 가슴이 조이듯이 아프고 심장이 두근거리는 증세가 심해졌다. 병원에 가 보아야 한다고 생각하지만 그럴 시간이 없다.

경란의 어머니는 일등주의자였다. 그래서 딸에게도 1등을, 완벽하기를 요구했다. 어머니가 늘 강조하던 것이 시간관리였다. 시간을 정해 놓고 그 시간을 어기면 어머니는 심하게 꾸중을 했다. 시간 지키기가 어릴 적 최대의 과제였다. 그래서 그녀는 지금도 시계가 없으면 불안하다. '마음속의 조급한 아이'는 재촉하는 어머니의 음성을 도처에서 듣는다. "빨리 해라. 그렇게 느려 터져 가지고 어쩌려고 그러니?" 남보다 앞서 달려야 했던 그녀는 늘 자신을 채찍질했다. 더 빨리, 더 멀리 전속력으로 달리다 보니, 이제는 브레이크가 고장 나 버린 느낌이다.

교류분석에서는 경란이 생활에서 이러한 행태를 보일 때 '서둘러라.'라는 축소각본mini-script 속에 있다고 본다. 축소각본 혹은 미니각본은 타이비 칼러Taibi Kahler와 헤지스 케이퍼Hedges Caper에 의해 개념화되었다. 축소각본은 '짧은 순간 일어나는 일련의 행동 패턴이 반복되며 인생각본을 강화하는 것'이라고 한다.

이 축소각본은 드라이버driver; 어떠한 행동을 하도록 몰아붙이는 몰이꾼라 불리는 부모명령에 의하여 시작된다. 드라이버에는 '완전하게 해라 Be perfect!' '열심히 노력해라Try hard!' '서둘러라Hurry up!' '기쁘게 해라 Please others!' '강해져라Be strong!'의 다섯 가지가 있다. 통상 아이는 부모의 이러한 드라이버에 충실히 따를 때 자신은 'OK'라고 믿게 되고 동시에 안전하다고 느낀다. 그러나 아이는 현실적으로는 아무리 노력해도 부모의 이러한 드라이버를 완전히 충족시킬 수가 없다고 느끼는 경우가 많다.

많은 부모는 아이들이 성장할 때 공부와 일을 제시간에 능률적으로 척척 잘 해내고 정리하는 것에 큰 의미를 부여하며 독려하게 된다. 그러나 부모가 "빨리 얼굴을 씻어라!" "빨리 아침을 먹어라!" "자! 어서 숙제해라."라며 이것저것 빠른 말로 명령하기도 하고 무서운 얼굴로 노려보면서 재촉하면, 아이는 도리어 꾸물거리고 마지못해 한다. 왜냐하면 부모의 높은 요구 수준대

로 할 수 있는 능력이 아직 갖추어지지 않았기 때문에 아이 수
준에서는 그럴 수밖에 없고, 부모 눈에는 그러한 아이가 늘 '게
으름을 피우는 것' 같이 보이기 때문이다.

여기서 한술 더 떠 부모가 "너는 무엇을 시켜도 꾸물거리는구
나." 하며 '확실히 구제불능인 아이야.'라는 뉘앙스의 말과 태도
를 보이면, 아이는 '난 아무리 해도 잘 안 돼. 원래 이 정도밖에
안 되는 아이야!'라고 결론 내리게 된다. 이렇게 되면 아이가 스
스로 놀이나 독서에 열중할 때조차도 예외 없이 부모의 재촉하
는 소리가 머릿속에서 들리고, 부모가 '빨리 해라.' 하고 계속 다
그친다면, 이 아이에게는 '시간을 들여서 차분히 몰두해서는 안
된다.'라는 금지령을 내리는 것과 같은 결과가 된다. 결국 아이
는 생활에서 무엇을 서두르다 늘 그르치고, '나는 OK가 아니다.'
'나는 무엇을 해도 안 되는구나!'라는 독백을 반복한다.

사실 이러한 '서둘러라' 드라이버는 우리 사회문화적 각본이
라고 할 수 있다. 우리 사회의 큰 병폐라고 할 수 있는 교통사
고, 부실공사, 출세지향주의 등의 문제의 기저에 흐르고 있는
'빨리빨리'로 대변되는 조급중이다. '서둘러라' 드라이버의 사회
문화적 배경 중 첫째는 일제강점기와 한국전쟁을 겪으면서 살
아남기 위해서 남보다 민첩해야 하고 모든 일을 남보다 빨리 해
야만 밥이라도 먹을 수 있었던 슬픈 시대적 배경이다. 둘째는
1960~1970년대 보릿고개로 대변되는 지독한 가난으로부터 탈

출하고자 모든 국가적 역량이 집중된 산업화이다. 새마을운동과 더불어 단시간 내에 경제개발을 이룩하려는 국가적 경제 정책과 환경이 우리에게 성급하고 서두르는 행동 양태를 가지게한 것이다. 이러한 과정에서 남보다 빨리 수단과 방법을 가리지 않고 오직 성공만 하면 된다는 성공 신화가 결국 전 국민으로하여금 '빨리빨리' 조급증, '열심히 노력해라.' '성공해라.' 드라이버를 가지게 한 것이다. 셋째는 1990년대 중반 이후 신세대 중심의 '인터넷 디지털 문화'와 '패스트푸드 문화'가 결합하며 사회 전체에 조급증 증후군을 더욱 악화시킨 것이다. 아날로그적인 사고에서 디지털로 전환되는 시대의 조류 속에서 디지털식사고가 아날로그식 사고를 대신하는 사회풍조가 전 국민을 '빨리빨리'병 환자로 만드는 데 기여하였다. 결국 지금 우리 사회는 기다림이 오히려 '뭔가 모자라는 것'이 되어 버린, 속성 문화가 만연해 있다.

우리 사회에서 경란과 같은 삶을 사는 많은 사람은 이제 삶의속도를 조금 늦추어야 한다. 일은 해치워야 하는 어떤 것이 아니라, 하는 과정에서 몰입의 즐거움도 누리고 그 과정에서 만나는 사람과 인간적 관계도 가지는 그런 것이다. 일은 결과도 중요하지만 과정도 중요하다. 사람은 '한 번에 한 가지씩' 일을 하는 것이 자연스러운 존재이다. 이러한 차원에서 '서둘러라.'라는축소각본이 갖는 드라이버로부터 해방되는 구체적 방법을 생활 속에서 실천해 볼 수 있다.

만약 자신에게 '서둘러라' 드라이버가 있다면, 지금부터는 평소 시간보다 10분 일찍 집을 나서고 자신의 호흡을 느껴 본다. 식사도 천천히 여유를 가지고 하고, 종종 젓가락을 놓고 상대를 보며 상대의 이야기에 귀를 기울여 본다. 그리고 운전은 속도를 지키며 침착하게 여유를 가지고 하고, 차가 밀리면 밖의 경치를 음미하거나 음악을 들으며 즐거운 생각을 떠올려 본다. 해야 할 일은 계획보다 조금 일찍 시작하고, 가능하다면 시간의 압박감에서 벗어나 보자. 그런다고 세상이 무너지지 않고 자신의 일이 엉망이 되지 않는다.

이런 연습을 하는 동안 부모님의 '빨리! 어서! 다른 사람보다 늦으면 안 돼.' 등의 소리가 들리면 가슴을 크게 벌리고 외쳐 보자! "아버지, 어머니. 저는 이제 한 사람의 어른이에요. 제 속도 대로 잘하겠습니다. 그러니 더 이상 걱정하지 마세요!"라고.

부부가 사는 법
자아 상태, 드라이버

상담 중인 부부들이 있다. 첫 번째 부부의 문제는 아내가 강박적으로 남편에게 관심을 기울이고 남편은 이런 관심에서 도망을 가려고 하면서 시작되었다. 아내의 신념에는 '사랑하는 사이라면 서로에 대해서 모든 것을 알고 챙겨 주고 관여하는 것이 당연한 것이다.'라는 생각이 있다. 남편이 자신의 생각에 부합되는 모습을 보여 주는 것이 자신을 사랑하는 것이라 생각한다. 남편 또한 다른 사람을 기쁘게 하고자 하는 드라이버가 있었으므로 늘 자신보다는 아내와 처가 식구들을 기쁘게 해 주려고 맞추며 애를 썼다.

이 부부에게 일정 기간 각자의 드라이버 내면의 몰이꾼에 쫓겨도 버틸 수 있는 에너지가 있는 동안에는 괜찮았다. 그러나 아내의 '완벽한 관계'에 대한 이상적인 생각은 남편에게는 아무리 노력해도 맞추기 어려운 요구이다. 아내를 기쁘게 해 주려고 하는 드라이버에 쫓겨 노력하지만, 결국 에너지가 고갈되면 자신이 매우 형편없는 사람인 것 같거나 아내가 자신을 너무 힘들게 하는 신경증 환자 같이 보이기 시작하며 짜증이 증폭된다.

이 부부에게는 각자 어린 시절 관계적 역동이 있었다. 아내는 엄마에게서 귀에 못이 박히게 많이 들은 "너 그래 봐. 엄마가 어디 확 나가 버릴 거야!"라는 목소리가 여전히 내면에서 들리고 혼자가 되는 것에 대해 강한 불안을 느꼈던, 어떻게 해서든 엄마의 표정과 있는 곳을 확인해야 안심이 되었던 경험이 있다. 남편은 장남으로서 동생들을 보살피고 부모가 걱정하지 않도록 혼자 자신의 일을 알아서 하며 오로지 부모를 기쁘게 할 때만 칭찬과 격려를 받았고 안심이 되었던 어린 시절의 경험이 있다.

사람들이 서로에게 매력을 느꼈던 부분도 이런 어린 시절의 역동이 영향을 미친다. 연애 시절, 아내는 남편의 모든 일에 관심을 가졌고, 남편은 이런 아내의 관심이 좋았기 때문에 아내를 기쁘게 해 주기 위해 언제나 자신이 무엇을 하는지, 어디에 있는지를 이야기했다. 남편의 이런 태도는 아내에게는 자신에 대한 사랑이라고 생각되었고, 결혼을 하면 절대 불안하게 만들지 않을 것 같다는 확신을 가지게 되었다. 남편은 아내의 다정함이나 관심, 무엇보다 자신을 의지하고 있어서 아내를 돌봐 주면서 갖게 되는 '잘하고 있는 느낌'이 좋았다. 아내는 여전히 자신의 어린이 자아(C)에서 남편의 부재와 확실하지 않은 정보를 불안이라는 정서와 연결시키고 있고, 남편은 자신의 드라이버에 쫓겨 지나친 구원자 역할에서 박해자 역할로 전환하면서 힘들어하고 있는 것이다.

드라이버는 뭔가를 하지 않으면 안 된다고 생각하면서 자신도 모르게 내면의 몰이꾼에 쫓기는 것이다. 상대를 기쁘게 해주려고 애를 쓰고, 뭐든 열심히만 하려고 또는 완벽하게 하려고 하거나, 자신이 약해 보이는 것을 견딜 수 없어서 자신의 정서는 전혀 표현하지 않거나, 빨리하라는 내면의 몰이꾼에 쫓기기도 한다.

상담을 하면서 이런 자신들에 대해서 알게 된 부부가 선택한

전략은 각자가 '~하지 않기'를 새롭게 결정하는 것이었다. 이는 각본에 있는 유아기 드라이버로부터 자유로워지는 일과 연관이 있다. 낡은 생존법에는 스스로를 구속하는 나쁜 행동 패턴이 있다. 자기를 힘들게 하고 파괴하는 일인 줄 알면서도 끊어내지 못하는 나쁜 습관은 대체로 유아기 때 부모에게 맞추려고 습득하고 결정한 드라이버이다. 이것은 자기도 모르게 강박적으로 반복해서 추구하는 힘이다. 그러나 이제 이 부부는 더 이상 부모에게 무조건 맞추어야 하는 어린이가 아니다. 어릴 적 패턴은 지금 생활과 행복에 더 이상 도움이 되지 않는다.

또 다른 부부의 경우 이혼서류에 도장을 찍기 전에 상담을 받아 보고, 안 되면 이혼을 하기로 결정하고 상담을 시작했다. 남편은 자신들의 문제가 그다지 심각하지 않다고 여기고 있지만 아내의 경우 매우 힘들어하고 있었다. 결혼 전 서로에게 완벽한 배우자로 여겨졌던 이유는 각자에게 부족하다고 느끼던 부분을 상대가 가지고 있었기 때문이었다. 아내는 자신이나 타인에게 엄격한 잣대를 가지고 있기 때문에 주변 사람들이 불편해한다는 것을 알고 있었지만 자신이 변화할 방법을 모르고 있었다. 남편을 만났을 때 다정하고 따뜻한 느낌이 좋았고, 이야기를 잘 들어 주고 언제나 자기 편이 되어 주는 모습에서 결혼을 결심했다. 주변에서는 남편의 능력이나 경제력이 아내보다 못하다는 이유로 말렸지만 자신이 능력이 있으므로 그런 것쯤은 문제가 되지 않는다고 큰소리를 쳤다. 남편의 경우 아내를 만났을 때 성격이 분명하고 일을 처리할 때 망설임이 없고 언제나 확실한 생각을 이야기하는 것이 좋았다. 또한 자신과는 다르게 경제적인 계획이 항상 확실하고 목표를 정해 놓고 열심히 일을 하는 모습이 좋았다.

그런데 몇 년이 지나자 이런 두 사람의 매력은 서로에게 마치 독이 든 사과처럼 보이기 시작했다. 아내의 비판적 부모 자아(CP)에서는 남편이 무책임함, 게으름, 원칙 없음, 대책 없이 사람이 좋음, 지나치게 낙관적인 부분이 심한 결함으로 보이기 시작했고, 남편의 자유로운 어린이 자아(FC)에서는 아내의 지나친 독재, 사소한 일에 대한 비난, 지나친 미래 걱정, 돈에 대한 집착 등이 도저히 견딜 수 없는 일이 되었다. 결국 결혼의 이유가 이혼의 사유가 되고 있는 것이다.

이 부부의 상담은 서로의 자아 상태를 이해하는 것이 선행이 된다. 서로 이해가 안 되던 부분을 알게 되면 "난 정말 당신을 이해할 수 없어."라고 입버릇처럼 하던 말이 줄어든다. 그렇다고 문제가 해결이 되는 것은 아니다. 각자 자아 상태 변화가 있어야 한다. 더불어 서로에게 잘 이야기하는 법을 연습해야 한다. 보통은 자신의 의견을 내세우면서 상대를 설득하려 하던 교류에서 변화하여 먼저 상대의 마음을 알아주면서 어른 자아(A)로 말을 하는 것이다.

성인이 될 때까지 다른 방식으로 살아온 두 사람이 부부가 된다. 상담에서 "이런 사람인 줄 알았다면 결혼 안 했을 거예요. 이건 사기예요."라고 말하는 부부가 많다. 서로 연애 시절의 모습을 보고 기대하지만, 그 모습이 결혼 후에도 계속되는 것은 아니다. 왜냐하면 연애 시절에 호감을 가졌던 모습은 사랑을 위해 상대에게 최선을 다한 모습이었기 때문이다. "저 사람도 연애할 때는 애교가 참 많았는데……."라며 씁쓸하게 말하는 남편들을 보면 "지금도 아마 아내의 어딘가에는 애교가 있을 거예요. 그런데 왜 이젠 안 나올까요?"라고 묻곤 한다. 서로 상대를 탓하기 전에 결혼 후에도 내가 좋아했던 그 모습이 없어지지 않도록 긍정적 스트로크를 열심히 주는 것이 내가 좋아했던 상대의 모습을 그대로 유지하게 하는 비결일 것이다.

2 내 마음을 알아 가다

076

3

마음속
깊은 우물을
들여다보다

* * *

내 속에 담긴 우울
각본

　가을이 깊어지고 초겨울에 접어들면 계절성 우울증이나 우울증까지는 아니라도 곧잘 우울한 감정을 느끼는 사람들이 많다. 경아 씨도 자신이 그런 줄 알았다. 초겨울이 되면 만나는 사람마다 '기분이 처지고 우울하다.'고 말을 하기에, 자신 또한 일시적으로 계절성 우울을 겪는다고 생각하였다. 그런데 어느 날 아주 이상한 경험을 하였다.

　어릴 적부터 경아 씨는 책 읽는 것을 좋아했고 중년기에 막 들어서면서 자신의 내면세계를 탐구하는 심리 서적으로 독서의 범위를 넓혀 나가고 있었다. 그날도 그런 종류의 책을 읽다 깜빡 잠이 들었다. 한 시간가량 자다 깨어났는데, 평소와는 다른 이상한 기분이 들었다. 평소보다 조금 더 가라앉는 듯한 기분에 마치 울음이 목구멍에 걸려 있는 듯 울대가 아파 오는 것이었다. '내가 왜 이럴까?' '이런 게 우울증인가?' 하는 생각을 하면서 식탁에 앉아 있는데, 불현듯 장면 하나가 떠올랐다.

여섯 살쯤 된 여자아이가 친구들과 놀고 있다. 공기놀이를 하고 있었다. 그런데 그 여자아이가 들고 있던 공깃돌을 앞에 있던 남자아이에게 던진다. 돌에 맞은 남자아이는 피가 나고 큰 소리로 울음을 터뜨린다. 집에서 할머니가 뛰어나와 피가 나는 남자아이를 업고 병원으로 뛰어가면서 여자아이에게 소리친다. "저 사나운 년, 어디 겁도 없이……. 당장 쫓아내야 정신을 차릴 거야?"

경아 씨는 거의 35년 만에 자기가 왜 그 남자아이에게 돌멩이를 던졌는지 기억이 났다. 그 남자아이가 "야! 넌 엄마도 없잖아." 하고 말했기 때문이었다. 그리고 그 이야기를 들은 지 35년이 지난 그날, 경아 씨는 목 놓고 울었다. 경아 씨에게 엄마가 없었던 것은 결코 아니었다. 단지 엄마는 동생들을 낳고 키우느라 경아 씨를 외할머니에게 자주 보냈을 뿐이었다.

맏이인 경아 씨는 책임감도 강하고 논리적이고 이성적인 성격의 소유자이다. 모든 일은 철두철미하게 하려고 노력하고, 그것이 지나쳐서 약간의 강박적인 성격까지 가지고 있다. 언제부터인가 우울감을 자주 느끼는 것이 불편함이라면 불편함이랄까, 그 외에는 스스로 아주 평범한 중년을 보내고 있다고 생각하고 있었다. 그리고 그 우울감 또한 날씨 때문이라고 생각하고 있었다. 경아 씨의 우울을 교류분석을 통해서 이해해 볼 수 있을까?

어릴 적 경아 씨는 동생들이 연이어 태어날 때마다 외할머니 집으로 보내졌다. 어린 경아 씨는 이 경험을 엄마로부터 전해지는 비언어적인 메시지로 받아들였는데, 즉 '너는 우리 집에서 중요한 사람이 아니다.'라는 것이었고, 이러한 메시지는 '존재하지 마라Don't be.'라는 금지령으로 작용하게 되었다. 거기에 더해서 동생의 탄생을 엄마로부터의 스트로크가 철회되는 것으로 느꼈고, 비록 외할머니와 지내면서 그 시간을 견디었지만 엄마로부터의 절대적인 스트로크는 부재한 상태가 되었던 것이다.

그렇다면 엄마의 스트로크를 되찾아올 방법은 무엇이 있었을까? 그것은 엄마에게 순응하는 것이었고, 그중 하나는 무슨 일이든지 철저하게 열심히 잘하려고 노력하는 것이었다. 내가 열심히 하는 한 존재해도 될 것이고 엄마의 스트로크도 받을 수 있다고 어린 시절에 혼자 생각하고 결정한 것이다.

바로 이러한 결정에 의해서 경아 씨는 무엇이든지 열심히 하려고 하는 강박적인 성격이 형성되어 버린 것이다. 실제로 경아 씨의 강박적인 행동은 빨래를 지나치게 여러 번 빨아야 개운하다든가, 설거지를 아주 오래하는 것 등으로 나타났다. 이는 어른인 지금도 어린 시절에 동생을 돌보아야 하는 엄마를 거들어줄 때 엄마로부터 받았던 '맏이답고 든든하다.'라는 긍정적인 스트로크와 본인이 내렸던 결정에 따라 행동하고 있기 때문이라 할 수 있다. 강한 책임감, 일이나 공부를 열심히 하는 것, 그리고 강박적일 만큼 완전하게 하려는 이런 생활양식은 바로 그렇게 만들어졌던 것이다.

스타이너Steiner는 스트로크가 결핍되면 점차 심리적인 허기가 지속되어 기아상태에 빠진다고 하였다. 그리고 이런 모성박탈의 경험은 '존재하지 마라.'라는 금지령과 아주 밀접한 관계가 있다고 보았다. 이 금지령과 부모명령인 '열심히 하여라.' '완전하게 하여라.' 사이의 큰 부조화가 개인을 힘들게 하고 우울하게 하는 것이다.

어린 시절에 경아 씨가 엄마로부터 떨어져서 느꼈던 그 박탈에 대한 불안감은 어린이 자아(C)에서 느껴진 것이다. 동생들이 태어나면 더 이상 엄마가 자신을 사랑하지 않을지도 모른다는 두려움, 항상 외할머니 집으로 쫓겨 가는 것에 대한 억울함, 유기불안에 대한 공포 등이 경아 씨가 어린 시절 어린이 자아(C)에서 느끼던 감정이다. 그날 아침 경아 씨는 어떠한 계기로 자신이 미처 해결하지 못했던 어린 시절의 모습을 마주하게 된 것이다.

하지만 어른 자아(A)에서 다시 찬찬히 곱씹어 생각해 본다면 아이들을 낳을 때마다 맏이인 자신을 외할머니에게 맡긴 그 상황의 엄마를 이해할 수 있게 된다. 그리고 '존재하지 마라.'라는 금지령 대신 '존재해도 괜찮다.'는 허가를 받아들인다면, 더 이상 그런 불안이나 두려움을 느낄 이유도 없고 완벽하게 일을 해서 엄마의 스트로크를 갈구할 필요도 없게 될 것이다. 그리고 이제는 그렇게까지 열심히, 완벽하게 하지 않아도 괜찮다는 허가를 상담을 통해 그리고 자신으로부터 받아들이는 것이야말로 그 무엇보다 중요한 일이다.

이렇게 스스로에게 조금 더 여유 있고 긍정적인 스트로크를 주면서 자아의 융통성을 회복한다면, 경아 씨는 겨울과 우울을 동의어로 여기지 않아도 될 것이다.

🌿 네 말이 맞아. 그런데……
심리게임

비가 부슬부슬 내리며 초겨울을 재촉하는 어느 날, 바다가 한눈에 내려다보이는 경치 좋은 카페에서 친구를 만났다. 전화 너머로 들려오던 그녀의 목소리는 왠지 슬픔이 배어 있어 만나자는 청을 거절할 수가 없었다. 커피를 한 모금 마신 뒤 그녀가 물었다. "너는 행복하니?"

뭐라고 대답할 수 있을까? 행복하다고 하면 친구의 고민을 모른 척하는 것 같고, 아니라고 하기에는 딱히 덧붙일 말이 없어서 조금 망설였다.

"무슨 일 있니?" 조심스럽게 물어보며 속으로는 별일이 아니기를 빌었다.

"아니, 별일은……. 그저 사는 게 다 그렇지." 이렇게 시작된 그녀의 넋두리는 특별히 뭐라 이름 붙일 수 없는 중년의 걱정과 외로움이 뒤섞인 것이었다.

"애들은 늦게 오고, 남편도 그렇고……. 뭐 좀 재미있게 지낼 수 있는 방법이 없을까?"

"그래, 그렇지? 운동이나 뭐 그런 걸 좀 해 보지 그러니?"

"그래, 운동 좋지……. 그런데 그것도 팔자 좋은 여자들이나 하는 거지, 내 주제에 무슨……."

"그럼 무슨 일을 좀 해 보는 건 어떠니? 시간도 그렇고 돈도 벌면 좋을 것 같은데."

"그래, 일하면 되겠지. 그런데 내가 무슨 일을 할 수가 있겠니? 알다시피 주부 경력만 20년인데……. 그리고 안 하던 일 한답시고 몸이라도 아파 봐라. 혹 떼려다 붙이는 경우지."

"음……. 그렇기도 하겠네. 그럼 취미생활을 좀 해 보면 좀 낫지 않을까? 너 예전에 퀼트 좋아했잖아."

"예전에야 좋아했는데 지금은 나이 드니 그런 것도 다 시들해져서……."

"그래. 그럼 예전에 자주 만나던 애들하고 계라도 해 볼까? 한 달에 두 번 정도 모여서 놀면 시간도 잘 가고 재미있고.”

“그래. 좋겠지. 근데 다른 애들은 다 잘 사는데 나만 이런 것 같아 솔직히 만나기 싫더라.”

이쯤 되니 나는 기분이 묘해졌다. 약간 무기력한 느낌과 짜증이 느껴지면서 더 이상 할 말이 없다고 느껴졌다.

친구는 끊임없이 ‘그래, 네 말이 맞아. 그런데……’라고 반복하면서 내가 해 준 말을 무력화하곤 했다. 마치 ‘아무리 네가 충고해 봐라. 내가 네 말을 듣고 그렇게 해 보나.’ 하고 버티는 것 같으니 뭐라 말을 해도 아무 소용이 없을 것만 같았다. 많은 사람이 이와 유사한 경험을 하였을지도 모른다. 이 친구는 무슨 말이 듣고 싶었던 것일까?

이와 같은 대화패턴을 가리켜 ‘yes-but네-그러나 게임’이라고 한다. 일반적으로 게임이라 하면 즐겁고 신나는 시간이 떠오를 것이다. 그러나 TA에서의 게임은 사람들 간의 관계가 묘한 불쾌한 감정을 가지고 끝나는 경우를 말하며, 이를 ‘심리게임’이라고 부른다.

앞의 대화에서 자신의 생활에 대해 불만인 친구는 다른 친구의 적절한 조언에도 불구하고 계속 yes-but 게임을 하고 있는데, 도움을 주려는 친구의 입장에서 보면 점점 불쾌감을 느끼게 된다.

표면적으로는 한쪽은 도움을 구하는 듯하고 상대방은 ‘이렇게 하면 어떨까?' 하고 해답을 제시하고 있으므로 바람직하고 도움이 되는 시간을 갖는 것으로 보인다. 하지만 가만히 들여다보면 '나에게 이러한 문제가 있어.'라고 은연중에 도움을 구하는 메시지를 던져 주고는, 상대가 해결책을 제시하면 매번 '너의 방식(충고나 해결책)은 별것 아니고 틀렸다.'라는 메시지를 전달하고 있음을 알 수 있다.

그렇다면 이 친구는 왜 이런 yes-but 게임을 하고 있는 것일까? TA에서 이를 명쾌하게 설명한다. 즉, 어릴 적 지배적인 부모로부터 끊임없이 간섭받고 '시키는 대로 하라.'는 명령이나 통제, 충고 등을 받으며 자란 아이는 어쩔 수 없이 겉으로는 시키는 대로 하겠지만, 속마음으로는 '나는 꼭 내가 하고 싶은 대로 할 거야!' 하고 결단을 하게 된다는 것이다. 부모의 명령이나 통제, 충고 등을 자신에 대한 관심이나 인정자극, 애정으로 느끼고 계속 이 같은 것을 해 달라고 요청하면서 속으로는 '절대로 그대로 안 할 거야!'를 외치기 때문이다.

그리하여 나중에 자신이 이와 유사한 상황을 만들고 누군가가 부모처럼 간섭이나 충고, 명령을 하려고 하면 그것에 따르지 않겠다는 결단을 슬며시 내보인다는 것이다. 결국 이러한 게임을 하는 목적은 뭔가 허전할 때 다른 사람으로부터 애정이나 인정자극스트로크, 관심을 받기 위해서이며 동시에 자신의 기본적인 인생태도를 반복 확인하기 위함이다. 즉, 다른 사람으로부터 애정이나 인정자극스트로크, 관심을 받는 차원에서 친구의 조언이 필요하다고는 하지만 결국은 친구의 말에 따르지 않거나 반박함으로써 자신이 갖고 있는 어릴 적 인생태도, 즉 나에게 간섭, 명령, 통제, 충고를 하는 상대는 틀렸고You're not OK 나 자신의 생각이 옳기 때문에I'm OK 스스로의 판단에 따르겠다는 인생태도를 반복해서 확인하려는 것이다. 이러한 타인에 대한 부정적인 태도는 어릴 적에 형성된 것으로, 기본적으로는 타인을 신뢰하지 못하는 태도에서 출발한다.

그렇다면 친구의 이러한 대화 패턴의 고리를 끊는 방법은 없을까? 우선 상대에게 해결책을 제시해 주려는 성급한 마음보다는 상대의 이야기를 진정으로 공감하면서 듣는 것이 필요하다. "그래, 그랬구나." "그래서 속이 상했구나!" "나라도 그랬겠다!" 등의 말로 상대의 마음을 감싸 주는 것이다. 그다음에는 "뭘 하고 싶니?" "어떻게 하는 게 좋은 방법일 것 같니?" 하고 상대의 생각(해결책)을 물어보는 것이 필요하다.

이렇게 함으로써 상대가 받고 싶은 애정, 즉 스트로크긍정적 인정자극를 주고 해결책 또한 스스로 생각하고 말하게 함으로써 타인에 대한 not OK 태도를 확인할 기회를 차단하는 것이다. 동시에 상대의 생각이 적절한 경우 적극적인 지지와 인정자극을 주면 상대는 "그래, 그렇지. 난 OK야." 하며 상대방을 기분 좋게 대하게 되어 바람직한 교류가 된다.

일상생활에서 우리는 알게 모르게 많은 게임을 연출하며 살고 있다. 그것은 우리가 어릴 때 사랑, 인정, 칭찬 등 무엇인가를 얻기 위해 구사했던 전략을 되풀이하고 있기 때문이다. 하지만 이제 성인이 된 지금은 어릴 적 전략이 적절하지 않은 경우가 대부분이다. 따라서 우리는 과거의 어느 시점이 아닌 지금 현재에 맞는 좀 더 성숙한 선택을 할 수도 있고 또 해야 한다.

더불어 다른 사람의 말을 마음을 열고 들어 주는 것, 말을 하는 것은 줄이고 듣는 것을 더 늘리는 것, 판단이나 비판보다는 이해하려는 마음을 갖는 것, 무엇보다 사람은 다를 수 있으며 누구나 귀한 존재라는 기본적인 인식을 가지고 타인을 대하는 것이 중요하다. 이것이 타인과의 교류에서 진정으로 행복해질 수 있는 지름길이 될 것이다.

 ## 승자, 비승자, 패자 각본
각본

김상호: 46세 남성. 우울증이 있고 심하지 않은 알코올 의존
형. 때때로 우울증 약은 복용하나 알코올 중독으로
치료받은 적은 없음. 명문대 출신. 중소기업 근무. 가
족으로는 부인과 딸이 있음.

박선화: 49세 여성. 아르바이트로 아이들을 지도한 적은 있
　　　으나 직업으로 선택하지는 않음. 가정주부. 대학에서
　　　음악 전공. 가족으로는 남편과 남매를 두었음.
이경훈: 47세 남성. 일과 공부를 십수 년째 병행하고 있음. 고
　　　혈압약 복용 중. 명문대 출신. 대기업 근무. 가족으로
　　　는 부인과 두 딸이 있음.

　이 세 사람의 간단한 이력 소개만으로는 이 사람들이 어떤 각
본 속에 살고 있는지 짐작조차 할 수 없다. 하지만 우리를 포함
한 모든 사람은 자신만의 독특한 각본을 가지고 그 각본에 맞게
인생을 살아가고 있다. 사람들의 생김새나 지문이 다른 것처럼
그 사람이 가진 각본의 내용은 모두 다르지만 크게 세 가지, 즉
승자, 비승자, 패자 각본으로 분류할 수 있다.

　먼저, 김상호 씨는 겉으로 보기에는 원만해 보이는 대한민국
40대 직장인이며 가족을 책임지고 있는 가장이지만, 속으로는
깊은 패배감에 시달리고 있다. 어린 시절부터 부모님의 사이가
좋지 않았던 터라 그다지 많은 관심 속에서 자랐다고는 할 수가
없지만, 공부만큼은 뛰어나게 잘해서 명문대를 줄곧 장학금으
로 다닐 수 있었다. 졸업 후에 남들이 다 부러워하는 직장에 취
직했지만 항상 자신의 능력보다 조금 더 욕심을 부리는 투자 탓
에 고객에게 손해를 끼치곤 했다. 본인은 운이 따르지 않는다고

입버릇처럼 말하곤 했는데, 결국은 회사를 그만둘 수밖에 없었다. 그다음부터는 직장을 여러 번 옮겨 다녔는데, 그럴 때마다 그 직장에서 자신의 능력을 알아주지 않는다며 불만스러워했다. 지금의 직장은 8년째 다니고 있으며, 더 이상 옮길 수가 없기 때문에 간신히 맞추고 있는 중이라고 한다.

그러다 보니 과거에 대한 미련이 많아서 늘 "그 회사가 좋았는데."라고 하거나 "그때 조금 더 투자를 했었으면 아마." 하고 아쉬워하는 일이 많다. 술은 거의 매일 마시지만 고주망태가 되는 일은 1년에 서너 번 정도 있을 뿐이므로 본인이 알코올에 의존해서 살고 있다는 사실은 전면 부인하고 있다. 우울증을 앓고 있다는 사실은 받아들이지만, 모든 게 자신을 알아주지 않는 세상과 뜻대로 일이 풀리지 않는 자신의 운명 때문이라고 생각하고 있다. 잘 나가는 동창을 만나면 자신도 잘 살고 있는 듯 큰소리를 치곤 하지만, 속으로는 열등감과 패배감에 더 술을 마시게 된다고 한다. 자신의 인생을 통틀어 가장 행복했던 시기가 언제였냐는 물음에 대학 시절이라고 대답했다.

패자 각본에 있는 사람은 자신의 인생에 대한 책임을 타인에게 돌린다. 그리고 무엇인가가 뜻대로 안 될 때는 합리화를 하며 다른 사람들에게는 그 합리화에 맞게 설득을 한다. 김상호 씨가 첫 직장에서 성공을 했더라도 어쩌면 그 성공을 누리지 못하고 무엇인가 걱정이나 불행감을 스스로 만들어서 자기 자신을 궁지에 몰았을 수도 있다. 이런 각본 속에 있으면 옛날을 그리워하거나 미래의 마술 같은 해결책 혹은 구원을 바라며 살게 된다. 그뿐 아니라 미래에 대한 걱정도 끊이지 않아 현재의 삶에 초점을 맞출 수가 없다. 남들에게 보이는 자신의 모습, 즉 페르소나$_{persona}$[1]를 자신의 모습으로 인식하여 그 모습을 지키고 타인의 기준에 맞추기 위해 안간힘을 쏟는다. 결국 현재의 삶은 항상 만족스럽지 못하며, 간혹 느끼는 안정감이나 행복한 느낌도 디스카운트를 통해 진정으로 받아들이지 못하고, 자신에 대한 수용과 인정이 없으므로 타인과 세심한 배려나 사랑을 주고받는 것도 힘들게 된다.

박선화 씨는 딸만 셋인 집안의 둘째 딸이었다. 아들을 원했던 부모님과 할머니는 선화 씨가 태어났을 때 얼마나 서운했는지를 두고두고 이야기했다. 게다가 언니만 공주처럼 위해 주는 아버지는 선화 씨에게는 항상 "언니 말을 잘 들어라." "언니 섭섭하게 하지 마라." 하고 이야기했다. 아무리 열심히 해도 언니만큼 사랑받을 수 없다는 무력감은 어린 선화에게 '아무것도 하지 말자.' 혹은 '아무것도 되지 말자.'라는 결정을 하게 했다. 공부도 악기 연주도 언니보다 뛰어나게 잘했지만 절대로 열심히

---

1 '인격' '가면을 쓴 인격(位格)' 등의 뜻으로 쓰이는 라틴어이다. 본디 연극배우가 쓰는 탈을 가리키는 말이었으나, 그것이 점차 인생이라는 연극의 배우인 인간 개인을 가리키는 말로 쓰이게 되었다.

하지는 않았다. 자신의 결단대로 아무것도 아닌 사람이 되어야 하기 때문이었다. 항상 사람들 가운데 나서는 것이 두렵고, 사람들 앞에서 이야기를 해야 할 때면 그 전날 밤을 샐 만큼 긴장이 되곤 했다. 대학을 졸업하고 취직을 할 기회가 여러 번 있었지만 그때마다 여러 가지 이유로 기회가 무산되곤 했다. 본인은 우연히 일어난 일이라고 믿었지만, 그보다는 비승자 각본을 충족시키기 위해 스스로 초래한 결과일 가능성이 높다. 결혼 후에도 여러 가지 공부를 해 왔지만 열심히 해서 무엇이 되려고 했다기보다는 그저 시간구조화의 하나로, 혹은 배우는 것이 좋아서라고만 생각했다. 실제적으로 일을 해 보려고 마음을 먹기도 했지만, 그것이 본인에게는 너무나 힘든 일임을 깨닫고는 그만두고 말았다.

비승자 각본을 취한 사람들은 결코 모험을 하지 않는다. 때로는 자율적이지만 때로는 의존적이며, 자신의 일은 해 나가지만 만족스럽지 않고 그렇다고 크게 불행감을 느끼는 것도 아니다. '이러이러하게 되었으면.' 하는 미래에 대한 바람은 있지만 그 바람을 위해 최선을 다하지는 않는다. 아마 우리 주변에서 가장 많은 사람들이 비승자 각본으로 살고 있을 것이다. 꾸준하게 자신의 삶을 살고는 있지만 완벽하게 행복하다고 느끼지도 않고 그렇다고 나쁘다고 느끼지도 않으면서 인생이란 원래 이런 거라고 말하거나 다른 사람들도 비슷하게 살고 있다고 자위하면서 살아간다.

이경훈 씨는 세 남매 중 장남이다. 중년으로 접어든 요즘, 가족력인 고혈압 때문에 약을 복용하고 있기는 하지만 대체로 건강한 편이다. 고혈압으로 고생하던 부모님과 조부모를 보고 자란 터라 일찍부터 건강에 신경을 쓰느라 버스 몇 정거장 정도의 거리는 항상 걸어 다니려 노력하고 시간이 나면 운동을 하려고 애쓰는 편이다. 대학을 졸업하고 들어간 현재의 직장에서 계속 일하고 있고 일과 더불어 공부도 꾸준히 하고 있는데, 시간이 되는 대로 하느라 오래 걸리기는 하지만 빨리 해야 된다는 생각은 없다. 안정된 생활이라고 할 수도 있는데 집을 옮기거나 차를 바꾸거나 하는 데는 별 의미를 두지 않는다. 주변에서는 이해할 수 없다고 말을 해도 여전히 지하철이나 버스를 이용하고 아내가 아주 작은 차를 아이들을 학원에 데려다주는 용도로 쓰고 있을 뿐이다.

그렇다고 인생을 살면서 어려운 일을 안 겪은 바는 아니다. 직장에서 퇴사를 종용받은 적이 있었는데, 그 이유는 상사가 자신의 책임을 그에게 미루었기 때문이었다. 만약 그 책임을 떠안으면 회사를 그만두지 않아도 되고 단지 조금 불명예를 감수하면 되는 일이었다. 어느 직장에서나 일어날 수 있는 일이었고 흔히 그렇게 처리되는 일 중의 하나였지만, 이경훈 씨는 자신의 의견을 꺾지 않았다. 그 일로 인해 힘든 시간을 보내기는 했지만 결국 일은 제대로 처리되었고, 동료들과 후배들은 그에게 무언의 박수를 보냈다. 직장과 학교에서는 다른 사람들을 인정하고 관심을 가지며 오래된 친구들과도 좋은 관계를 유지하고 있다. 힘든 일이 있으면 기꺼이 도움을 청하고 또 친구들에게 도움을 주기도 하지만, 자신의 한계를 넘는 일이면 할 수 없다는 이야기를 분명하게 하는 편이다. 가장 행복했던 때가 언제냐는 질문에 바로 오늘이라고 대답했다.

승자 각본에 있다고 해서 성취를 중요하게 여기는 것은 아니다. 우리가 흔히 말하는 사회적 성공, 돈, 명예를 가진 사람이 승자라면 그 사람들은 모두 매 순간 만족하고 행복을 누릴 수 있어야 하는데, 사실상 그렇지는 않다.

뮤리엘 제임스Muriel James와 도로시 종그워드Dorothy Jongeward는 승자의 정의를 다음과 같이 내렸다. "승자는 잠재력을 지니고 있다. 성취가 중요한 것이 아니다. 진솔함이 중요하다. 진솔한 사람은 상식이 있고, 존재를 느끼며, 신용이 있고, 감응을 잘하기 때문에 자아실체감을 경험한다. 진솔한 사람은 계속 자신을 개선하려 하고 다른 사람의 개성을 인정한다."(이원영 역, 2005)[2]

이는 자신이 되고자 하는 사람이 되는 것이 승자라는 이야기이다. 이 개념은 로저스C. Rogers의 '충분히 기능하는 사람fully

---

2 James, M., & Jongeward, D. (2005). 아이는 성공하기 위해 태어난다 (Born to win). (이원영 역). 서울: 샘터사.

functioning person'이나 매슬로A. Maslow의 '자아실현자self-actualizing people'의 개념과 매우 유사하다. 남들의 기대에 부응하기보다는 자신이 되려 노력하며, 자신의 느낌을 소중하게 여기고, 한계에 대해서는 받아들이고, 다른 사람들과 애정을 주고받을 줄 안다. 미래를 위해 현재의 어려움을 감수하지만, 그렇다고 현재를 희생하지는 않는다. 자신도 소중히 여길 뿐 아니라 자신을 둘러싼 사람들이나 환경, 사회에 대해서도 관심을 가지고 더 나아지게 하기 위해 애쓰는 태도를 가지고 있다.

에릭 번Eric Berne은 이러한 분류는 어디까지나 대략적인 것이며 비록 승자 각본을 가진 사람이라 해도 때로는 비승자, 패자 각본까지 섞인 혼합적인 각본을 가질 수 있다고 했다. 또한 패자 각본을 가지고 있다고 인생의 모든 상황에서 그러한 것이 아니고 어느 부분에서는 승자 각본으로 사고하고 행동할 수도 있는 것이다.

중요한 것은 자신이 각본을 인식하고 그것을 승자 각본으로 바꿀 수 있다는 것을 깨닫는 것이다. 절대 변하지 않는 미래란 없다. 나에게 있어서 가장 소중한 존재가 나임을 깨닫고 나의 삶을 책임지고 더 만족스럽게 바꿀 수 있는 사람도 나뿐임을 안다면 자율성을 회복할 수 있을 것이다.

남자가 싫어요
각본

 올해로 40세가 된 은주 씨는 능력 있는 커리어 우먼이다. 소위 일류 대학교 출신에 남들이 다 부러워하는 좋은 직장에서 인정도 받고 있고 성격도 좋아 누구에게나 호감을 주는 사람이다. 그런데 은주 씨도 스스로 어쩔 수가 없는 것이 하나 있다. 그것은 또래 남자들에 대한 무조건적인 부정적 감정이다. 그러다 보니 그 나이가 되도록 단 한 번도 데이트다운 데이트를 해 본 적이 없고, 직장에서 만나는 남자 동료들도 불편하지만 내색을 안하고 일을 하려다 보니 여간 힘이 드는 것이 아니었다. 게다가 노처녀가 나이 드는 것을 지켜보지 못하는 가족과 주위 사람들의 압력을 더 이상 견딜 수 없게 되자 상담실을 찾아왔다.

 "난 내 또래의 남자들은 모두 무능하고 이중적이고 이기적이라는 생각이 들어요. 그렇지 않은 남자가 있다면 사귀어 보고도 싶지만, 그런 사람이 과연 있기나 한가요?"라는 것이 그녀의 첫마디였다. "혹 예외로 생각되는 남자는 없나요?"라고 묻자, "아니요. 단 한 사람도 못 봤어요."라고 대답했다. 차분하고 이성적으로 보이는 은주 씨의 첫인상과는 다른 이 대답에서, 그녀의 이런 비합리적인 신념은 과연 어디에서 기인된 것일까 궁금해졌다.

그녀의 아버지는 굉장히 지적인 분이었다고 한다. 하지만 어머니는 교육을 많이 받지 못하셨고, 두 분의 사이는 부부라기보다 주종적인 관계였다고 한다. 아버지가 퇴근해서 오면 반주를 겸한 저녁상은 거의 두세 시간에 걸친 아버지의 일방적인 교육장으로 변하고, 은주 씨를 비롯한 오빠와 동생은 숙제도 미룬 채 아버지의 이야기를 들어야 했다.

하지만 은주 씨의 눈에는 아버지만큼 똑똑하고 능력 있는 사람은 세상에 없는 것 같은 생각이 들었다. 두 눈을 반짝이며 열심히 듣는 딸을 아버지는 제일 훌륭한 청중으로 예뻐하셨고 아버지에게 인정받는 것이 제일로 행복한 일이었기에 공부도 열심히 해서 항상 1등을 놓치지 않았다.

그럼에도 불구하고 어쩔 수 없었던 건 맏아들인 오빠의 존재였다. 무슨 생각을 하는지 말도 없고 공부도 그다지 잘하지 못하고 잘하는 거라곤 하나도 없는 오빠를 그래도 맏아들이라고 위하는 아버지와 어머니를 보면서 은주 씨는 배신감을 느꼈다고 했다. 지금까지도 오빠는 결혼을 하고도 겨우 자기 입에 풀칠할 주제밖에 안 되고 집안을 돌보는 건 자신의 몫이라고 말하는 은주 씨의 얼굴에는 오빠에 대한 멸시와 억울함이 함께 공존하고 있었다. 그리고 다른 남자들도 오빠와 다름이 없어 보인다는 것이다. 여기에 은주 씨가 불편해하는 부적응의 문제가 있는 것 같았다.

교류분석으로 분석해 보자면, 은주 씨는 어릴 적 존경하는 아버지로부터 긍정적인 스트로크를 받기 위해 똑똑하고 유능한 사람이 되기로 초기 결정을 내린 것이다. 초기 결정은 어린 시절 '나는 인생을 이렇게 살아가겠다.'고 정한 삶에 대한 기본적인 태도이다. 아이가 주관적으로 주변의 상황을 해석하고 이해해서 자신에게 더 많은 스트로크가 오는 쪽으로 혹은 자신이 옳다고 믿는 쪽으로 결정을 내리는데, 이것을 초기 결정early decision에 의한 인생계획life plan이라 부른다. 그렇기 때문에 같은 환경에서 자란 형제도 각기 다른 초기 결정을 가지고 다르게 살아가는 것이다.

은주 씨의 경우 아버지가 원하는 똑똑한 딸이 되는 것만이 유일한 스트로크가 충족되는 생존 방식일 수 있다. 그래서 지금껏 부모님과 살면서 실질적인 가장의 역할을 해 오고 있는 것이다. 그런데 어린 은주 씨에게 이해할 수 없었던 것은 맏아들을 향한 부모님들의 무조건적인 사랑이었다.

어려서는 아버지에게 인정받는 딸이 되고자 열심히 공부를 했고 자라서는 경제적인 부분까지도 책임을 지는 맏아들의 역할을 하느라 자신은 항상 지치고 힘이 드는 반면에, 오빠는 힘이 들면 부모님께 손을 벌리고 적당히 인생을 살아가는 모습이 너무나 밉고 싫었던 것이다. 그 결과, 오빠에 대한 그런 감정을 과잉일반화하여 다른 모든 남자에게도 같은 모습이 있을 거라

미리 예견하고 투사한 것이다.

　과거 경험 속 오빠를 생각하면 느껴지던 한심한 감정이 성인이 된 지금도 남자들을 생각하면 '이기적이다.' '무능하다.' 등의 생각이 들면서 그대로 느껴지는 것이다. 그것은 어린 시절부터 반복된 경험 속의 결정과 어린이 자아(C)에서의 감정상태라고 할 수 있다. 오빠를 떠올리면 느껴지는 억울함, 무능하고 이기적이라는 생각 끝에 느껴지는 멸시, 자신은 열심히 노력해야만 얻을 수 있다고 생각한 아버지의 사랑을 쉽게 가진 것에 대한 질투 같은 부정적인 감정상태이다. 마치 어린 시절에 무섭고 권위적인 아버지 밑에서 자란 사람이 아버지와 비슷한 연령의 어른만 봐도 가슴이 뛰고 잘해야 한다는 생각을 지울 수 없는 것과 유사한 것이다.

　이렇게 부여된 조건을 해제하는 방법은 없을까? 처음 단계는 은주 씨가 어릴 적 오빠에게 가졌던 그 감정을 부인하거나 외면하지 말고 다시 그 상황에 접촉해 보는 것이다. 스토리텔링storytelling을 통해서 혹은 빈 의자empty chair 기법[3]을 사용해서 점진적으로 자신의 감정을 재경험할 수 있게 돕는 것이 중요하다.

---

3 자신 혹은 타인과의 관계를 지금-여기에서 다루기 위해 빈 의자를 사용하는 기법이다. 내담자들이 빈 의자를 두고 마치 사람이 그곳에 앉아 있는 것처럼 가정한 다음, 의자들이 놓인 곳 사이에서 둘 이상의 역할을 하면서 내담자의 자기와 다른 중요한 인물들이 토의를 하는 듯 연출하여 과거 경험을 재경험하게 한다. 역할극의 형식으로 된 이 기법은 자기에 대한 탐색에 초점을 맞추고 내담자의 자기적응을 위해서 활용한다.

그다음 단계는 은주 씨의 어른 자아(A)를 사용해서 어릴 적 느꼈던 그 감정으로 인해 지금까지 힘이 들고 다른 남자들에게 비슷한 감정을 갖는 것이 과연 타당한지 함께 검토해 볼 필요가 있다. 또한 자신의 관점에서만 오빠를 보지 말고 오빠의 입장에서 그간의 삶을 다시 이해해 보는 통찰이 일어난다면 은주 씨에게 부여된 조건은 해제될 수 있을 것이다.

그러고 나서 오빠와 진정한 화해를 시도할 수 있다면 아마 은주 씨는 새로운 눈으로 남자들을 보게 될 것이고, 머지않아 행복한 가정을 가지게 될 것이라 생각한다.

민이 이야기
각본-금지령

교류분석이론가 굴딩 부부Bob and Mary Goulding는 사람들이 자신에 대해서 부정적으로 초기 결정을 하는 데 결정적인 영향을 끼치는 부모의 12가지 금지령에 대한 이론을 발전시켰다. 자신의 자녀에게 그중 어느 하나라도 의식적으로 주는 부모는 없을 것이다. 그리고 설사 누군가가 "지금 당신은 당신 아이에게 이러이러한 금지령을 주고 있습니다."라고 말한다면 말도 안 된다며 펄펄 뛸 것이다.

그러나 그 부모 역시 자신의 부모에 의해 주어진 각본 속에서 살고 있을 것이기 때문에 본인 또한 자신이 어떠한 금지령을 주고 있는지 미처 깨닫지도 못하고 살아갈 수 있다.

요즘같이 자녀의 성공을 위해 많은 것을 희생하는 부모에게 "당신은 당신 아이에게 '성공해서는 안 된다.' 혹은 '생각해서는 안 된다.'라는 금지령을 준 것 같군요."라고 한다면, 그 말을 듣는 부모의 반응은 보지 않아도 짐작이 갈 것이다. 하지만 다음 사례를 보면 이해가 될지도 모른다.

민이는 졸업을 앞둔 대학교 4학년 여학생으로 아주 똑똑했다. 경제적으로 여유가 있는 민이네는 아이가 어릴 적부터 여러 나라를 옮겨 다니며 생활해 왔다. 그 덕분에 민이는 다양한 외국어를 유창하게 구사하고 대학에 들어갈 때도 좋은 성적으로 입학을 했다. 비슷한 성적의 아이들이 비슷한 꿈을 꾸면서 자신의 인생을 바야흐로 만들어 가기 시작하는 대학교 1학년의 출발점은 겉으로는 비슷했다.

하지만 4년이 지난 지금, 그 아이들은 각각 다른 지점에 도달해 있음을 본다. 아직은 멀었지만 여전히 자신의 꿈을 향해 매진하는 친구들 틈에서 민이는 어느새 많이 뒤처져 의기소침하고 우울해하며 자신을 향한 분노를 어쩌지 못해 남모르게 자해를 하는 지경에 이른 것이다. 무엇이 민이와 친구들의 차이를 만들어 낸 것일까?

민이 엄마는 어릴 적부터 욕심이 많다는 소리를 들으면서 자라 왔다. 하고 싶은 것, 배우고 싶은 것이 너무 많았는데, 집안의 형편상 많은 것을 포기해야만 했다. 결혼 후에 민이를 낳자자신의 아이만큼은 원하는 대로 다 해 주고 싶었다. 그래서 민이가 원하든 원하지 않든 자신이 생각하기에 좋은 것이다 싶으면 뭐든지 하라고 떠밀게 되었다. 자녀 의견보다는 자신의 생각대로 주도적으로 양육을 하게 된 것이다. 그리고 늘 민이에게 '최선을 다해라.' '열심히 해라.' '완벽하게 해라.' 같은 말을했다. 이런 부모명령은 자녀가 사회에서 어울려 살아가는 데 긍정적인 방식으로 대처할 수 있도록 부모가 자신의 부모 자아(P)에서 주는 메시지들이기도 하지만, 너무 오랫동안 지속적으로 듣게 되면 자녀에게는 드라이브drive가 되어 자율성이 떨어지게 된다.

또 다른 메시지도 있는데, 부모의 무의식에서 이런 말들과는 반대되는 메시지들을 자녀에게 주는 경우도 있다. 이런 메시지는 부모의 어린이 자아(C)에서 비언어적으로 자녀에게 전달된다. 민이의 엄마는 무의식적으로는 민이가 가진 여러 기회에 대해 불공평함을 느꼈다. 자신이 그토록 갖기를 원했던 환경과 기회를 민이에게 주었는데 최선을 다하지 않고 최고의 성과를 내지 못하는 것을 보면 '내가 만약 너였다면……'이라는 생각이 들면서 화가 났다. 물론 이렇게 된 것을 보면 민이 엄마 또한 부정적인 각본을 가지고 살아가는 것이 틀림없다.

민이 엄마도 의식하지 못하는 자신의 비언어적인 메시지는 '성공하지 마라.' '생각해서는 안 된다.' 등의 금지령이지만, 말로는 늘 '열심히 해라.' '완벽하게 해라.'라고 하였다. 그러다 보니 민이 엄마의 눈에는 민이가 늘 한심해 보였다. 그 수많은 기회를 주고 열심히 가르치고 부모로서 최선을 다하는데, 민이는 늘 생각이 없고 게으르며 감사해하지 않는 것 같았고 항상 뭔가가 부족한 아이로 보였다. 그럴수록 더욱 다그치고 혼을 내고 지적하고 감시하게 되었다. 그 또한 부모로서 아이를 잘 키우는 방법이라 생각하면서 최선을 다하는 것이었다.

민이 엄마가 생각하는 '잘하는 양육'은 다음과 같은 것이었다. 첫째, 칭찬을 너무 하지 않는 것이다. 요즘 양육 관련 서적을 보면 칭찬을 많이 하라고 하지만, 그렇게 자꾸 칭찬을 하다 보면 정말 자기가 잘한 줄 알고 우쭐해질뿐더러 그것이 다인 줄 알고 더 이상 노력을 하지 않는다. 칭찬은 하되 인색하게 해야 그 칭찬에 갈증이 난 아이는 더 열심히 하게 된다.

둘째, 스케줄 관리를 해 주어야 한다. 아이들은 게을러서 자꾸 할 일을 미루고 엄마가 조금만 소홀해도 나태해진다. 그러므로 아이가 비록 대학생이라고 해도 자주 전화를 해서 지금 뭐하고 있는지, 혹 도서관에 있다고 하고 친구들과 놀고 있는 것은 아닌지 알아보고 지금 할 일을 일깨워 주어야 한다. 그리고 규칙적인 생활을 하도록, 이를테면 휴일이라 해도 제시간에 일어나도록 하고 그날 할 일은 그날 반드시 마치도록 독려해야 한다.

셋째, 아이의 생활이 조금 흐트러진 것이 보이면 늘 잔소리를 할 수는 없기 때문에 조금 두고 보다가(기회를 주는 것이다), 그래도 고쳐지지 않으면 그때는 기억에 남도록 심하게 혼을 내야 한다. 그래야 늘 하는 잔소리보다 효과적이다.

넷째, 아이에게 이렇게 게으르고 생각 없이 살다 보면 어떤 사람이 될 것이라고 각성하는 말을 늘 해 주어야 한다. 비교하는 것은 안 좋다는 것을 알지만, 사촌이나 친구 아이들과 비교해서 이 아이는 이러이러하더니 결국 이렇게 되었고 저 아이는 이러이러하더니 결국 저렇게 되었다고 알려 줌으로써 주변의 사람들을 모델로 삼을 수 있도록 해 주어야 한다.

그렇다면 민이는 무슨 생각을 하는 것일까? '어릴 적에는 나도 열심히 했다. 하지만 아무리 열심히 해도 엄마는 나에 대해서 만족이 안 되나 보다. 아니면 내가 엄마의 기대에 못 맞추고 있는지도 모른다. 다 내 능력이 부족해서 그런 것 같다. 이제는 엄마가 퍼붓는 폭언은 더 이상 듣기가 싫다. 나도 내가 마음대로 안 돼서 그러는데 뭘 어쩌라는 건지 모르겠다. 친구들은 모두 부모로부터 자유로운데 나는 늘 엄마의 말이 귓가에서 맴돈다. 열심히 해라, 감사해라, 될 때까지 노력해라, 너는 너무 게

을러서 탈이다, 생각 좀 하고 살아라……. 엄마는 끊임없이 나를 위해 그런다고 하는데 나는 왜 이 모양일까? 제 갈 길을 가는 친구들과는 말조차 하기가 싫고, 집을 떠나서 독립을 하고 싶은데 그럴 자신도 없고 어떻게 해야 되는 것일까? 나는 정말 엄마 말대로 구제불능일까?' 이런 생각이 든다.

이렇게 서로의 생각을 알지 못하는 모녀는 만나기만 하면 심리게임을 한다. 주로 자신의 어린이 자아(C)에서 잔소리나 교훈을 듣던 민이가 먼저 이면교류를 시작하면서 '나를 차 주세요.' 게임을 시작할 때도 있고, 엄마가 '너 이번에 딱 걸렸어.' 게임을 시작할 때도 있다. 그 외에도 예전의 일을 들추어서 '궁지로 몰아넣기' 게임을 하기도 하고, '당신 탓이야.' 게임을 벌일 때도 있다.

한바탕 게임을 벌인 후 둘 중의 하나가 집을 나가고 한 사람은 뒤에서 소리를 지르는 것으로 게임은 마무리되지만, 민이는 게임으로 맛본 감정의 결과로 쌓인 스탬프를 어디다 쏟아 놓을 데가 없어서 종종 거리를 헤매기도 한다.

자기 마음을 알아줄 듯한 친구에게 전화를 하거나 만나서 엄마와의 일을 이야기하면서 울면, 대부분의 친구들은 민이가 원하는 동정적이고 따뜻한 스트로크를 준다. 그런데 요즘은 그간 친하게 지내던 친구들과도 좀 소원해졌다. 처음에는 민이 편을 들면서 같이 분노하고 안타까워하던 친구들도 민이가 엄마에게 쌓아 놓은 스탬프를 친구들에게 터뜨리자 예전같이 대해 주지 않는 것이다.

그러다 보니 자신과 비슷한 친구를 찾게 되고 마음속에 슬픔과 실망과 분노를 가지고 살아가고 있는 사람들에게 더 끌리는 자신을 발견하게 되었다. 그 친구들과 술을 마시고 서로 고민을 나누면서 스트로크를 주고받지만, 그렇게 시간을 보내고 들어오면 기다리는 것은 변하지 않은 엄마와 또 시간을 그렇게 쓰고 말았다는 자책뿐이다.

민이가 자신의 가능성을 깨닫고 자율성을 회복하는 길은 무엇일까? 자신은 기억도 할 수 없는 유아기와 아동기에 부모의 금지령이 지금 내 삶에 영향을 미친다는 것을 깨닫고 거기서 탈출하기로 결심하는 것이 첫걸음이 될 것이다.

굴딩 부부는 프리츠 펄스Fritz Perls의 게슈탈트 이론과 교류분석 이론을 결합하여 재결단 치료를 만들었다. 이 재결단 치료의 관점에서 살펴보면, 민이의 초기 결정은 느낌의 상태에서 만들어진 것들이다. 따라서 각본으로부터의 탈출을 위해서는 초기에 경험한 그 느낌을 재경험하고 그것들을 지금-여기에서 다시 한번 탐색해 보게 해야 한다.

이런 초기의 감정을 체험하기 위해서는 환상이나 꿈을 추적하는 방법을 사용하고, 민이가 꼼짝달싹할 수 없다고 느껴지는 문제들에 대해서는 두 가지 자아 상태에서 살펴볼 수 있도록

'두 개의 의자 작업'을 할 수도 있다. 갈등하는 자신을 두 개의 의자로 대치시켜 '되어 보기becoming'를 통해 억압된 어린이 자아(C)의 감정을 드러내기도 하고 어른 자아(A)의 현실적인 능력을 검증해 보기도 한다.

어른 자아(A)가 힘을 갖는다면 비판적 부모 자아(CP)에서 들려오는 목소리가 더 이상 자신을 옭아맬 수 없다는 것을 알게 된다. 또한 어릴 적 어린이 자아(C)에서 느끼던 비합리적이고 미숙한 감정으로 인한 혼란은 이제 힘을 회복한 어른 자아(A)에 의해 해결할 수 있을 것이다. 그렇게 되면 자각이 일어나면서 자신의 감정과 사고를 좀 더 명쾌하게 볼 수 있게 된다. 여전히 어느 정도는 옛날로 돌아가려는 고무 밴드의 힘도 느껴지겠지만, 지금-여기에서 사고하고 느끼고 행동하는 기능을 유지하도록 지속적인 노력이 필요하다.

결국 민이의 목표는 자신의 삶은 자신의 것이라는 책임감, 그리고 스스로 결정하는 자율성의 회복, 긍정적이고 질적으로 주고받는 타인과의 스트로크, 그런 가운데서 서서히 직관적이고 창조적인 자질을 계발하며 사랑하고 사랑받을 줄 아는 사람이 되는 것이다. 그렇게 민이가 변화한다면 엄마에게서 도망을 치는 독립이 아니라 진정한 성인으로서 신체적, 정신적, 감정적 독립을 하게 될 것이고, 어쩌면 그런 민이의 변화가 엄마에게 영향을 끼치게 될 수도 있다. 같은 차원에서 민이 엄마의 변화

역시 민이에게 영향을 줄 수도 있다.

우리는 흔히 "그 사람 변해야 돼." 혹은 "당신이 먼저 변하면 나도 바뀔게."라고 말한다. 과연 가능성이 있는 말일까? 그건 상대를 비난하는 또 다른 핑계이다. 누구든지 변화에 대한 욕구가 있는 사람이 먼저 시작하면 된다. 그렇게 되면 상대는 좋든 싫든 영향을 받을 수밖에 없다.

교류분석의 가장 큰 매력은 우리가 스스로를 변화시킬 힘을 가지고 있고 재결단을 통해 운명이라 여기며 힘들게 순종해 가던 자신의 인생을 다른 방향으로 틀 수 있는 열쇠를 우리가 손에 쥐고 있는 것이라 보는 관점이다. 민이가 그 열쇠로 자신의 문을 열고 들어서서 환한 얼굴로 자신의 아름다운 인생을 시작할 그날을 기대해 본다.

 ## 감정, 과거로부터 여행 오다
라켓감정

현준이는 화가 나서 어쩔 줄을 몰랐다. 저절로 주먹이 불끈 쥐어지고 저도 모르게 욕이 나왔다. 엄마가 옆에 있는데도 제어가 잘되지를 않는다. 올해 고등학교 2학년이 되었지만 스트레스를 받는 상황이 되면 항상 비슷한 반응을 보인다. 반면, 중학교 1학년인 동생 민준이는 울상이다. 엄마를 보면서 호소하는 듯한 눈빛으로 처분만 기다리는 눈치이다.

사건이 시작된 것은 현준이가 학교에서 돌아온 후 간식을 먹고 컴퓨터로 친구와 채팅을 하기 시작하면서부터였다. 현준이의 친구 중 한 명이 또래보다 좀 어수룩한 민준이 흉을 보기 시작한 것이다. 처음에는 그저 농담인 줄 알았던 현준이도 점차화가 나기 시작했다. 그러면서 서로 심한 욕이 오가고, 다음 날학교 마치고 보자는 말까지 오가게 되었다.

민준이가 엄마에게 알려 엄마가 방에 들어오고 나서 컴퓨터는 껐지만, 현준이의 화는 쉽게 가라앉지가 않았다. 당장 달려가서 어떻게 할 것처럼 흥분해서 욕을 하고 주먹을 쥐고 소리를 지르는 것이다. 민준이는 자신의 일로 형이 흥분한 것은 알겠지만 형이 화를 내는 것도 무섭고, 엄마가 자신에게 뭐라 할지도모른다는 생각에 지레 겁을 집어먹고 눈치만 보고 있었다.

같은 상황에서 현준이와 민준이의 반응은 왜 이렇게 다른 것일까? 현준이는 분노를 느낀 반면에, 민준이는 두려움을 느낀다. 두 아이는 라켓감정racket feeling, 즉 어린 시절에 부모로부터허용받은 감정표현 방식이며 스트레스 상황에서 경험했던 친숙한 정서이지만 문제해결방식으로는 적합하지 않은 감정을 표현한 것이다.

다른 사람에게 화를 내는 것이나 두려움에 떠는 것은 스트레스 상황에서 내가 선호하는 라켓감정이다. 그러나 여러 사람이 똑같은 상황에 놓여 있다 해도 그들이 느끼는 라켓감정은 모두 다를 수 있다.

현준이는 맏이로 항상 믿음직한 편이었다. 어려서부터 친구들과 놀다가 싸우기라도 할 때면 엄마는 항상 '남자라면 자기 몸 하나는 책임을 져야 한다.'고 가르치며 현준이를 강하게 키웠다. 험한 세상을 헤쳐 나가려면 자신의 권리 정도는 스스로 찾을 수 있어야 한다는 게 엄마의 생각이었기 때문이다. 그래서 놀이터에서 놀다 다쳐서 울고 오거나 싸워서 코피라도 나서 울고 들어오면 오히려 야단을 치곤 했다. 엄마가 나서서 사과를 하게 될지언정 현준이가 다른 아이들과 싸움에서 용감하게 이기기를 은근히 바라고 있었기 때문이다.

그렇게 성장하면서 현준이는 엄마로부터의 인정을 받으려면 용감해야 하고 자신의 권리를 위해서는 상대와 싸워야 한다는 것을 배웠다. 그러면서 두려워하거나 슬퍼하는 것은 자신에게 허용되지 않는 감정이라는 것을 저절로 깨닫고, 그런 상황이 되면 슬픔을 느끼거나 두려워하는 대신 겉으로 용감한 모습을 보이며 이를 화를 통해 표현하게 되었다. 그것이 그 상황에 도움이 되는지 안 되는지는 생각해 본 적도 없었다.

이렇게 라켓감정은 누구나 어린 시절(성장기 동안)에 특정 상황에서 표출한 자신의 감정표현 방식을 부모가 금지 또는 수정해 주거나 승인함으로써 생긴다. 그리하여 아이는 더욱 인정받기 위해 부모가 승인(허락)한 자신의 감정표현 방식을 반복하게 된다. 따라서 이러한 감정표현 방식은 더욱 강화되고 자신도 모르게 반복 경험되어 비로소 자신의 것처럼 익숙해지며, 성인이 된 후에도 특정 상황에 부딪히면 그러한 감정표현 방식이 자신도 모르게 나타나는 것이다.

반면, 민준이는 어릴 적부터 몸도 약하고 다른 아이들보다 겁도 많았다. 게다가 막내이다 보니 엄마도 민준이에게는 '남자는 우는 것이 아니다.'라든지 '용감해야 된다.'라고 가르치기보다 그저 무슨 일이든 직접 해결해 주는 것이 습관이 되어 버렸다. 친구들과 다투거나 혼이 날 만한 일을 저질렀을 때도 겁을 집어먹고 눈물을 먼저 보이면 엄마는 그 일을 덮어 주었다. 그럼으로써 민준이는 화가 날 만한 상황에서도 먼저 두려움을 느끼게 되었다. 어린 시절부터 허용받은 감정상태를 반복적으로 느끼게 된 것이다.

그렇다면 진실한 감정을 느끼는 것과 라켓감정으로 분노나 두려움을 느끼는 것은 어떤 차이가 있을까? 현준이와 민준이가 진실한 감정으로 두려움이나 분노를 느낀다면 그것은 상황을 해결하는 데 도움이 되지만, 라켓감정으로 표현된다면 그 상황을 현실적으로 해결하지 못하게 되고 진실된 감정은 억압되어 남겨진다는 차이가 있다.

진실한 감정으로서의 두려움을 잘 해결한 예로는 다음과 같은 것이 있을 수 있다. 늘 여자친구가 떠날까 봐 두려워서 상대의 마음을 확인하려 하고 뭔가가 불안하면 화를 내는 사람이 있다. 이럴 때 그 두려움에 대해 "난 네가 날 떠날까 봐 두려워."라고 솔직히 이야기하면 상대 또한 자신의 감정에 대해 이야기할 것이다. 상황이 어떻게 전개될지는 모르지만 적어도 두려움을 화로 표현하는 것보다는 훨씬 긍정적이고 건강한 결과를 가져올 수 있다. 하지만 대조적으로 라켓감정을 표현하는 것은 상황을 해결하는 데 결코 도움이 되지 않는다. 현준이가 화를 내고 친구와 욕을 주고받았지만 그 상황을 해결할 수도 없었고, 민준이가 무서워서 엄마를 불렀지만 그 역시 더 이상 상황을 나아지게 할 수 없었다.

우리는 생활 속에서 가끔 이해하지 못할 정도로 지나치게 감정을 폭발시키거나 그 반대로 너무나 아무렇지도 않은 척하는 경우가 종종 있다. 또한 그 상황에 부적절하다고 느끼는 감정을 표현하는 자신을 볼 때도 있다. 이런 경우 그 감정이 현재 문제를 해결하는 데 적절한 감정인지, 혹은 자신이 어릴 적부터 익숙하게 표현해 온 감정을 쉽게 재연한 것인지 한번 살펴볼 필요가 있다.

자신의 감정을 살펴보는 일이 그다지 쉬운 일이 아닐 수도 있지만, 감정은 본인이 현재 어떤 상태에 있는지 알아볼 수 있는 좋은 단서가 된다. 또한 솔직한 감정의 표현을 통해 나를 상대에게 더 잘 이해시키고 더 나아가 서로의 감정에 대해 공감해 준다면, 이러한 진실한 감정의 교환은 인간적 친밀감을 갖게 하는 가장 효과적인 방법이 될 것이다.

감정의 수렁 속으로
라켓과 라켓감정

집단상담에 참여했던 바다 님은 첫눈에도 소극적이고 내성적인 사람으로 보였다. 자기 이야기를 꺼내고 싶어 하는 기색이 역력한데도 다른 사람의 눈치를 보면서 망설이거나, 말을 어렵게 꺼내도 얼굴이 빨개지고 눈가에는 금방 눈물이 맺힐 듯이 벌게지고 목소리도 점점 작아지곤 했다. 그녀가 집단상담에 참여한 것은 어떻게 하면 다른 사람들에게 자신의 의견이나 생각을 잘 전달할 수 있을지 배우고 싶어서였다.

어느 날 바다 님이 조금 늦게 모임에 나타났다. 얼굴 표정은 어두웠으며 울다가 온 흔적이 역력했다. 자초지종을 물으며 이야기를 할 수 있도록 다른 집단원들이 지지를 보내자, 바다 님은 어렵게 이야기를 시작했다.

그녀는 작은 회사에서 고객의 불만을 접수하고 시정하는 일을 담당하고 있었는데, 그날따라 까다로운 고객을 만나 일이 제대로 풀리지 않자 그녀의 상사가 개입을 하면서 고객과 상사로부터 한꺼번에 질책을 받게 되었다는 것이다. 그래서 너무 자존심도 상하고 모멸감도 느껴지고 자신이 형편없는 존재로 느껴지면서 '난 왜 이것밖에 안 되지? 늘 이렇게 사람들한테 좋은 소리도 못 듣는데. 더 이상 이런 세상에서 내가 더 살면 뭐 하나. 비참해지기만 하지.' 하는 생각이 자꾸 들어 죽고 싶기까지 했다는 것이다. '나만 죽으면 그만이지.' 하는 생각에 운전하고 오는 내내 핸들을 꺾고 싶은 충동이 들었지만 용기가 없어 차마 행하지도 못하면서 '죽는 것도 내 마음대로 못하는 난 바보다.' 라는 생각에 하염없이 울고 왔다고 했다. 그러다 보니 머리는 깨질 듯이 아프고 속도 불편하다며 조금 일찍 일어나야겠다고 양해를 구했다.

그 이야기를 듣던 다른 사람이 조금은 이해가 안 된다는 듯이 물었다. "아니, 회사 다니다 보면 그런 일이야 늘 일어나기 마련인데 그 정도에 그러시면 다른 일은 어떻게 견디세요?" 바다 님이 대답했다. "그러게요. 그러니 늘 조심스럽고…… 전 회사든 집이든 무슨 일이 있으면 항상 제 탓인 것만 같고 제가 바보같이 느껴지면서 살 가치가 없다는 생각이 들어 괴로워요."

그 후로 개인상담을 하면서 그것이 바다 님의 라켓 시스템 racket system 안의 라켓 표현, 즉 의식하지 않은 가운데 반복해서 드러내는 행동, 신체, 사고를 포함하는 반응양식임을 알았다. 라켓 시스템은 각본에 묶인 개인이 표현하는 왜곡된 사고, 감정, 행동의 체계로서 각본신념과 감정, 라켓 표현, 강화하는 기억으로 구성된다.

라켓의 표현은 세 가지로 나누어 볼 수 있는데, 첫째가 관찰 가능한 행동이다. 이것은 틀에 박힌 듯 반복적인 행동으로 각본 상태에 빠져들면 어찌할 수 없이 나타나는 행동들이다. 바다 님은 눈물을 흘리고, 스스로를 질책하면서 바보라고 생각하고, 자신을 무가치한 존재로 여기면서 자살충동에 이르는 반복적인 라켓행동을 경험하고 있다.

또한 내적 경험이라 부르는 신체적으로 느껴지는 감각이 있는데, 복통이나 두통, 속이 불편한 느낌, 뒷목의 뻣뻣함, 식은땀이 나고 심장이 뛰는 등 사람마다 다른 증상을 느낄 수 있다. 바다 님의 경우는 심한 두통과 속이 불편한 느낌을 호소했다.

마지막 하나는 공상fantasies이다. 자신과 타인의 미래나 행동에 대해 특정한 형태의 공상을 하거나 예견을 하는 것이다. 그러면서 자신의 각본신념을 강화시키는데, '혼자 외롭게 살아가는 생각'을 하거나 '아무도 모르는 곳으로 떠나 버리는 상상'을 하는 것이 이에 해당한다.

이러한 시스템 안에 있을 때는 그것을 강화하는 기억이 있게 마련이다. 어린 시절의 정서적인 기억이 대표적인 것인데, 바다 님의 경우는 그다지 행복한 유년을 보냈다고 할 수는 없었다. 많은 형제 중 둘째였고, 원래부터 내성적이라 말이 없었다고 한다. 부모님 또한 특별히 자신을 신경 써 줄 만큼 한가하신 분들이 아니었다고 한숨을 쉬며 가장 아팠던 기억을 내어놓았다.

무슨 일이었는지 기억은 안 나지만, 온 가족이 모여 앉아 이야기를 하던 중이었는데 엄마가 자신을 가리키며 "얘는 어찌나 말이 없고 가만히 있기만 하는지 내가 모자란 애를 낳은 줄 알았다니까." 하고 웃었다는 것이다. 엄마의 그 말에 다른 가족은 다 웃었지만, 자신은 마음에 큰 못이 박히는 느낌이 들었다고 한다. 그리고 또 하나는 초등학교 시절에 학교에서 억울하게 선생님 눈 밖에 나서 다른 아이들이 한 일을 뒤집어쓰고 혼난 경험이었다. 그때도 '그래. 나는 병신이야. 아니라고 말도 못 하고. 엄마도 내가 모자라다고 했잖아.'라고 스스로 생각하게 되더라는 것이다.

이런 다양한 경험은 본인에게는 경험 자체가 아니라 정서적인 느낌만 기억될 뿐이다. 이런 기억은 우리 누구에게나 있을 수 있다. 예를 들면, 30년 전에 엄마에게 혼이 나고 회초리를 맞으면서 사건의 전말은 잊어버렸는데, 그때 '나는 정말 나쁜 아이구나.' '나 같은 아이는 세상에서 살 가치가 없구나.' 했던 느낌만은 강하게 남아 있을 수 있다. 이러한 각각의 기억들은 각 본신념을 지지하고 라켓 시스템으로 빠져들 때마다 떠오르면서 피드백을 주는 역할을 한다. 말하자면, 어린이 자아 상태(C)에서 현실에 맞추어 기억을 구성하면서 각본을 지지하는 것이다.

이런 기억들이 각본신념을 지지한다면 바다 님의 각본신념은 무엇일까? 우선 자기에 대한 각본신념은 자신이 쓸모없는 존재라는 것이다. 그녀는 항상 '바보' '병신'이라고 스스로를 비하하면서 남들에 비해 뭔가가 모자라는 사람이라는 생각을 가지고 있었다. 그렇기 때문에 타인이 자기를 바라볼 때는 '남들이 내가 무능한 것을 알고 나를 무시할 것이다.'라는 생각을 가지고 있다. 그러다 보니 삶은 항상 우울하고 불안하며 자신감 없고 작은 사건에도 상처를 받게 되는 것이다.

그녀가 오랫동안 억눌러 온 감정은 억울함, 분노, 외로움 등이었을 것이다. 그리고 그런 감정들이 때로 그녀를 자극해서 눈물을 쏟게 하고 자살을 떠올리게 하는 등 그녀의 정서와 신체를 괴롭히고 있었을 것이다.

이와 같이 라켓 시스템에서 밖으로 드러나는 것은 라켓 표현뿐이다. '직장에서 그런 일이 있었으니 그렇게 속이 상할 수도 있지.'라고 쉽게 말하지만 그 속을 들여다보면 이렇게 라켓 표현을 강화하는 기억들 그리고 각본신념과 함께 돌아가는 다람쥐 쳇바퀴 같은 것이다.

이런 라켓 시스템에서 탈출하는 방법은 없을까? 바다 님의 예를 들어 보면, 그녀가 자신에 대해 '나는 바보, 병신이다.'라고 결정을 내리게 했던 그 정신적 외상을 다시 경험하면서 그간 억압해 온 감정들을 맞닥뜨리게 하는 것이 우선이다.

오랜 시간 참고 억압했던 감정을 다시 경험하는 일은 말처럼 쉬운 일은 아니다. 하지만 지금껏 한 번도 시원하게 표현하지 못했던 자신의 이야기와 감정을 표현하면서 바다 님은 눈물범벅이 된 얼굴로 결국은 시원하다며 웃기도 했다. 그리고 지금껏 스트레스 상황에서의 라켓 표현에 대한 변화를 약속했다. 그저 참거나 자책을 하며 힘들어하던 상황에서 벗어나 상대에게 자기표현을 하기로 한 것이다. 또한 강화하는 기억이 떠오르면 그러한 감정이 지금-여기에서도 느껴져야 하는 마땅한 감정인지, 혹은 내가 어린 시절 느꼈던 두려움, 공포, 실망 따위는 아닌지 검토해 보기로 하였다.

이러한 작업을 통해 자신의 라켓 시스템을 이해하고 변화시키고자 노력하면서 바다 님은 조금씩 자신의 의견을 조용히 그러나 분명하게 말할 수 있게 되었다. 그렇다고 그 오랜 시간 그녀가 고수해 왔던 라켓 시스템이 하루아침에 무너지는 것은 아닌지라 아직도 때로는 알면서도 감당하기 힘든 감정을 겪지만, 아는 것과 모르는 것은 천양지차가 아니겠냐며 그녀는 수줍게 웃었다.

묵은 감정 청산법
스탬프

주스라고는 오렌지 주스밖에 모르다가 생과일 버블티를 처음 마셔 보고는 그날로 마니아가 되어 버렸다. 전분으로 만든 까맣고 쫄깃한 새알심이 씹히는 버블티 맛에 빠져 한동안 매일같이 한 잔씩 마셨다. 한 잔에 한 번씩 찍어 주는 스탬프를 받고 열 개의 스탬프를 모으면 좋아하는 딸기 버블티를 공짜로 한 잔 마실 수도 있었다.

그런데 이런 스탬프는 버블티 가게에서만 볼 수 있는 것이 아니다. 교류분석에는 심리적 경품권psychological trading stamp이라는 말이 있다. 타인에게 부정적인 감정을 느낄 때 그것을 축적해 둘 수가 있는데, 이것을 스탬프를 모으는 행동에 비유하는 것이다.

그리고 그날그날 마신 버블티의 종류가 다르듯 모아 놓은 부정적인 감정도 다 다를 수 있다. 예를 들어, 직장에서 동료와의 의견 차이로 작은 말씨름이 있었을 경우, 화가 났지만 그 감정을 상대에게 적절하게 표현하지는 않고 스탬프를 찍듯 마음에 쌓아 둔다면, 그 불유쾌한 감정은 회색 스탬프gray stamp라 표현된다. 그렇게 모아 놓은 스탬프는 언젠가 감정을 분출하는 대폭발로 청산되는 것이다. 그 분출이 대폭발이 될지 아니면 불꽃놀이 정도가 될지는 어떠한 종류의 감정을 얼마나 많이, 오랫동안 모아 왔는지 그리고 그렇게 모았다면 그 스탬프를 무엇과 바꿀 것인지 결정하는 것과 관계가 있다.

스탬프를 청산하는 방법으로는 여러 가지가 있을 수 있겠지만 우선 상대에게 자신의 감정과 생각을 솔직히 전달할 수 있다. 또 말할 수 없다면 자신만의 방법으로 감정을 처리할 수도 있을 것이다. 야구공에서 상대의 얼굴을 떠올리며 배트를 휘두를 수도 있고, 축구공에 감정을 실어 멀리 찰 수도 있다.

그런데 어떤 사람은 그때그때 사용하지 않고 스탬프를 차곡차곡 모으기도 한다. 동료가 마음에 들지 않을 때마다 마음속에 회색 스탬프를 모으고 있다가, 어느 날 별일도 아닌 것에 그간 모아 놓았던 스탬프를 일시에 터트리는 것이다. 이렇게 되면 후회가 될 만큼 큰일이 되어 버릴 수도 있고, 상대는 그간 스탬프를 모아 놓았던 것을 몰랐으므로 작은 일에 크게 반응하는 상대를 보며 황당해할 수도 있다.

그런데 동료에 대한 회색 스탬프를 모으고 있다고 해도 그 스탬프를 꼭 그 동료에게 돌려주는 것은 아니다. 회사의 하루 업무를 끝내고 소주잔을 기울이며 기분이 좋지 않다고 고주망태로 취할 수도 있고, 퇴근한 후 집에서 아이들이나 아내에게 짜증을 부릴 수도 있다. "종로에서 뺨 맞고 한강에서 눈 흘긴다."라는 우리 속담이 들어맞는 경우이다.

이런 스탬프에는 다양한 색이 있다. 불유쾌한 감정의 회색 스탬프가 있는가 하면, 분노의 적색 스탬프도 있다. 우울한 감정의 청색 스탬프도 있고, 기분이 좋을 때나 스스로 자신이 자랑스러울 때 모으는 금색 스탬프도 있다. 마치 우리 지갑 속에 버블티 가게의 공짜 스탬프가 찍힌 카드가 있는가 하면 빵 가게의 도장이 찍힌 카드도 있고 마켓의 할인 카드도 있는 것처럼, 우리 마음속에도 여러 종류의 스탬프 카드를 모으고 있는 것이다.

그렇다면 왜 사람들은 자신의 감정을 잘 처리하지 못하고 스탬프를 모으는 것일까? 그리고 그 스탬프를 주로 어떤 용도에 사용하는 것일까? 우선, 스탬프를 모으기 전에 우리가 어떤 일에 자연스럽게 대응하면서 보이는 감정이 라켓감정임을 알 필요가 있다. 라켓감정은 진짜 감정이 아니고 어린 시절부터 부모에 의해 장려받은 감정이다. 예를 들어, 어린 딸이 울 때마다 우는 얼굴은 밉다며 여자라면 어떤 경우라도 생글생글 웃어야 사랑받을 수 있다고 부모가 이야기하면서 억지로 참는 모습에 긍정적인 스트로크를 주면, 그 아이는 슬퍼도 울지 못하는 사람이 될 것이다.

에릭 번은 우리가 라켓감정을 보이며 실제 느꼈지만 억압한 진실한 감정과 관련된 스탬프를 모으는 이유는 모은 스탬프를 청산함으로써 자신들의 각본결말로 이동하기 위해서라고 설명하였다.

어떤 사람이 패자 각본을 가지고 있다면 그 각본을 정당화하기 위해 자신이 모은 스탬프를 사용할 것이다. 예를 들면, 직장에서 오랫동안 동료나 상사나 부하 직원과의 갈등으로 스탬프를 모은 후 그것을 사표나 해고라는 방법으로 사용할 수 있다. 또 어떤 사람이 자신이 열등하다는 각본을 가지고 있다면 생활 속에서 남들과의 비교를 통해 라켓감정을 보이지만 우울, 자기 패배감 등을 느끼고 억압하여 이와 관련된 스탬프를 모을 것이다. 그리고 결국 그 스탬프는 자신이 열등하다는 것을 증명하는 일에 사용할 것이다.

이렇게 스탬프(경품권)를 수집했다면 언젠가는 교환을 해야한다. 청산하지 않으면 마음의 평온을 가질 수가 없으므로, 회색 스탬프는 어떤 방법이든 빨리 청산해서 뭔가 불편하고 답답한 '부적응상태'에서 벗어나고자 하는 것이 모든 사람의 무의식적인 반응이다.

하지만 스탬프를 모아서 감정을 폭발시키는 방법으로 처리하기보다는 '스탬프가 모였구나.' 하고 느끼면 더 많이 모으지 말고 이를 보다 건설적으로 빨리 청산하는 것이 바람직하다. 그리고 가능하다면 금색 스탬프를 모음으로써 항상 즐거운 감정을 경험하고 내가 금색 스탬프를 모으는 데 도움이 된 나의 주변 사람들에게 칭찬이나 인정, 지지 등으로 금색 스탬프를 돌려주는 것이 가장 바람직한 해결책이 된다.

만약 당신이 주목받는 것이 두렵다면
각본-금지령

학부모 모임에 참석한 가연 씨는 가시방석에 앉은 듯 불편해지기 시작했다. 모임에 나온 일부터 후회되기 시작하면서 중간에 일어나서 나갈 수 없을까 고민하느라 정작 중요한 내용은 듣지도 못했다. 그 모임은 큰아이 학교 부모들이 매달 한 번씩 모여서 아이들에 대한 정보도 주고받고 학교에 도울 일은 없는지 살피는 학부모들의 네트워크를 위해 만들어진 모임이었다. 많은 숫자도 아니었고 열 명 정도의 엄마들이 가볍게 모여 차를 마시고 이야기를 나눈다고 해서 참석한 것이었다. 그런데 그중 한 엄마가 가연 씨를 지목하면서 총무를 맡으면 어떻겠냐는 말이 나온 순간부터 가연 씨는 갑자기 당황하기 시작했다.

나이도 그중 가장 젊었고 아이 교육에 남다른 관심을 가진 점에서도 가연 씨를 총무로 지목하기에 충분했지만, 정작 가연 씨는 정색을 하고 거절하였다. 처음에는 그저 의례히 해 보는 사양이라 생각했는지 다들 박수도 치고 입을 모아 봉사해 달라고 이야기를 했다. 하지만 너무나 완강한 거절에 자리는 그만 어색해져 버리고 결국 옆의 사람이 보다 못해 그럼 자기가 하겠노라 자청하는 것으로 일단락되었는데, 다들 좀 불편해져 버린 것은 사실이었다.

돌아오는 길에 가연 씨의 심정은 복잡했다. 어릴 적부터 한 번도 누구 앞에 나서는 일을 해 본 적이 없었고 그런 일을 맡을 기회가 되면 무슨 일이 있어도 피하고 마는 자신을 생각해 보면서 참으로 한심한 마음이 들었기 때문이었다. '도대체 이유가 뭘까? 대단히 어려운 일도 아니고 그저 연락이나 하고 모임을 주선하기만 하는 이런 일도 나는 할 자신이 없으니……. 남들은 아무렇지도 않게 하는 일을 나는 왜 이렇게 어려워하는 걸까?'

가연 씨의 이 물음의 해답은 교류분석에서 찾을 수 있다. 교류분석에서는 우리 인생이 한 편의 연극을 상영하는 연극무대라고 한다. 그 연극에서 반드시 필요한 요소가 등장인물과 각본script이다. 연극의 주인공은 우리 자신이며, 태어날 때는 한 점도 오염되지 않은 순수한 상태로 태어난 아이들이 자라면서 부모나 양육자에게서 거듭 반복되는 어떤 메시지에 의해 자신의 인생각본을 쓰고 전개시키게 된다. 아이가 태어난 후 4세가 될 때까지는 각본의 중요한 줄거리를 결정하고, 7세가 되면 세부사항을 만들게 된다. 12세 정도에는 각본을 좀 더 다듬고, 사춘기가 되면 확대·수정하는 시기를 거친다.

이렇게 만들어진 각본은 성인이 된 이후 개인의 인생에서 중요한 국면을 맞이할 때 어떻게 할지를 결정짓는 잣대가 된다. 하지만 이러한 각본은 무의식의 영역에 속하므로 자신이 그렇게 결정하고 행동하는 이유를 깨닫지 못하고 그저 '나는 원래 이런 사람이야.'라고 느끼는 것이다.

가연 씨의 경우 어릴 적 부모로부터 각본의 한 구성요소인 금지령injunction을 반복해서 들었을 수도 있다. '중요한 인물이 되지 마라Don't be important.'가 그것인데, 얼핏 들으면 어떤 부모가 자녀에게 그런 이야기를 할까 의문이 들 수 있다. 하지만 이러한 금지령은 말로 전달되기보다 비언어적인 메시지로 전달된다. 가연 씨가 어릴 적부터 줄곧 부모로부터 그다지 중요한 인물로 취급받지 못하였거나 '만약 네가 원하는 것을 포기한다면 엄마와 잘 지내게 될 것이다.'라는 메시지를 받았다면 자신의 욕구를 포기하는 것이 엄마로부터 인정을 받고 사랑을 받는 길이라고 인식했을 것이고, 자신의 욕구나 생각이 중요하다고 생각하지 않게 된다. 그러다 보면 스스로를 그다지 중요한 인물로 여기지 않게 된다. 무의식 속 각본에 새겨진 이러한 자신에 대한 자아상은 점차 자라면서 확대되어, 어떤 자리에서도 그저 그림자처럼 있는 것이 편하다는 생각을 갖게 되는 것이다.

이러한 금지령은 교류분석이론가 굴딩 부부에 의해 12가지로 제시되었는데, 그중 하나가 우리나라에서는 흔한 '건강해서는 안 된다Don't be well.'이다.

한 예로, 영숙 씨를 보자. 작은 가게를 운영하며 두 아이를 키우고 있는 주부 영숙 씨는 자주 몸이 아프고, 한 번 아프면 며칠씩 꼼짝도 못하고 누워 있는 일이 흔하다. 아이들을 돌보지 못

함은 물론이고 가게도 나가지 못해 남편이 직장일을 하면서 가게를 동시에 돌보아야 할 정도로 심각하다. 하지만 병원에 가면 병명은 없고 피곤하니 쉬라고만 이야기를 할 뿐이어서 주변에서는 몸이 약한 사람이라고 알려져 있다. 할 일은 많은데 일어날 힘이 없으니 본인도 답답하기 그지없지만, 특히 일이 잘 안 풀려서 스트레스 상황에 놓이면 덜컥 드러눕게 되는 것이다.

영숙 씨는 어릴 적부터 몸이 약하다는 말을 자주 들어 왔는데, 부모님이 함께 일을 하느라 늘 바쁘셨기 때문에 원하는 만큼의 돌봄을 받을 수는 없었다. 그런데 영숙 씨가 아플 때는 달랐다. 숙제를 하지 않아도 되고, 엄마는 옆에서 돌보아 주고 같이 놀아 주거나 책을 읽어 주었으며 잠도 같이 자곤 하였다. 이때 영숙 씨는 '몸이 아플 때 좋은 일이 일어날 수 있다.'라는 결론을 가지게 되었고, 부모는 의도하지는 않았지만 '건강하지 마라.'라는 금지령을 자신도 모르게 아이에게 준 것이다. 그 결과 영숙 씨는 스트레스를 받을 때 아프게 되는 각본전략script strategy 을 사용하게 된 것이다.

이와 같이 어릴 적부터 비언어적으로 계속 받은 메시지들로 인해 '나는 이렇게 살아가야겠어.' 하는 결정을 만들고 자신의 삶의 방식을 결정하게 된다. 앞에서 살펴본 세 가지 외에도 많은 금지령이 우리를 묶고 있고 선택의 순간에 길을 제시하게 된다.

나의 일상이 불편하다면, 어른 자아(A)를 동원해서 나에게는 어떤 금지령이 있는지 생각해 보고 그렇게 하지 않아도 좋다는 허가permission를 스스로에게 줄 수 있어야 한다. 금지령에 따르지 않고 자율적으로 생각하고 행동하기로 선택하는 것이다. 그렇게 된다면 우리의 일상은 좀 더 자유롭게 되고 나의 선택에 스스로 책임지고 살아가는 주체적인 삶으로 변화할 것이다.

세상을 보는 렌즈
준거틀

미숙 씨는 어지간한 황당한 일은 다 겪어 보았다고 자신 있게 말하는 씩씩한 중년 아줌마이다. 그런데 일주일 전쯤 겪은 일은 아무리 생각해도 여전히 화가 올라올 만큼 어이가 없는 일이었다. 지역 도서관에서 동화구연이 있어서 작은아이를 데리고 도서관을 갔을 때의 일이다.

도서관에는 어린이와 가족들만 주로 사용하는 구역이 있는데, 그곳에 청소년들이 둘러앉아 잡담을 하고 있었다. 고등학생으로 보이는 여자아이 둘과 남자아이 셋이었는데, 시끄럽게 떠들면서 담배를 피우려고 번갈아 들락거리고 있었다. '처음에는 곧 가겠지.' 하고 눈살을 찌푸리면서 기다렸지만, 시간이 지날

수록 웃음소리는 더 커져 가고 다른 부모들조차 자꾸 그 아이들을 쳐다보면서 싫어하는 표정이 역력하였다.

'어이구. 저것들이…… 안 되겠다. 나라도 가서 말을 해야지.' 미숙 씨가 다가가서 아이들에게 말을 했다. "얘들아. 여기는 아이들 구역이잖니. 도서관에 왔으면 공부나 하든가…… 담배나 피우고 놀고 싶으면 밖에 나가 놀아." 몇 명은 눈을 들어 흘깃 쳐다보았지만 다른 아이들은 못 들은 것인지 못 들은 척하는 것인지 그저 떠들기에 바빴다. "너희들! 나가 놀라고." 미숙 씨 언성이 조금 더 높아졌다. "에이씨…… 아줌마가 뭔 상관이에요." 한 여자아이가 눈을 치켜뜨며 대든다.

"뭐라고? 너희들이 이러니 다른 애들도 욕을 먹는 거야. 안 나가면 사서라도 불러서 끌려 나가게 해 주랴?" 대들던 여자아이가 피식 웃는다. "그러든지. 아…… 재수없어……."

"너 지금 뭐라 그랬어? 어디 어른한테. 너 따라 나와."

갑자기 그 아이들의 눈이 반짝였다. "야. 나오란다. 나가 보자." 아주 재미있는 일이라도 생겼다는 듯이 아이들 다섯이 미숙 씨를 따라 도서관 앞으로 나왔다. 그렇게 마주 서고 보니 미숙 씨 키가 아이들의 어깨 높이 정도밖에 되지 않아 보였지만, 그렇다고 겁을 먹을 미숙 씨는 아니다. 얼마 전에도 마트 주차장에서 새치기한 아저씨와도 당당하게 맞선 적이 있기 때문에 아이들쯤이야 싶었다. 그런데 시간이 지날수록 수세에 몰린 건

오히려 미숙 씨였다. 도무지 말이 통하지가 않는 것이, 아이들의 주장은 시종일관 '아줌마가 뭔데 우리한테 이러냐!'였고 미숙 씨 말은 들을 생각조차 하지 않았기 때문이다. 아이들에게 이런저런 기분 나쁜 욕을 먹을 대로 먹고는 돌아오면서 미숙 씨는 울분에 차서 어찌할 바를 모르게 되었다. 그리고 그 후 며칠 동안은 화가 나서 잠도 제대로 잘 수가 없었다.

미숙 씨가 가장 화가 나는 부분은 고등학생들한테 욕을 먹어서도 아니고, 싸움에서 졌기 때문도 아니었다. '세상이 어찌 되려고 이러는지, 내가 조금이라도 세상을 바로잡는 데 도움이 되어야 하는데 왜 나는 이렇게 무력한지'에 대한 부분 때문이었다. 말하자면, 미숙 씨가 자신을 둘러싼 세계를 인식하는 준거틀frame of reference은 '누구라도 규칙이나 법을 어기는 행위는 반드시 바로잡아야 하며, 나는 비겁하게 못 본 척하지 않고 기꺼이 그 역할을 할 수도 있다.'는 것이다.

준거틀은 우리가 무엇을 보았을 때 혹은 일어나는 일을 느꼈을 때 그것을 인식하는 방법과 대응하는 방식인데, 이것은 사람마다 다를 수 있다. 만약 다른 사람이 같은 장면을 보았다면 다르게 생각하고 다르게 행동했을 수도 있다. 어떤 사람은 '요즘 애들은 무서우니 괜히 건드리면 나만 손해지. 내 자식도 아닌데 모른 척하자.' 할 수도 있고, '보아하니 한창 사춘기 애들 같은데, 그래도 도서관에 와서 있는 게 노래방에 있는 것보다는 낫지.' 하고 넘겨 버릴 수도 있는 것이다.

그러나 남들이 규칙이나 원칙을 어기는 것을 용납할 수 없는 미숙 씨가 자신이라도 바로잡아야 한다는 생각에서 언제나 그런 일을 보면 참지 못하고 나서다 보니, 이제는 주변에서 미숙 씨를 어려워하는 사람들까지 생기게 되었다.

그렇다면 미숙 씨가 가지고 있는 준거틀은 잘못된 것일까? 비록 미숙 씨가 남들이 잘못을 하면 자신이라도 지적을 해서 바로잡아야 한다는 준거틀을 가지고 있지만, 그렇다고 그다지 잘못된 것으로 보이지는 않는다. 다만, 그 준거틀에 따라 행동함에 있어서 방식에 무리가 있었다고 이야기할 수 있겠다.

준거틀은 대개 자신의 부모가 가진 부모 자아(P)의 영향을 많이 받기 마련이고, 이에 근거해 현재 세상과 자신과 다른 사람들에 대한 정의를 내리고 행동하게 된다. 따라서 내가 '나의 독특한 준거틀'에 따라 세상과 자신과 다른 사람들을 인식할 때, 나는 나 자신의 독특한 일련의 자아 상태 반응들을 만들고 행동하게 된다. 여기서 개인마다 너무나 독특하고 주관적인 준거틀에 바탕을 둔 행동이 세상과 자신과 다른 사람들에게 적합하지 않을 경우 문제가 생기게 된다. 또한 너무나 오래전에 갖게 된 부모적 메시지가 자신의 준거틀이 된 경우, 이를 상황이 다른 지금-여기에서 적용하려고 할 때 맞지 않는 경우가 많다.

예를 들면, '여자들은 절대로 남의 집에 가서 자면 안 된다.'

라는 준거틀을 가진 부모가 중·고등학생인 딸이 집 근처 친구 집에서 자고 온다고 할 때 이러한 준거틀을 지나치게 강요한다면 분명 자녀와 갈등을 빚게 될 것이다. 또 '아이들은 항상 어른에게 공손해야 한다.'라는 준거틀을 가지고 있는 사람이 인사를 하지 않는 청소년을 본다면 과도한 분노를 느낄 수도 있다.

결국 미숙 씨는 다른 사람의 잘못을 바로잡는다는 명목하에 자신만이 가진 준거틀을 타인에게도 다소 무리하게 적용했고, 그것이 받아들여지지 않았다고 그 화를 본인에게 돌려 자신이 힘이 없다고 여기게 된 것이다.

이렇게 자신의 준거틀로 인해 본인이 불편해지거나 타인과의 관계가 원활하지 않다고 느낀다면 다시 한번 자신의 준거틀을 어른 자아(A)가 검토해 볼 필요가 있다. 미숙 씨의 경우라면 남의 잘못을 지적하고 싶을 때 어떻게 대화를 시도해야 자신의 좋은 뜻이 받아들여질지 생각해 보아야 할 것이고, 더 나아가서는 나의 가치관과 타인의 가치관이 다를 경우 융통성을 발휘해서 타협점을 찾는 것이 더 바람직하다고 할 수 있겠다. 그리고 그 융통성을 자신에게도 적용해서 실수도 용납하고 못난 점도 있을 수 있다는 것 또한 받아들이는 것이 더 건강한 자세가 될 것이다.

4

마음속에서
쳇바퀴가 돌다

***

시지푸스의 탄식(아, 거의 다 되었는데)
'거의(almost)' 각본

　그리스 신화에서 시지푸스_{Sisyphus} 이야기의 주요 골격은 시지
푸스가 신의 제왕 제우스_{Zeus}가 보낸 죽음의 신인 타나토스_{Tanatos}
를 속이고 저승의 질서를 문란하게 하며 죽음을 피해 간 대가로
바위를 들고 산을 올라야 하는 벌을 받는다는 것이다. 문제는
그 바위를 정상 가까이에 올리고 나면 그 즉시 바위는 다시 굴
러 내려가고, 시지푸스는 다시 내려가 그 바위를 정상까지 밀어
올려야 하는 과정을 되풀이하는 고통을 반복한다는 것이다.

　타이비 칼러_{Taibi Kahler}는 '몇 번이나_{over and over}' 혹은 '거의_{almost}'라
는 이름의 생활각본을 시지푸스 신화에 비유하여 설명하였다.
이 생활각본은 목표 달성이나 성공을 '거의' 눈앞에 두고 '몇 번
이나' 실패를 되풀이하는 사람들에 해당되는 것이다.

　은지 양은 고등학교 시절 줄곧 전교 20등 안에 드는 좋은 성

적을 유지하며 열심히 대학입시를 준비해 왔다. 그런데 은지 양은 자신도 모르게 대학입시 당일에 수험표를 집에 두고 와서 시험장에서 다시 집으로 가는 해프닝을 겪고 당황해 시험을 망치게 되었다. 이후 자신이 희망한 대학에 진학하지는 못하였고 차선책의 대학에 입학하여 학교를 나름대로 열심히 다니며 공부하여 졸업을 하게 되었다. 졸업 후 회사 취직을 위해 입사 시험과 면접을 보는 날에 은지 양은 또다시 실수로 입사 시험과 면접을 망치고 말았다. 이후 은지 양은 작은 중소기업에 취직하여 열심히 일은 하는데, 결정적인 순간에는 늘 회사 보고서를 노트북으로 작성하다가 자료를 저장하지 않거나 발표 전날 열심히 작성한 자료를 다 날려 버리는 등의 실수를 하곤 했다. 그때마다 마음을 가다듬고 또다시 보고서를 작성하지만 시간에 쫓기고 결국 지쳐서 형편없는 보고서를 제출했다가 상사로부터 보고서 내용의 부실함을 지적받는 경우가 많았다. 그녀는 이런 문제로 힘든 생활을 하면서 '아! 내가 조금만 주의를 했더라면 이 고생을 안 할 텐데……' 하는 독백을 반복하고 있다. 은지 양은 자신도 모른 채 '몇 번이나' 혹은 '거의'라는 이름의 생활각본으로부터 영향을 받고 있다고 하겠다.

　무역회사에 근무하는 영근 씨는 매사에 마무리를 잘못해서 일을 그르치는 경우가 많았다. 예를 들어, 회사 내에서 실시하는 영어능력시험을 대비해 열심히 공부했지만, 실제 시험에서는 시험지에 적어 놓은 답을 답안지에 한 번호씩 틀리게 표시하여 탈락했고 재시험을 보게 되었다. 지난주에는 열심히 준비하고 노력해서 무역거래를 성사시켰으나, 계약 성사를 축하하는 술자리에서 과도한 음주로 상대 회사 사람들과 언쟁을 높이는 말다툼을 하게 되어 계약이 파기되었고, 그다음 날 영근 씨는 가슴 치고 후회하며 '아! 내가 조금만 주의를 했더라면 일이 이렇게 안 되었을 텐데……'라는 독백을 반복하고 있다.

이것이 TA에서 말하는 '몇 번이나' 혹은 '거의'라는 각본의 실체이다.

생활 속에서의 이러한 각본은 자신도 모르게 목적 달성 직전에 실패를 맛보게 하고 또다시 힘든 과정을 되풀이하게 만든다는 측면에서 시지푸스 신화를 떠올리게 한다. 신화의 내용은 이렇게 인간의 삶의 방식에 은유와 지혜를 제공한다. 동시에 인간의 삶이 결국 하나의 모험이라는 것, 그리고 삶이라는 모험은 자의이든 타의이든 불확실하고 어둡고 위험한 미지의 세계를 향해 무언가를 달성하려고 나아가는 것이라는 것을 알려 준다.

우리는 자신의 삶 속에서 일의 결과가 반복적으로 자신의 의도와 무관하게 꼬여 갈 때 냉철히 되짚어 볼 필요가 있다. 그렇지 않으면 시지푸스 신화에서와 같이 생활 속의 무거운 바위는 정상에 올려지지 않고 끊임없이 다시 굴러떨어질 뿐이다.

시지푸스 신화와 관련된 '몇 번이나' 혹은 '거의'라는 각본이 우리에게 주는 지혜는 다음과 같다.

"삶이라는 시간의 흐름과 일상 속에서 자신의 생활 패턴을 이해하고 이 무의미한 순환의 고리를 끊을 사람은 바로 자신이라는 것을 각성하여야 한다. 자신을 힘들게 하는 각본의 영향에서 벗어나 자신의 소명을 매 순간 뚜렷이 인식하여 하찮은 실수나 잘못으로 성공 직전에 일을 그르치지 않아야 한다."

헤라클레스의 과업(~하기까지)

'~까지(until)' 각본

어릴 적에 한 번쯤 읽게 되는 그리스·로마 신화에서 가장 흥미롭고 멋있는 인물을 꼽으라면 많은 이들이 헤라클레스_{Heracles}를 꼽는다. 인간으로서는 상상할 수 없는 힘과 용기를 가지고 역경을 헤쳐 나가는 헤라클레스 이야기는 그리스·로마 신화의 백미이기 때문이다.

헤라클레스는 '헤라_{Hera}의 영광'이라는 이름의 뜻이 무색하게도 태어나면서부터 헤라 여신의 표적이 되었다. 그도 그럴 것이 헤라클레스는 헤라의 남편 제우스와 인간인 알크메네_{Alcmene} 사이에서 태어난 반신반인이었기 때문이었다. 그로 인해 헤라클레스는 죽어서 영혼이 올림포스로 갈 때까지 끊임없는 인고의 세월을 살아야만 했다. 타이비 칼러는 각본과 헤라클레스의 신화를 연결하여 과정각본을 설명하였다.

헤라의 저주로 잠깐 정신착란의 상태가 되어 사랑하는 아내와 아이들을 죽인 헤라클레스는 죗값으로 신탁을 받는데, 그것이 유명한 헤라클레스의 12과업이다. 열두 가지의 노역을 마치기 전까지는 죗값을 씻을 수도 없고 영생을 얻을 수도 없다는 것이다. 이것은 시간구조화의 '∼하기까지$_{until}$' 각본과 정확히 일치하는 것이다.

'∼을 하기 전까지는 ∼을 할 수가 없다.' 아마 사람들이 하는 이야기를 주의 깊게 들어 보거나 자신의 이야기를 되짚어 생각해 봐도 이런 종류의 말을 무심코 내뱉는 일이 많다는 것을 알게 될 것이다. 내 주변도 예외는 아니어서 나는 친구 경희를 '∼하기까지' 각본의 여왕이라고 종종 웃으면서 부른다.

그녀는 항상 직장생활에 불만이 많았고 저녁이면 친구들을 만나 직장에서의 부당한 일들을 괴로워했다. 친구들이 그 직장을 그만두고 다른 곳으로 옮기라고 충고를 해도 항상 하는 말은 "결혼할 때까지만 다닐 거야. 청첩장과 사표를 같이 던지는 그 날까지만 내가 참는다……." 하고 말하곤 했다. 하지만 결혼이 늦어지는 바람에 그 직장을 거의 8년 가까이 다녀야 했다. 그런데 결혼 후에는 또 다른 일들로 '∼하기까지' 각본을 쓰기 시작했다. "큰애가 초등학교를 들어가기 전까지는 어쩔 수 없이 애를 봐야 한다." "애 아빠가 좀 더 안정적으로 사업을 하기 전까지는 내가 하고 싶은 이러이러한 일들을 어쩔 수 없이 미루어야 한다." 등의 이유로 미루더니 또 지금은 "작은애가 대학을 가기 전까지는 내가 하고 싶은 일은 할 수가 없다."고 입버릇처럼 말한다.

그러면서도 끊임없이 자신은 무언가를 위해 희생을 하는 인생을 살았다고 불행해하기도 한다. 결혼 전에는 다니기 싫은 직장을 어쩔 수 없이 다녔고, 결혼 후에는 형편이 좋아질 때까지 본인이 하고 싶은 일을 미루면서 가족을 위해 살았다는 것이다.

그렇다면 경희가 진정 행복해지는 길은 무엇일까? 헤라클레스의 예를 들어 보자. 헤라클레스가 자신의 죄업을 씻기 위해 받은 신탁은 TA에서 말하는 각본과 개념이 유사하다. 헤라 여신의 계획으로 헤라클레스는 매번 고난에 처하고 결국은 델포이 신전에서 12가지의 노역을 하라는 신탁을 받게 된다. 한 치의 의심도 없이 헤라클레스는 그 신탁을 이루려 하는데, 그것은 우리가 무의식에 각인된 각자의 각본에 대해 한 치의 의심도 없이 그렇게 해야만 한다고 믿는 것과 같다.

그 각본 중에는 시간을 구조화하기 위한 '~하기까지' 각본이 있다. 이 각본의 기본 개념은 '좋은 일은 덜 좋은 것이 끝날 때까지 일어날 수가 없다.'는 것이다. 전 인생에 걸친 장기간 동안

이 각본을 가지고 있기도 하고 단기간 동안만 유지하기도 한다.

흔히 '아이들이 다 커서 독립하기 전까지는 내가 하고 싶은 일들은 할 수가 없다.'거나 '은퇴하기 전까지는 여행을 자주 다닐 수 없다.' 하는 식으로 긴 인생을 설계하면서 각본을 쓰기도 하고, '나도 뭔가를 배우고 싶지만 아이가 어리기 때문에 불가능하다.'며 계속 미루기만 하는 경우도 있다. 그런데 어떤 사람들은 이러한 '~하기까지' 각본이 마치 미래의 계획이고 그날이 되면 자신이 생각했던 일이 이루어질 것처럼 말하기도 한다.

그렇다면 이러한 각본과 계획은 어떻게 다를까? 우선, 각본은 무의식에서 일어나는 현상이고 계획은 우리의 의식 수준에서 일어나는 일이다. 계획은 분명한 인식이 존재하고 계획을 이루어 내기 위한 또 다른 시간구조화가 있다.

하지만 각본을 사용하는 사람들은 무엇무엇이 될 때까지 혹은 언제가 될 때까지 진정한 자신의 행복이나 질적인 삶을 미루면서 시간을 보낸다. 무엇무엇이라는 조건을 스스로 만들어서 결과와는 상관없이 자아실현을 회피하는 것이다.

그러면 각본과 계획을 동시에 사용한다면 어떻게 될까? 예를 들어, 아이가 대학을 들어가기 전까지는 나 자신을 위해 사용할 경제적 여유가 없으므로 아이가 대학을 가고 나면 하고 싶었던 그림 공부를 하겠다고 말하는 사람이 있다면, 분명 '~하기까지' 각본을 가지고 있는 것으로 보인다. 그리고 막연한 희망만 가진 채 시간을 보내다가 막상 아이가 대학을 갔는데도 이제는 다른 이유로 경제 사정이 나아지지 않아서 평생 꿈꾸던 그림 공부가 막연한 꿈속의 일이 되어 버린다면, 그 사람은 '~하기까지' 각본 속에서 세월을 보낸 것이다.

하지만 비록 아이가 대학을 가기 전이라도 미술에 대한 꾸준한 관심을 가지고 최소한의 지출로 자신의 꿈을 이루기 위해 노력하고 있다면, 이것은 계획이라고 할 수 있겠다. 이 계획은 이루어질 가능성이 아주 크기 때문이다.

'~하기까지' 각본과 계획의 큰 차이는 각본은 아주 강박적이고 집착적이며 융통성이 없다는 것이다. 건강한 사람들은 비록 '~하기까지' 각본을 사용한다고 하더라도 조건을 상황에 따라 수정하기도 하고, 그 조건에 따라 시간을 구조화하는 능력이 있다.

헤라클레스가 부여받은 노역은 신탁에 의한 것이지만, 이것을 벗어나는 방법 또한 있다. 그것은 부여된 조건을 다 채우기를 기다리지 않고 지금 즐겁고 행복하게 지내려고 노력하는 것이다.

'지금-여기'에서 자신을 위해 무엇을 하는 것이 행복해지는 길인지 그리고 유익한 것인지 생각해 보고, 스스로 부여한 조건을 조절하고 또 과감히 행함으로써 의심 없이 믿었던 신탁에서 벗어나는 일이 필요한 것이다. 만약 헤라클레스가 이 사실을 알았더라면 그리스·로마 신화는 다시 쓰여야 할지도 모르는 일이지만, 분명 헤라클레스는 더 행복해질 수 있었을 것이다.

다모클레스의 검(언젠가 떨어질지도……)
'그 후(after)' 각본

1961년 UN 총회에서 미국의 대통령 케네디John Fitzgerald Kennedy는 연설 중에 '다모클레스Damocles의 검'에 대해서 언급했다. 그것은 언젠가 우연히 일어날지도 모르는 핵전쟁에 대해 경고를 하기 위해서였다. 그 이후 사람들은 '다모클레스의 검'이라는 말을 위험경고와 같은 뜻으로 사용하게 되었다. 그렇다면 '다모클레스의 검'이란 원래 무슨 뜻일까?

그리스 신화에는 시칠리아 시라쿠스의 디오니소스Dionysus라는 왕에 관한 이야기가 있다. 그의 궁전은 아름다웠으며 값진 물건으로 가득했고, 주변에는 진수성찬과 시중을 들 미녀 하인들이 늘 그득했다. 그 왕의 측근인 다모클레스는 디오니소스를 부러워하며 "왕이시여, 얼마나 행복하시겠습니까? 왕께서는 바라는 것을 모두 다 가지고 계시니 말입니다." 하며 단 하루만이라도 그 자리에 앉아 보았으면 소원이 없겠다고 말했다. 디오니소스는 다모클레스에게 그의 소원대로 단 하루만 왕의 자리에 앉을 수 있도록 허락했다.

다음 날 왕의 자리에 앉아 호화로운 연회를 즐기던 다모클레스는 말총 한 가닥에 묶여 자기 머리 위에 매달린 칼을 보게 되었다. 겨우 말총 한 가닥에 매달려 있는 검은 자칫하면 떨어져 내려 왕의 자리에 앉아 있는 자신을 죽일 수도 있었다. 사색이 된 다모클레스에게 왕은 "왜 그러나? 그 칼은 항상 내 머리 위에 달려 있는 칼일세. 내 권좌를 노린 신하들이 언제 내 목을 칠지 모르는 일이지 않는가. 나는 항상 그 생각을 한다네. 자네는 아직도 내 자리가 탐이 나는가?" 하고 물었다. 다모클레스는 "용서해 주십시오. 제가 생각을 잘못하였습니다."라고 말하고 다시는 왕의 자리를 꿈꾸지 않았다고 한다.

이 이야기는 위험을 예고한다는 뜻으로 종종 쓰이기도 하지만, 타이비 칼러는 이 신화를 다르게 해석하였다. 즉, 사람들이 자신의 인생에서 시간을 어떤 형태로 보내는가 하는 과정각본 process script 중 '그 후after' 각본과 흡사하다고 하였다. '그 후' 각본은 아직 일어나지 않은 미래의 일을 미리 걱정하면서 오늘의 행복을 망치는 일을 빈번하게 하는 사람들이 주로 쓰는 각본이다.

영숙 씨도 그런 사람 중의 하나였다. 맏며느리로 결혼 후 분가해서 살고는 있지만, 시부모님을 언젠가는 모시고 살아야 한다는 무언의 압박을 느끼고 있던 영숙 씨는 항상 시부모님을 생각하면 자신도 모르게 짜증이 나곤 한다.

며칠 전의 일이다. 따뜻한 봄날에 모처럼 한가해진 남편과 네 살 된 아이를 데리고 동물원을 가려고 길을 나섰다. 처음에는 챙겨 온 과자를 먹으면서 오랜만의 나들이가 즐거워 아이와 함께 차에 틀어 놓은 동요를 따라 부르며 즐거워했다. 그러다가 문득 옆의 차선에 고급차를 타고 가는 노부부를 보는 순간 '만약 시부모님과 함께 살면 우리끼리 이런 시간을 가질 수가 있을까?' 하는 생각이 들면서 '아마 집안일 때문에 피곤에 지쳐 동물원이고 뭐고 안 가고 싶을지도 몰라.' 등의 생각으로 이어졌고, '몇 년 안에 그런 시간이 오면 난 아마 견딜 수 없을 거야.' 하는 생각에 이르니 갑자기 즐거운 기분이 싹 가시고 말았다.

그러고는 남편에게 "당신 부모님께서는 그렇게 꼭 우리랑 같이 사셔야 하는 거야? 요즘은 자식들이 같이 살자 해도 어른들이 싫다고 한다던데."라고 뜬금없는 이야기를 하기 시작했다. 영문을 모르는 남편은 처음에는 갑자기 왜 그러냐며 좋게 이야기를 하였지만, 영숙 씨는 자신의 생각에 빠져 결국은 남편이랑 다투고야 말았다. 모처럼 나선 동물원 나들이는 차를 돌려 집으로 돌아가는 것으로 끝이 났고, 그날이 다 가도록 영숙 씨와 남편은 서로 말을 하지 않고 지내게 되었다. 영숙 씨는 오늘은 잘 지낼 수 있지만 언제가 될지 모르는 내일이 되면 자신의 행복은 끝이라는 각본에 빠지게 된 것이다.

이런 '그 후' 각본의 사례는 친구들의 모임이나 회사의 회식 자리에서도 흔히 찾아볼 수 있다. 전업주부인 미영 씨와 대기업 김 과장의 예를 보자.

오랜만에 만난 친구들의 모임에서 미영 씨는 집에 가서 아이들이 수학여행 가는 것을 챙겨 주어야 한다는 생각과 준비물 걱정 때문에 모임에 온전히 집중을 할 수가 없었다. 그러다 보니 재미도 없이 걱정을 하며 몸만 앉아 있는 형국으로 시간을 보냈는데, 집에 돌아와서 막상 여행 준비를 해 주고 보니 준비하는 일은 생각보다 쉽게 끝이 났다. '모임에서 걱정하지 말고 즐겁게 시간을 보내도 되었을 텐데 괜한 걱정을 했네. 다음엔 안 그래야지.' 하고 결심했지만, 이런 일은 늘 반복된다.

김 과장은 결혼 15주년 기념으로 아내와 근사한 식당에서 외식을 하는 중이다. 그런데 머릿속에는 온통 내일 있을 회사 미팅 걱정뿐이다. '내일 미팅에서 그간 우리 부서의 실적에 대해 잘 발표를 해야 하는데······.' 말이 없는 김 과장을 보고 아내가 묻는다. "아니, 당신 무슨 일 있어요? 큰맘 먹고 이렇게 비싼 식당에 둘이 왔는데 표정이 왜 그래요?" "응, 별일은 아니고······. 내일 회사 미팅이 걱정이 되어서." "내일은 내일이고, 오늘은 우리 결혼기념일인데. 당신도 참······." 아내는 기분이 상해서 먹는 둥 마는 둥 말도 없어졌지만, 김 과장은 알아차리지도 못하고 머릿속으로는 여전히 미팅 준비 중이다. 항상 다음에 있을 다른 일에 대해 미리 걱정하느라 현재 하고 있는 일에 대해서는 온전히 즐기거나 집중을 잘 할 수가 없는 것이다.

미영 씨와 김 과장이 이러한 '그 후' 각본에서 벗어나기 위해서는 내일 일은 잠시 잊기로 먼저 결정하면서 오늘을 즐기면 된다. 모임을 할 때는 '여행 준비는 집에 가서 하면 되지.' 하고 생각하면서 모임을 즐기고, 아내와의 결혼기념일을 즐겁게 지내는 것을 우선시하고 회사 미팅은 그 후에 생각하기로 마음을 먹는 것이다.

'그 후' 각본에 매여 있는 사람들은 무엇을 해도 진정으로 현재를 즐길 수가 없다. 끊임없이 미래에 대한 불안을 느끼기 때문이다. 그렇다고 그 불안을 해소하기 위해 어떤 계획이나 행동을 하지도 않는다. 스스로는 '나도 현재를 즐기고 싶지만 미래에 내 힘으로는 어쩔 수 없는 일이 일어날 텐데 어떻게 지금 마음 편하게 지낼 수가 있는가?' 하고 오히려 반문한다. 그러면서 미래를 향한 걱정은 당연히 해야 하고 걱정을 해야만 발전이 있을 거라고 믿는다.

티베트의 지도자이며 인류의 살아 있는 스승인 달라이 라마Dalai Lama는 걱정에 대해 이렇게 말했다. "내가 해결할 수 있는 일이 걱정이라면 지금 걱정하며 현재를 불안하게 지내지 말고 기꺼이 현재를 즐기고 나서 나중에 그 일을 해결하려고 노력하면 될 것이고, 만약 걱정되는 일이 내 능력 밖의 일이라면 걱정을 해도 그 일을 해결하는 데 아무런 도움도 되지 않을 테니 당장 그 걱정을 그만두는 편이 낫다." 생각할수록 맞는 말이 아닌가 싶다.

'그 후' 각본에서 자유로워지는 방법이 있다면, '현재에 집중하는 삶'을 사는 것이다. 오늘도 언젠가 과거에 내가 그렇게 불안해하며 걱정했던 하루였지만 막상 이렇게 오늘을 살아갈 수 있게 된 것처럼, 미래 또한 행복하게 지낼 수 있다는 신념을 가지고 오늘 하루, 지금-여기here and now에 집중하면서 나에게 주어진 삶을 즐기는 것, 그것이 자율적으로 사는 삶일 것이다.

 ## 탄탈루스의 갈등(언젠가는…… 하지만)
'결코(never)' 각본

핸드폰이 요란하게 울리더니 몇 년 만에 반가운 음성 하나가 귓가를 파고든다. "언니, 나야. 잘 지냈어? 나 엊그제 왔는데, 언니 시간 어때?" 미처 인사할 틈도 주지 않고 혼자서 약속까지 할 태세이다. 하지만 그 음성에서 느껴지는 반가움과 통통 튀는 말투는 그간 잘 지냈음을 반영하는 것 같아 마음에 안도감이 절로 스민다.

비록 학교 후배는 아닐지라도 오랜 시간 알고 지낸 동생 의영이는 내게 친동생만큼 가까운 사람이다. 처음 그녀를 만났을 때 그녀는 나이 서른을 한 해 앞두고 있었다. 작은 학원에서 일하고 있던 그녀는 학부모로 만나게 된 나에게 쉽게 마음을 열었다. 네 남매 중 막내로, 언니 오빠들은 결혼을 해서 떨어져 살고 있었고, 그녀는 엄마와 둘이 살면서 경제적으로 절반쯤은 엄마에게 의존하고 있었다.

그녀는 전문대학을 졸업했지만 공부도 더 하고 싶고 결혼도 하고 싶다고 입버릇처럼 말을 하는데, 옆에서 보기에도 답답한 것이 말만 간절하게 하지 시도조차 해 보지 않는다는 것이었다. 나이가 나이인지라 공부도 결혼도 서두르지 않으면 안 될 것 같아 만날 때마다 채근도 해 보고 충고도 해 보았지만, 늘 긴 한숨 끝에 나오는 말은 "그게 그렇게 쉽게 되겠어……. 나한테 그런 운이 있을 것 같지가 않아. 그래도 언젠가 할 거야. 공부도, 결혼도……."였다. 그렇다면 그런 생각들 대신 지금 하고 있는 일에 좀 더 집중하면서 미래를 설계해 보면 어떠냐는 말에는 "별 발전도 없는 일이고 누가 알아주지도 않는 일인데 미래를 설계할 게 뭐가 있다고……. 이제 곧 그만두어야지." 하고 마치 고장난 녹음기처럼 항상 같은 말만 되풀이하며 자신의 삶에서 아무런 의미를 갖지 못하고 있었다.

그런 그녀를 보면 그리스 신화의 탄탈루스Tantalus가 생각이 났다. 먹으면 늙지도 죽지도 않는다는 제우스의 음식을 훔쳐 먹고 그 벌로 평생을 배고프고 목이 마른 채 살아야 하는 형벌을 받은 탄탈루스. 제우스는 탄탈루스를 지하세계의 연못 한가운데에 세워 놓고 머리 위에는 먹음직한 과일이 주렁주렁 열리게 해 두었다. 하지만 탄탈루스가 따 먹으려 하면 과일은 손이 닿지 않는 곳으로 물러나게 했고, 목이 말라 물을 마시려고 하면 발 밑의 찰랑이던 맑은 연못은 어느새 저만치 달아나게 만들었다. 그래서 탄탈루스는 영원히 갈증과 배고픔에 시달려야 했다는 것이다.

타이비 칼러는 이 탄탈루스의 신화를 시간구조화 각본 중의 '결코$_{never}$' 각본과 연결하였다. 신화 속의 탄탈루스는 신탁의 벌로 음식과 물을 못 마시게 되어 있는 연못 한가운데에 서 있을 수밖에 없는 운명이다. 피골이 상접한 채, 머리 위에 음식과 과일이 있고 무릎에는 맑은 물이 찰랑거리지만 마치 탄탈루스는 자신이 아무것도 안 하는 것처럼 그 자리에 꼼짝없이 서 있다. 신탁의 벌이 무슨 벌인지 모르는 사람이 보면 '탄탈루스가 손만 뻗으면 과일을, 허리만 조금 굽히면 시원한 물을 마실 수 있는데, 왜 아무 행동도 하지 않고 저렇게 말라 죽어 가는 사람으로 서 있을까?' 하고 생각하기 쉽다. 이것이 이 신화가 주는 은유이다.

우리는 주위 사람들이 무슨 각본을 가지고 있는지 잘 모른다. 즉, 어떤 신탁을 받았는지 모르는 것이다. 그래서 자신을 위해 행동할 수 있는데도 변명과 핑계로 꼼짝하지 않고 있다면 외형상 탄탈루스와 같은 것인지도 모른다. 의영이처럼 공부와 결혼을 원하지만 그것을 위해 실제적인 계획이나 적극적인 행동은 하지 않은 채 그저 언젠가 할 거라고 막연하게 이야기하면서 시간을 보낸다는 것이다.

　그렇다면 사람들은 왜 이렇게 자신에게 도움이 되지 않는 '결코' 각본 속에서 살아가는 것일까? 좀 더 깊이 생각해 보면, 이렇게 시간을 구조화하는 '결코' 각본은 또 다른 각본의 연장선에 있다.

　우선, 인생태도에서 I'm not OK 태도를 가지고 있을 수 있으며, 또한 '비승자 각본non-winning script' 속에 머무는 사람일 가능성이 높다. 다른 일에서는 승자 각본을 가질 수도 있고 또 간혹 패자 각본 속에 있을 수도 있지만, 자신이 이루고자 하는 미래의 계획에 대해서만은 특별히 이루고자 하는 것을 시도조차 하지 않으며 도전해 볼 만한 일도 하지 않으려 한다. 또한 어린 시절부터 '중요한 인물이 되지 마라Don't be important.' 또는 '하지 마라Don't do anything.'라는 금지령을 부모로부터 받고 그에 따라 형성된 각본에 맞게 자신과 세상을 지각하고 행동해 왔을 가능성도 있다.

　그렇다면 우리는 이런 각본들로부터 벗어날 수는 없는 것일까? 결론부터 이야기하자면, 인간은 누구나 성장하려 하는 잠재적 욕구가 있기 때문에 자신의 문제를 알고 이해하고 자각awareness을 통해 재결단redecision을 내림으로써 자율성autonomy을 회복해서 각본으로부터 자유로워질 수 있다고 에릭 번_{Eric Berne}은 말하였다.

의영이는 어떻게 이 문제를 극복했을까? 의영이는 그렇게 '언젠가는……'이라는 말만 되풀이하면서 결코 새로운 시도는 하지 않고 살아가던 중, 얼마 전 엄마가 암이라는 진단을 받으셨다. 결혼을 해서 살고 있던 언니 오빠들과는 다르게 엄마만을 의지하며 살았던 의영이에게 그 일은 하늘이 무너지는 충격이었다. '혹 엄마에게 무슨 일이 생긴다면……'이라는 가정이 의영이에게 다시금 자신의 인생을 돌아보게 했다. 이 '돌아봄'은 의영이에게 자신이 지금까지 시간을 보내고 있는 패턴, 즉 마음만 먹고 생각만 하지 결코 행동으로 옮기지 않는 자신을 인식하고 각성하게 했고, 가슴에서 우러난 각성은 '이제는 이러지 말아야지.' 하는 재결단으로 이어졌다.

엄마의 투병을 지켜보면서 그리고 적극적으로 엄마를 돌보면서 의영이는 자신의 삶을 구조화하기 시작했고, 마침내 대학편입을 하기로 결정했다. 다른 때도 아니고 엄마가 아픈 시기에 그런 결정을 내렸다며 언니 오빠들로부터 질책이 심했지만, 그 결정을 지지해 준 사람은 다름 아닌 엄마였다.

말로는 항상 언젠가는 하겠다면서 막상 행동으로는 옮기지 못하던 모습을 안타깝게 생각했던 엄마는, 진심으로 그 결정이 옳다며 의영이가 걱정하지 않도록 이모와 가까운 곳으로 이사를 하시고는 열심히 치료에 임하셨다.

그런 그녀가 무사히 졸업을 하고 대학원에 진학했다. 이메일을 통해 듣는 그녀의 소식은 참으로 놀라웠다. 이제는 더 이상 '결코' 각본 속에 있던 의영이가 아니라 적극적이고 자신의 일을 스스로 행하고 책임지는 성숙한 모습으로 변화되고 있음을 알 수 있었다. 이제 의영이를 보면 더 이상 신화 속의 탄탈루스가 떠오르지 않는다. 대신, 자신의 한 번뿐인 삶에 충실하려 애쓰며 충만한 생을 살았던 역사 속의 아름다운 여성들이 떠오를 뿐이다.

아라크네의 속죄(나는 왜 항상······)
'항상(always)' 각본

요즈음 상담실에서 내담자들의 이야기를 듣다 보면 "선생님, 왜 이런 일이 언제나 나에게만 반복적으로 발생합니까? 도대체 내가 뭘 잘못했다고요?" 하는 한탄 조의 질문을 자주 듣는다.

혜선 양은 아버지의 술주정으로 인해 부모님이 항상 다투는 것을 보면서 성장하였다. 성인으로 성장하는 동안 늘 머릿속에 남아 있는 어머니의 메시지는 "너는 술 마시는 사람과 결혼하지 마라! 만약 네가 엄마 말을 안 듣고 술꾼과 결혼한다면 늘 고생

할 것이다."였다. 그런데 혜선 양은 이상하게도 항상 술을 좋아하는 사람과 연애를 하고 그 뒤치다꺼리에 힘들어했다. 왠지 술을 못하는 남자는 재미도 없고 남자답지 못하다는 생각이 드는 것이다. 그때마다 어머니는 "내가 그렇게 알아듣도록 말을 하는데도 너는 왜 그 모양이냐? 술 좋아하는 사람은 늘 너를 고생만 시킨다고 하지 않았냐?" 하고 말하였다. 혜선 양은 이 말이 늘 귓전에 맴돌았지만, 자신만큼은 술 좋아하는 사람과 결혼해도 엄마와 달리 잘 살 자신이 있다고 엄마의 말에 저항하였다. 결국 혜선 양은 어머니의 메시지에도 불구하고 주사가 심한 남편과 결혼해서 고생하다가 이혼하게 되었다. 그럼에도 또 술을 많이 마시는 호탕한 사람과 재혼했고, 지금도 배우자 폭력으로 고생하는 자신의 신세를 한탄하며 시간을 보내고 있다.

최 여사는 두 번 이혼하고 세 번째 결혼을 하면서 두 번의 이혼 사유이자 세 번째 결혼의 이유가 '외향적이고 재미있는 사람이 이상형'이기 때문이라고 설명했다. 그러나 부모를 비롯한 많은 사람은 최 여사가 첫 번째 남자와 너무 비슷한 사람과 재혼, 삼혼을 하려는 것 같다고 말하며 말렸다. 결국 이번 결혼도 오래 지속되지 않았다. 세 번째 남편도 알고 보니 은둔적이며 조용한 사람이었고, 활동적이지는 못했던 것이다. 그녀는 이미 자기 친구들에게 이 세 번째 남편에 대한 불평을 하고 있다. 결국 같은 일을 반복해서 저지르고 힘든 시간을 보내고 있다. 이와 같은 사례에서 나타나는 생활각본에 대해 타이비 칼러는 '항상 always'이라고 명명했고, 이를 아라크네Arachne 신화와 연결하여 은유를 제공하고자 했다.

리다이의 염색 장인 이드몬Idmon의 세 딸 중 하나인 아라크네는 자수와 베 짜는 솜씨가 뛰어나서 모두들 아테나Athena 여신(지혜의 신)에게 배웠다고 생각할 정도였다. 그러나 아라크네는 오만하게 아테나와 경쟁하여도 이길 수 있다고 자신하였다. 이에 분노한 아테나는 노파로 변장하여 아라크네와 베 짜기 경쟁을 하게 되었다. 아테나는 아라크네의 훌륭한 솜씨에 감탄하였지만, 아라크네는 신들의 불미스러운 이야기들만 골라서 직물에 표현하였다. 분노한 아테나는 아라크네의 직물을 갈기갈기 찢어 버렸다. 이를 본 아라크네는 미쳐서 목을 매달게 되었는데, 아테나는 그냥 죽도록 내버려 두지 않고 그녀를 거미로 변하게 하여서 그녀의 몸뚱이에서 언제까지나 실을 뽑는, 즉 거미줄을 치는 벌을 받게 하였다.

이 신화에서 타이비 칼러는 아라크네가 아테나의 경고를 무시하고 늘 신과 경쟁하려고 하였고, 신들의 약점을 빗댄 수를 놓아 표현하는 행위에 대한 벌로서 자신의 몸에서 실, 즉 거미줄을 '언제까지나' 뽑는 거미가 되어 산다는 내용에 초점을 두었다. 거미줄을 '언제까지나' 뽑으며 사는 거미처럼, 현대인들이 조직이나 상황에 저항하면서도 불만족스러운 인간관계, 힘든

아라크네의 속죄(나는 왜 항상……) • '항상(always)' 각본

155

직업적 상황에 머무르거나 그 밖의 다른 많은 힘든 상황을 반복하고 있음을 은유하고 있다.

그렇다면 우리는 이러한 '항상' 각본으로부터 어떻게 벗어날 수 있을까? 만약 자신이 이 각본을 유지해 왔다고 생각되면, 이제는 자신에게 도움이 되는 말을 계속 무시하거나 건방을 떨거나 상대가 싫어하는 행동이나 실수를 되풀이할 필요가 없다는 것을 제대로 각성해야 한다. 그리하여 자신이 진정 원한다면 불만족스러운 직업이나 관계 또는 위치에서 떠날 수 있으며 새로운 것을 찾을 수도 있다는 결단을 내려야 한다.

이러한 과정에서 상담자나 혹은 주변 사람들은 그들이 변화할 수 있음을 격려하고 지지해야 한다. 나아가 인간관계에서 이전의 부정적인 행동을 반복하는 유형을 잘 살펴보고 어른 자아(A)를 사용하여 '이번에는 달라질 것이라는 데 대한 어떠한 증거를 가지고 있는지' 그리고 '그것을 다르게 하기 위해 자신은 무엇을 기꺼이 할 수 있는지'를 명확히 해야 한다.

필레몬과 바우키스의 대화(이제는 뭘 어떡하지?)
'무계획(open-ended)' 각본

미애 씨는 결혼을 하여 슬하에 삼형제를 두었는데 드디어 막

내아들이 지방에 취직이 되어 집을 떠나게 되었다. '어휴, 이제야 자식 뒷바라지하는 일에서 벗어나게 되었구나. 이젠 나도 좀 자유롭게 살아 보자!' 하고 홀가분한 기분이 들었다. 그러나 하루 이틀이 지나자, 뭔가 허전하고 허무한 감정을 느끼면서 우울해지기 시작했다. 여기저기 어질러진 집안과 아무것도 하고 싶지 않은 무력감, 그리고 자신에게 갑자기 주어진 많은 시간에 무엇을 해야 할지 당황해하는 자신을 보면서 상실감과 허탈감으로 괴로워했다.

강 부장은 열심히 일했던 직장에서 정년퇴직했다. 퇴직을 하기 전 후배들이 이제 뭘 할 거냐고 물을 때마다 "아……. 정말 쉬고 싶어. 평생을 회사에서 계획, 목표 그런 것만 해 왔으니, 이젠 정말 편하게 쉴 거야!"라고 큰소리를 치곤 했다. 그런데 막상 퇴직을 하고 몇 달이 지나자 예전의 생각과는 다르게 일상생활이 불편하고 허전하면서 우울하게 되었다. '무엇을 할 것인가?' 혹은 '어떻게 시간을 보내나?' 하는 고민만 하며 아무것도 하지 못하고 힘들어했다. 강 부장은 오로지 '그냥 쉬자.' 하고만 생각했을 뿐, 무엇을 할 것인지에 대해 구체적이고 명확한 계획이 없었던 것이다.

미애 씨는 지극히 한국적인 정서를 가진 주부로 온 힘을 다해 남편과 자녀를 뒷바라지하는 것이 본인의 역할이자 삶의 의미라고 믿고 있다가 그렇게 키운 자녀가 떠나고 혼자 남게 되자 경험하는 상실감의 총체를 일컫는 '빈 둥지 증후군empty nest syndrome'에, 강 부장은 소위 말하는 '정년퇴직 증후군'에 시달리고 있다고 하겠다. 이 두 증후군의 공통점은 '무계획open-ended' 각본의 내용과 밀접한 관련이 있다. 이 '무계획' 각본의 모토는 '일단 시간 내에 어떤 목적을 성취하면 나는 그 후에 무엇을 할지 모른다.'는 것이다.

이러한 각본은 장기간뿐만 아니라 단기간에 걸쳐서도 유지된다. 어떤 사람들은 전형적으로 단기간의 목표만 세우고 일단 목표가 완성되면 다른 것을 알게 되기 전까지는 무엇을 할지 몰라서 허둥거린다는 것이다. 그 후에 그들은 또 다른 단기간의 목표를 세우고 그 과정을 되풀이한다. 타이비 칼러는 '무계획' 각본을 필레몬Philemon과 바우키스Baucis의 신화와 연결하여 설명하였다.

제우스와 헤르메스Hermes는 생존할 만한 가치가 있는 인간이 세상에 있는지 알아보기 위해 나그네로 변신하고 지상에 내려왔다. 그리스 프리기아 지방에 들러 이곳 사람들에게 하룻밤 묵어가게 해 달라고 애원했지만, 모두 문을 꼭 닫아 잠그고 그들을 냉대했다. 그러나 프리기아의 어느 산허리의 초라한 오두막에서 평생을 그저 묵묵히 가난한 농민으로 살아가고 있는 노부부 필레몬과 바우키스는 이 나그네를 대접하기 위해 온갖 정성을 다했다. 이 노부부의 극진한 대접에 감동한 제우스와 헤르메스는 "나그네 대접을 할 줄 모르는 그대들의 이웃들은 곧 큰 벌을 받을 것이다. 곧 이 마을 전체가 모두 물에 잠길 것이니 이집을 떠나 우리와 함께 뒷산으로 올라가자."라고 하며 노부부를 산으로 데려갔다. 그들이 정상에 올랐을 때는 이미 그 지방이 모두 물에 잠기고 노부부의 오두막만이 남아 있었다. 두 신은 이 오두막을 화려한 신전으로 바꾸어 주었다. 그리고 제우스는 필레몬과 바우키스에게 필요한 것이 무엇이냐고 물었다. 이에 그는 아무런 바람도 계획도 없고 그저 아내와 같이 여생을 제우스 신전의 신관으로 지내고 싶다고 했고, 또 어느 한쪽이 먼저 죽어 살아남은 사람에게 슬픔을 주지 않도록 부부가 함께 죽게 되기를 바란다고 했다. 제우스는 그 소원을 받아들여 그들이 함께 동시에 죽어서 떡갈나무와 보리수나무로 변하게 만들어 주었다. 이후 이곳을 지나는 나그네들은 노부부가 천상의 손님을 경건히 대접한 것을 기념하여 그 가지에 꽃다발을 걸어 주었다.

이 신화에서 타이비 칼러는 노부부가 평생을 열심히 살아왔으나 가장 극적인 순간에는 무엇을 하거나 바라는 것, 계획이 없이 현상유지만을 생각하는 것에 주목했고, 이러한 부분을 무계획 각본과 연결하여 설명했다. 이러한 각본을 가진 많은 사람의 특징은 주로 순응적이며 양육적인 부모 역할만 하고 자신을 위한 계획(시간구조화 각본)은 없다는 것이다. 그리고 타인을 위해 희생하는 역할각본에서 만족해하다가 더 이상 그러한 역할을 할 수 없을 때 갖게 되는 '존재적 공허'로 몸 둘 바를 몰라 한다는 것이다.

그렇다면 우리들은 이러한 '무계획' 각본으로부터 어떻게 벗어날 수 있을까? '무계획' 각본에서 벗어나기 위한 첫 단추는 자신의 삶의 발달 주기를 이해하는 것이다. '현재 어떤 인생 발달 주기에 와 있나?' '지금 나는 어떤 위기에 직면해 있나?' '앞으로 다가올 나의 발달 과업은?' '어떤 준비가 필요한가?'와 같은 질문을 해 보아야 한다.

만약 상담 현장에서 이런 각본을 가진 사람을 우리가 돕는다면, 단기적·장기적 인생발달의 시간구조를 검토하게 하는 것이 첫 번째로 할 일이 된다. 그런 다음, 목표설정 기술을 사용하고 목표를 빈번하게 검토하도록 유도함으로써 '무계획' 식 유형에 직면하도록 해야 한다. 결국 현재 자신을 묶고 있는 각본에서 벗어나서 '자신을 즐겁게 하라!' '자신의 미래 삶을 계획하라!' 하고 허가할 필요가 있다.

미애 씨, 강 부장과 같이 어떤 역할각본이 끝나고 나서 그다음 각본이 없다고 느끼는 이러한 위기 상황을 제2의 기회로 맞이하게 하는 것이다. 자신을 만족시키는 방식으로 자신의 삶을 살기로 선택할 수 있는 잠재된 힘을 발휘하기로 결단하고, '그래, 이제부터는 나를 위해 시간 계획을 세우고 그것을 실천하며 즐겨 보자!'라고 외치고 행동할 수 있도록 해야 한다.

5

마음의 비밀을
풀다

***

심리게임으로 보내는 하루
심리게임

"야! 김진! 너 빨리 안 일어나?"

아침이 시끄럽다. 진이 엄마의 하루가 시작되었다. 오늘도 진이는 깨워도 일어날 기미가 없고, 그간 단단히 벼르던 진이 엄마는 오늘은 버릇을 꼭 고쳐 놓아야지 싶다. 진이 방문을 벌컥 열어젖히고 소리를 지르면서 진이 다리며 엉덩이를 찰싹 때렸다. "너 그간 엄마가 두고 봤어. 맨날 아침에 이렇게 깨워야만 일어나니? 오늘은 혼 좀 나 봐라. 더는 못 봐줘." 아침부터 두드려 맞은 진이는 벌떡 일어나 앉아 소리를 지른다. "내가 언제 안 일어났다고 그래?"

그때부터 전쟁은 시작되고……. 그간 아침마다 깨우면서 쌓아 놓은 스탬프에 학원을 빼먹고 놀러 간 일이며 지난번 성적까지 얹어서 끝없는 잔소리가 이어졌다. 진이 엄마는 아이에게

'너 이번에 딱 걸렸어.' 게임을 먼저 걸면서 하루를 열었다. 부정적인 스탬프를 모으고 있다가 한번에 터뜨릴 수 있는 게임이다.

그때 진이 아빠가 게임에 동참을 한다. "좀 조용히 할 수는 없어? 아침마다 이래야 돼? 애를 가르치려면 좀 조용하게 하든지, 그간 못 가르쳤으면 내버려 두든지."

가만히 있을 진이 엄마가 아니다. "아니, 당신은 맨날 늦게 들어와서 애한테 관심도 없으면서 갑자기 왜 그래? 그렇게 잘 알면 당신이 좀 해 보든지."

그러자 진이 아빠의 '당신 탓이야.' 게임이 본격적으로 시작된다. "이게 다 당신이 애를 제대로 못 잡아서 그러는 거잖아. 집에서 뭐 하는 거야? 애 잘 키우라고 회사도 그만두고 편하게 지내게 해 주었는데 맨날 아침마다 이게 무슨 난리야?" 이 게임은 아이 양육에 대한 책임을 전적으로 아내에게 떠넘기고 있다가 아이가 잘못되거나 뭔가가 제대로 되지 않는다고 생각이 들면 아내에게 비난을 하는 남편들이 자주 사용하는 게임이다.

이렇게 요란한 아침 시간을 보낸 식구들은 잔뜩 기분이 상한 채 뿔뿔이 흩어졌다. 남편은 직장으로, 아이는 학교로, 그리고 진이 엄마는 커피나 한잔하자는 아래층 친구 집으로.

마음에 맞는 친구가 마침 한 아파트에 산다는 것은 대단한 행운이나 마찬가지이다. 들어서자마자 진이 엄마는 남편에 대한 '그이만 아니었으면' 게임을 시작한다. 이 게임은 '당신만 아니었으면'에서 파생된 게임으로, 말이 잘 통하는 여자 친구들끼리 하는 심심풀이 놀이다.

"진이 아빠가 회사를 그만두라고 그렇게 난리만 치지 않았으면 난 절대 그만두지 않았을 거야. 애 키우는 게 얼마나 힘든지……." 이렇게 시작된 불평은 끝이 없다.

잘 들어 주던 친구가 "얘, 그래도 진이 아빠만한 사람도 없다. 성실하잖니?" 하고 말한다.

"그래. 성실하기야 하지. 그래도 융통성이 없잖아. 말이 안 통하니 답답해서……."

이제는 yes-but 게임으로 넘어가고 있다. 진이 엄마가 남편의 결점을 들추면, 친구는 '그래도…… 이만하면 괜찮은 거고, 정 힘들면 이렇게 해 보면 어때?' 하고 충고 아닌 충고를 하지만, 진이 엄마의 태도는 일관되게 '그래, 네 말도 맞는데. 그러나'로 초지일관이다.

사실 '당신만 아니었으면' 게임의 내용은 말 그대로 불평을 하는 것 같지만, 이 게임을 하는 사람들은 내적으로 심리적인 이득을 얻는다.

진이 엄마의 경우 회사를 그만둔 것이 남편 때문이라고 말하지만, 본인도 그다지 회사를 다니고 싶지도 않고 그럴 능력도 없는 사람이었다. 단지 본인은 그것을 깨닫지 못했고 스스로 그만둘 수도 없었는데, 남편의 강압에 의해 그만두면서 자기가 싫은 일을 안 해도 되는 심리적인 이득을 얻은 것이다. 하지만 늘 남편이 회사를 못 다니게 해서 자신의 사회적인 성공을 가로막은 것처럼 불평하면서 남편과의 친밀한 관계도 피하는 것이다.

친구와 하는 yes-but 게임은 겉으로는 어른 자아(A)를 사용해서 이야기를 주고받는 듯이 보여도, 진이 엄마를 잘 관찰해 보면 알 수 있듯이 어린이 자아(C)에서 '네 말을 내가 듣나 봐.'라는 메시지를 보내고 있다. 상대는 부모(P) 자아를 사용해서 충고를 하고 설득을 하고, 한 사람은 끊임없이 그 의견을 기각하면서 어린이 자아(C)에서 말을 하고 있기 때문에 한 사람이 포기하지 않는 한 오랫동안 역할을 바꾸어 가면서 계속할 수 있는 게임이다.

이야기를 하다 말고 진이 엄마가 갑자기 놀란 사람처럼 벌떡 일어났다. "어머, 큰일 났다. 오늘 점심에 어머니 모시고 병원 가기로 했는데." 친구에게 인사를 하는 둥 마는 둥 하고 뛰어나간다.

"진이 학교 자원봉사도 오늘이었네. 어쩌지." 그때 남편으로부터 전화가 온다.

"오늘 저녁 좀 집에서 할 수 있을까? 오늘 회식이 있는데 직원들이 당신이 해 주는 요리가 먹고 싶다고 난리네." 거절해도 좋으련만, 주부란 요리사, 간호사, 운전사, 자원봉사자 등 여러 가지 역할을 다 잘해야 한다고 규정짓고 있는 진이 엄마는 또 승

낙하고 만다.

이것은 '몹시 곤란을 겪는harried' 또는 '완벽한 주부' 게임이라고 한다. 무엇이든 yes라고 대답해서 엄청난 일을 떠맡은 후에는 당연히 그 일들을 다 해내지 못하고 의기소침한 모습을 보이게 되는 게임이다. 이 게임에서 진짜 역할을 하는 것은 진이 엄마의 부모 자아(P)이다. 끊임없이 들려오는 머릿속의 부모 자아(P)를 만족시키기 위해 죽도록 노력하지만, 결국 감당하지 못하고 우울해져 버리고 마는 것이다.

진이 엄마는 시어머니 모시고 병원 가기, 진이 학교 자원봉사 가기, 손님맞이 집 청소하기, 저녁상 차리기 위해 장 봐 오기, 진이 간식 준비하기, 진이를 학원까지 데려다 주기, 요리하기 등 많은 일을 다 해내기 위해 전력투구했지만, 너무 서두른 나머지 그날 저녁 요리는 형편없게 되었고, 결국 손님들이 왔을 때는 반쯤은 배달시킨 요리와 자신이 하다가 망친 요리를 섞어서 내놓게 되고 말았다. 남편의 표정을 보는 것도 괴로웠지만 자신에 대한 자책까지 더해져 진이 엄마는 자신이 바보 같다고 느껴지면서 비참해진다. 그럭저럭 손님들이 돌아가고 나자 남편으로부터 비난이 시작되었다.

"당신은 할 수가 없으면 못한다고 하든지, 도대체 오늘 저녁은 내 체면이 말이 안 되게 되었잖아. 당신은 왜 항상 이렇게 일을 엉망으로 만드는 거야?"

하루 종일 바빴는데도 결국은 저녁 식사를 망치고 남편으로부터 책망을 들은 진이 엄마는 화도 나고 억울하다. "당신은 갑자기 그렇게 사람들을 데리고 오면 어떡해?"

남편도 오늘따라 화가 나는지 거기서 그만두지 않고 '궁지로 몰아넣기corner game 게임'을 벌인다. "어디 한두 번이야? 당신은 항상 이런 식이야. 신혼 때 집들이부터 시작해서 항상 잘한다고 큰소리만 치고는 막상 손님들이 오면 늘 엉망을 만들잖아."

이런 '궁지로 몰아넣기' 게임은 사람을 조종하려는 의도를 가진 사람으로부터 시작된다. 이 게임이 남편과 아내 사이에서 행해질 때는 서로 친밀감을 피할 수 있는 이득이 있고, 부모가 아이를 상대로 벌일 때는 아이는 이러지도 저러지도 못하는 '이중구속'이라는 딜레마에 빠지게 된다.

진이 엄마는 남편과의 게임으로 인해 스트레스를 받고 처참한 기분에 빠진 나머지, 남편 들으라는 듯 현관문을 꽝 닫고 아래층 친구에게 하소연이라도 하려고 같이 맥주를 한잔하자고 했다.

맥주집은 금요일 저녁이라 그런지 자리가 없을 만큼 붐비고 시끄러웠다. 구석에 자리를 잡고 맥주를 마시며, 진이 엄마는 아침에 하던 '당신만 아니었으면' 게임을 다시 시작했다.

그런데 옆 테이블에도 남자 두 사람이 '지독하군ain't it awful' 게임을 하고 있다. 그들은 요즘의 경제 상황, 정치적인 이슈, 사회적인 현상 등에 대해 지나치게 독선적이고 악의적인 해석을 곁들이고 흥분해서 그러한 문제들을 과장하고 확대 재생산하며 심각하게 떠들고 있었다.

진이 엄마는 그중 한 사람에게 관심이 간다는 듯 자주 쳐다보며 미소를 짓는다. 결국 네 사람은 합석을 하고 맥주를 마시면서 같이 이야기를 하기 시작했다. 진이 엄마는 특히 한 사람에게 더 다정하게 말을 하고 자주 웃으면서 쳐다보고 관심이 있는 것처럼 행동을 했다. 그러나 그 남자가 따로 한잔 더 하자며 제의를 했을 때는 마치 모욕을 당한 것처럼 "저는 그런 사람 아니에요. 사람 잘못 보셨네요. 딴 데 가서 알아보세요."라고 화를 내며 친구 팔을 잡아채며 집으로 돌아왔다.

이것은 '유혹rapo' 게임이다. 가벼운 경우 여성이 남성을 유혹하고 마지막에는 상대의 요구를 차갑게 거절하면서 게임을 끝내게 된다. 심한 경우는 성폭행을 당했다거나 신체적인 상해를 입었다고 신고하여 경찰이 출동하는 사태까지 벌어진다.

하루 종일 게임을 하느라 지친 진이 엄마는 집으로 돌아와 이미 잠든 남편 곁에 누우면서, 도대체 인생은 왜 이렇게 힘든 걸까 곰곰이 생각하다 잠이 들었다.

너 이번에 딱 걸렸어
스탬프, 심리게임

영업부의 엄 과장은 김 대리가 늘 못마땅했다. 업무처리도 신통찮을 뿐만 아니라 출근 시간에 자주 지각을 해서 성실하지 않다는 인상을 가지고 있기 때문이다. 회식 다음 날이면 김 대리 혼자 지각을 해서 엄 과장의 화를 돋우지만, 평소 부하 직원에게 싫은 소리를 잘하지 못하는 성격 때문에 부글부글 끓는 감정을 삭이며 속으로 쌓아 두고 있었다.

올해는 3·1절이 월요일이어서 연휴가 3일 내지는 4일이나 되었다. 며칠의 연휴 다음 날은 후유증이 있어 직원들의 업무 기강이 약해질 것을 염려한 엄 과장은 연휴가 끝난 화요일에 평소보다 조금 일찍 출근해서 업무를 챙기고 있었다. 부서의 다른 직원들은 9시 이전이나 정시에 출근해서 업무를 시작하고 있었는데 김 대리만 아직이다. 20분이 지나 헐레벌떡 출근한 김 대리는 인사도 없이 재빨리 자기 자리에 가서 앉았다.

그것을 본 엄 과장은 자신에게 인사도 하지 않고 자리에 가서 앉는 모습에서 '사람을 만만하게 본다.'고 생각하니 화가 나기 시작했다. 동시에 '너 이번에 딱 걸렸어!'라는 생각과 함께 그동안 축적된 못마땅한 감정이 대폭발을 하고 말았다. 엄 과장은 큰 소리로 "이봐! 김 대리! 지금이 몇 시야!" 하며 책상이 부서져라 '쾅' 하고 내리치며 다시 큰 소리로 "자네, 이리 와 보게!" 하고 불렀다. 김 대리가 머뭇거리며 다가오자 면상에 대고 삿대질을 하며 탐탁지 않은 업무처리 능력부터 몇 개월 동안 지각한 것에 대해 모두 이야기하며 평소답지 않게 심하게 야단을 쳤다.

이러한 갑작스러운 소동에 김 대리뿐만 아니라 다른 사원들과 다소 떨어져 앉아 있는 부장까지 놀라서 어리둥절하였다. 이런 한바탕 소동이 일고 나자 엄 과장은 주위 시선을 인식하였고, 어색한 표정으로 '아! 내가 이러려고 한 것이 아닌데, 상사라는 사람이 부하 직원들 앞에서 이게 뭐야!' 하고 생각했지만 이미 엎질러진 물이었다.

우리는 생활 속에서 평소 자신을 에누리하거나 기만해 온 상대에 대해 스탬프stamp; 부정적 감정를 쌓아 놓았다가 그 상대가 범한 사소한 실수나 잘못 등을 보게 되면 마치 두고 보며 기다렸다는 듯이 쌓아 놓은 스탬프를 격렬하게 마음껏 터뜨린다. 이때의 기분은 상당히 통쾌한데, 이것은 스탬프를 터뜨릴 수 있는 합당한 이유를 손에 쥔 것 같은 기분이 들어서 화를 내는 것에 대한 정당성까지 부여받은 것으로 인식되기 때문이다. 결과적으로는 평소 내가 상대에게 좋지 못한 감정을 갖고 있었다는 것을 증명하는 인간관계 게임을 한 것이 되고, 관계는 엉망이 되고 만다.

이것이 '너 이번에 딱 걸렸어Now, I've got you, SOB.'라는 인간관계 게임이며, 에릭 번Eric Berne이 『심리 게임Games people play』이라는 책을 통해 설명한 36개의 게임 중 하나이다. 이 게임을 하는 사람은 주로 상대방의 조그만 잘못이나 실언, 착오 등을 기다렸다는 듯이 찾아내거나 트집, 흠집을 잡아 그것을 기회로 그때까지 쌓였던 울분을 발산한다. 그리고 그 잘못만 가지고 말하는 것이 아니고 상대의 인격적인 결점, 과거의 실수까지 한꺼번에 터뜨린다. 자신의 부모 자아(P) 상태에서 상대의 어린이 자아(C)와 교류를 하는 것이다. 우리 주변에서 흔히 볼 수 있는, 즉 '너 어디 한번 두고 보자.' 하며 벼르고 있다가 뭔가가 걸려들면 화끈한 에누리와 소동을 벌이는 상황은 이 게임을 하는 것으로 볼 수 있다.

이 게임의 원인은 자신의 인생태도가 '나는 OK인데 너는 NOT OK'이거나 '나는 NOT OK인데 너는 OK'인 상황에서 평소 자신이 모아 둔 스탬프의 교환방법을 잘못 쓰는 것이다. 즉, 상대에 대한 질투_{I'm not OK, You're OK}와 상대에 대한 못마땅함_{I'm OK, You're not OK}에서 비롯된 격한 감정으로 게임이 전개된다. 그리하여 게임이 끝난 뒤 최종적으로 자신의 역할은 박해자에서 희생자로 바뀌게 된다.

이 게임을 자주 하는 사람에게 대처하는 방법은 정중하며 예의 바르게 자신의 역할을 똑 부러지게 잘하는 것이다. 처음부터 정확하게 규칙을 정해 놓는 것이 좋다. 그리고 약속을 분명히 하고, 잘 지키고, 상대를 디스카운트하지 않는 것이 바람직하다. 때로는 조용히 단둘이 서로의 흉금을 털어놓고 이야기하는 시간을 가지며 그러한 시간을 갖게 된 것에 감사하는 마음을 전달하는 것도 매우 효과적인 방법이 될 수 있다.

나를 혼내 주세요
심리게임

아이는 상담 선생님을 좋아하고 따랐다. 집에서 좀처럼 받을 수 없었던 긍정적 스트로크를 아이에게 주는 유일한 사람이기도 하고, 아이가 무슨 말을 해도 선생님만큼은 자신을 이해해 주는 것처럼 느껴졌기 때문이었다. 상담 선생님을 만난 지 비록 몇 달밖에 되지 않았지만 요즘은 '친구들과 속상한 일이 생겨도 늘 화만 내는 엄마보다 선생님한테 이야기를 해야지.' 하는 생각이 먼저 들었다.

그런데 아이는 스스로도 이해가 안 되는 일이 있었다. 그것은 선생님이 내주는 숙제가 어려운 것이 아님에도 자꾸 잊어버리고 안 해 가는 것이다. "숙제는 해 왔어?" 하고 묻는 선생님의 말에 "아차! 깜빡하고 잊어버렸어요."라고 대답하면 선생님 얼굴에 스쳐 가는 약간의 실망감을 보는 것이 죄송했지만, 웬일인지 자꾸만 잊어버리게 되는 것이었다.

사실 아이에게 상담실은 집만큼 익숙한 곳이다. 몇 년 동안 놀이치료나 미술치료를 하는 상담실을 다녔고 그간 만난 선생님들만도 여럿이다. 항상 선생님들은 엄마보다 수용적이었고 이해도 잘해 주었으며 칭찬을 해 주었지만, 결국에는 상담이 별 진전이 없다는 이유로 종결되곤 했다.

선생님들 입장에서 보아도 아이는 다루기 힘든 내담자였다. 처음에는 관계 형성도 빠르고 솔직하게 가족과 친구 이야기 그리고 자신의 감정상태에 대해 털어놓았기 때문에 빠른 진전을 기대하곤 했지만, 어느 정도 지나면 상담실에 오는 것은 좋아하지만 숙제를 해 오지 않거나 지난 회기에 약속한 일들을 행하지 않거나 여전히 문제행동을 되풀이하면서 선생님들을 실망시키곤 했다.

부모는 오랫동안 상담을 받게 하는데도 별로 달라지지 않는 아이의 문제행동에 점점 지쳐 가고, 상담을 하는 선생님은 바뀔 듯하면서도 영 제자리걸음인 아이의 태도에 서서히 자신의 능력이 모자라지 않은지 의심을 하게 되고, 아이는 자신을 믿어 주고 격려해 주는 선생님을 또 실망시키고 말았다는 자책에 더욱 자신을 미워하게 되는 것이다. 무엇이 상황을 이렇게 만들고 있는 것일까?

아이는 선생님을 상대로 게임을 하고 있는 것이다. 비록 자신은 의식할 수 없는 상태이지만, 아이는 집에서 스트로크를 구하기 위해 늘 사용했던 부정적인 방법을 선생님과의 관계에서 되풀이하고 있는 것이다. 어렵지 않은 숙제를 잊어버리고 해 가지 않거나 분명히 선생님과 회기 안에서 약속한 단순한 일들을 행하지 않음으로써 '나를 혼내 주세요.Kick me please.' 심리게임을 연출하는 것이다.

이 게임은 상대방을 도발하거나 상대방의 거절을 유도하는 것 같은 언동을 거듭하여 마지막에는 희생자의 역할에 몰리는 것이다. 혹시 상대방이 게임에 휘말리지 않고 관대한 태도를 취해도 계속 자극하여 상대방의 노여움이나 혐오감을 유발하고 결국에는 상대의 화(분노나 거절)를 자초하게 된다. 그러나 이 과정을 본인은 자각하지 못하며 '왜 나는 항상 이런 봉변을 당하는 것일까?' 하고 끝에 가서 후회나 비탄에 빠지는 것이다.

이 게임의 배후에 있는 기본적인 삶의 자세는 'I'm not OK, You're OK'이며, '나는 거절당하고 벌을 받는 것이 마땅한 것 같아.'라고 자기에 대한 부정적인 자세를 증명하여 이를 강화하는 것이 목적인 것이다. 또한 이 게임을 하는 사람은 늘 자신이 '희생자'가 된 것같이 느끼는 것이다.

선생님은 처음에는 아이의 빠른 반응과 관계 형성에 희망적인 생각을 가지다가 점점 아이의 비협조적인 태도에 실망하고, 여러 가지 방법을 시도하지만 결국에는 자신의 능력을 의심하거나 내담자에 대해 잘못된 접근을 하지 않았는지 당황해하면서 혼란을 경험하게 된다. 그것을 조금 더 자세히 살펴보면 다음과 같다.

아이는 자신의 어른 자아(A) 상태에서 선생님의 어른 자아(A) 상태로 사회적인 자극Stimulus/social: Ss, 즉 '선생님께 상담받고 싶어요.'라는 메시지를 보낸다. 그것은 관계를 형성하고 자신의 문제에 대해 빨리 털어놓음으로써 시작된다. 그리고 선생님은 아이에게 사회적인 반응Response/social: Rs으로 '그래, 내가 도와줄게.'라고 응답하는 것이다. 선생님의 여러 가지 수용적인 태도와 칭찬 그리고 변화를 유도하는 여러 가지 노력이 그것을 증명한다.

하지만 아이의 심리적인 메시지는 자신의 어린이 자아(C)로부터 선생님의 부모 자아(P)를 향해 다른 것을 전달한다. 심리적인 자극Stimulus/psychology: Sp, 즉 '난 당신이 나를 아무리 도우려 해도 변하지 않을 거예요. 나는 혼나는 게 마땅해요.'라는 메시지가 전달되는데, 이것은 아이가 숙제를 잊어버리고 해 오지 않았거나 상담에 비협조적인 태도를 보이는 것으로 표현된다. 하지만 여전히 제시간에 오거나 즐겁게 상담에 임함으로써 게임을 끌어가는 것이다.

이렇게 이면적인 교류가 일어나면서 선생님은 자신의 무능을 탓하거나 뭔가가 제대로 되어 가지 않는다는 것을 느끼고 혼란을 경험한다. 그러면 선생님은 자신의 부모 자아(P)로부터 아이의 어린이 자아(C)를 향해 '너는 나를 실망시켰어. 나는 더 이상 너를 상담할 수가 없어.'라는 심리적인 반응_{Response/psychology: Rp}을 보내게 되고, 두 사람 모두 라켓감정을 맛보면서 결말을 맞이하는 것이다.

에릭 번은 게임의 정의에서 게임은 전환_{switch}과 혼란이 일어나는 것이지만, 전환은 기대하지 않았던 불편한 일이 발생한 것을 경험하는 바로 그 순간을 말한다. 이는 게임 연기자들이 결말로 가져가기 위해서 자신의 역할을 바꾸는 게임의 한 지점에서 일어난다. 그렇다면 앞의 예에서 전환은 어떤 시점에서 일어난 것일까?

그것은 선생님이 뭔가가 제대로 되어 가고 있지 않다는 것을 느끼면서 자신의 능력이나 상담기법을 의심하는 순간 일어난다. 선생님은 구원자의 위치에서 상담을 진행하다가 아이의 게임에 걸려 상담에 실패한 희생자가 되어 버리는 것이다.

그렇다면 아이는 자신이 좋아하는 상담 선생님을 대상으로 왜 이런 게임을 하는지 궁금해진다. 우선, 게임은 아이의 어른 자아(A)의 의식 밖에서 행해지는 특징이 있다. 자신도 모르게 어린 시절부터 해 온 것을 되풀이한 것일 뿐, '이렇게 해야지.' 하고 계획하에 하는 것이 아니라는 것이다. 또 다른 것으로는 아이는 자신이 발달시켜 온 인생태도, 즉 I'm not OK, You're OK 태도를 확인한다는 것이다. 선생님으로부터 거절을 당하는 그 과정이 다시 한번 아이가 가진 인생태도를 증명시켜 준 셈인 것이다. 그리고 아이는 어릴 적부터 부모로부터 아무런 자극이 없는 상태로 있기보다는 적어도 주목받고 있음을 알게 하는 부정적인 스트로크라도 받으려 해 왔을 수도 있다.

이러한 게임을 통해 결국 자신의 각본을 완성하고 있는 것이다. 게임에 걸려 혼란과 비참한 기분을 맛보기 전에 게임을 효과적으로 감당하는 좋은 방법은 과연 없는 것일까?

굴딩 부부Bob and Mary Goulding는 게임을 시작하는 단계에서 게임을 발견하는 것이 좋다고 말하고 있다. 그렇지만 어느 단계에서 발견을 하든 어른 자아를 사용하여 상대하거나 상대가 원하는 결말 대신에 긍정적인 스트로크로 대치하는 것이 중요하다고 하였다.

아이가 숙제를 해 오지 않거나 약속을 지키지 않았을 때 실망하기보다는 일관적이고 긍정적인 태도를 보이는 것이 중요하다. 물론 약속을 지키지 않은 부분에 대해 긍정적이 되라는 것은 아니다. 숙제를 하지 않거나 약속을 지키지 않는 행동에 초점을 맞추는 대신, 아이가 그러한 반복적인 행동을 되풀이하면서 무엇을 얻으려 하는지에 관해 아이의 어른 자아를 자극하는 질문을 할 수도 있다.

또 그간 부모와의 관계에서 아이가 스스로 형성한 자아상을 같이 살펴볼 수도 있다. 여러 가지 사건을 통해 '나는 이러이러한 사람이다.'라는 건강하지 않은 자아상을 가지고 있다면, 그러한 자아상의 원인이 된 일련의 사건들을 다시 한번 돌아보고 '지금-여기'에서도 합당한 것인지 같이 탐색해 볼 수 있을 것이다.

그리고 어린이 자아(C) 상태에 빠져들어 부정적 자아상에 맞게 행동하고 있는 부분이 지금은 어떤 결말로 가는지 아이의 어른 자아(A)에서 충분히 생각할 수 있도록 돕고, 작은 변화라도 스스로 만들어 가도록 하는 것이 바람직할 것이다. 또한 상담자는 그런 작은 변화에 전폭적이고 긍정적인 스트로크를 줌으로써 아이가 변화하는 것에 스스로 동기를 부여할 수 있도록 하는 것이 게임에 대처하는 방법이 되는 것이다.

감정의 물레방아가 도는 내력
각본, 고무 밴드

현재의 상황이 개인의 초기 어린 시절 상황early situation 경험과 반응으로 되돌아가는 현상 또는 현재의 반응에 초기 어린 시절 경험이 딱 달라붙어 나오는 순간을 교류분석 용어로 '고무 밴드rubber band'라 한다. 시간을 관통하여 뻗어 있는 거대한 고무 밴드를 상상해 보라! 그 고무 밴드는 어린 시절이라는 기둥에 묶여서 우리가 마음이 편안한 상황에서는 쭉 늘어나 있다가 어린 시절의 고통을 되살리는 현재의 몇 가지 특징(느낌, 상황)에 맞닥 뜨릴 때 최대의 임계치에 도달하게 되고, '팅~!' 하면서 어린 시절이라는 기둥으로 오므라든다. 이럴 때 우리는 마치 초기 어린 시절의 장면으로 되돌아가서 느끼고 반응했던 것과 같이 지금의 상황에서 느끼고 반응하게 된다. 일상생활에서 어린 시절의 장면에 대한 의식적인 기억은 하지 않고 살기 때문에 어린 시절의 반응양식과 지금의 반응 간의 유사점을 깨닫지 못할 뿐이다.

수미 씨는 불안장애와 공황장애로 상담을 받게 되었다. 교류분석상담 초기의 경청과 스트로크, 화성인적 자세[1]의 상보교류는 강력한 힘을 갖고 있어서 신뢰의 관계가 잘 형성되었다. 그녀는 상담자에게 인정을 받고 싶은 욕구가 강했고, 나를 기분 좋게 해 주려는 것이 자주 느껴졌다. 상담시간에는 "상담받고 나서 마음이 편해졌어요. 이젠 불안하지도 않고요, 버스도 타기 시작했어요. 아이와 남편도 좋아해요. 정말 감사하고 있어요. 교수님처럼 훌륭한 분을 만난 것은 제 인생의 행운이에요."라는 말을 자주 했다. 내가 쓴 책을 모두 사서 읽고 블로그에 댓글을 남기기도 했다.

그런데 어느 날부터인가 태도가 바뀌었다. 우울하며 짜증이 나고 불안하다고 호소했다. 자신은 못나고 초라한 사람이라고

---

1 화성인이 지구라는 별에 와서 아무런 선입관, 편견 없이 강렬한 호기심으로 지구인을 있는 그대로 가만히 관찰하는 자세를 말한다.

했다. 이렇게 작고 나약한 자신이 싫다며 울기도 했다. 증상이 악화되기 시작했다.

이런 갑작스러운 태도 변화에는 반드시 이유가 있다. 나는 그녀에게 이유를 찾아보자고 제안했다. 원인은 선물 때문이었다. 명절 즈음 그녀는 내게 정성스럽게 포장한 선물을 가져왔다. 상담 중에 선물을 주거나 받는 것은 도움이 되지 않기에 완곡하고 부드럽게 선물을 돌려주었다. '마음은 고맙게 받겠는데, 알다시피 선물을 주고받는 것은 치료상담에 도움이 되지 않기 때문에 받지 않는 게 좋겠다.'고 한 것이 발단이었다. 물론 그녀는 상담의 규칙을 알고 있었고, 나의 의도도 충분히 이해했다. 그러나 그녀의 '마음속 내면아이'는 거절당했다는 감정에 사로잡혔다. 자꾸 나에게 섭섭하고 화가 났고 버림받은 아이처럼 외롭고 서러웠다. 그리고 계속 거절당한 것처럼 느껴졌다.

그녀의 그 고통스러운 감정은 유년기부터 아버지에게 느낀 감정과 같은 것이었다. 아버지는 멋진 분이었고 몇 개의 외국어를 구사하는 외교관이었다. 아버지는 늘 바빴다. 접근할 수 없는 아버지의 관심을 끌기 위해서 그녀는 아버지를 기쁘게 해 드려야 했다. 구두도 닦아 주고 순종하는 '착한 딸' 역할도 했다. 아버지가 서재에서 읽는 책은 이해하기 어려웠지만 열심히 읽었다. 아버지의 책은 단순히 책이 아니라 상징적인 아버지였다. 아버지가 좋아하는 책을 읽는 것은 심리적으로 아버지와 같이 있는 것이었다. 어느 날 오랜만에 일찍 귀가한 아버지가 그녀의 인사를 받는 둥 마는 둥 하고 서재로 들어가 문을 닫아 버렸다. 어린 그녀는 버림받은 아이가 된 느낌이었고 화나고 서럽고 외로웠다.

그녀는 유년기부터 지금까지 마음속에서 만족스럽지 않았던 아버지와의 감정 경험을 나와 나누고 있었던 것이다. 나를 칭찬하고 내 기분을 맞춰 주고 나의 관심을 끌어 보려던 노력은 유년기에 아버지의 환심을 사려던 노력과 같은 것이었다. '아버지를 기쁘게 하여 사랑받아라!'라는 그녀의 역할각본을 충실히 이행하고 있었던 것이다. 내 책을 읽은 것도 아버지의 책을 읽은 것과 같은 동기였다. 나의 관심을 끄는 데 성공했다고 느꼈을 때 그녀의 증상은 매우 좋아졌다. '고무 밴드 경험 욕구rubber band experience need'[2]의 만족이 이런 극적인 효과를 냈다고 볼 수 있다.

그러나 내가 선물을 거절하자 고무 밴드 경험 욕구는 좌절당했고, 증상은 다시 악화되었다. 이번에는 어릴 때 아버지의 서재 앞에서 느꼈던 감정을 다시 느낀 것이다. 고무 밴드 경험, 즉 어느 날 오랜만에 귀가한 아버지가 그녀의 인사를 받는 둥 마는 둥 하고 서재로 들어가 문을 닫아 버렸을 때 어린 수미가 받은

---

2 어린 시절 아버지와의 관계 방식을 통해 경험했던 것을 지금 상담자에게 전치시켜 경험하고자 하는 것으로 아버지를 기쁘게 하여 관심과 사랑을 받고자 했던 어린 시절의 경험을 지금 상담자를 통해서 재경험하고자 하는 욕구이다.

강렬한 느낌과 경험은 버림받은 아이의 화나고 서럽고 외로운 감정이었다.

상담 초기에 상담자와의 관계에서 욕구의 만족은 유아기에 충족되지 않았던 욕구를 채워 주기는 하지만, 각본에 대한 탐색 의욕이 약화되기 때문에 내담자를 더 나아지게 하는 데는 한계가 있다. 그녀는 그동안의 감정을 이해하면서 자신의 라켓 시스템과 각본을 분석했고, 이들을 이해해 나가기 시작했다. 그리고 자신의 심리적 갈등에 대한 자각을 하게 되었다. 어른 자아의 관찰 기능이 강화된 것이다. 맑고 강한 의식의 영역이 라켓 시스템과 각본의 세계까지 확장된 것으로, 이것이 상담 효과를 가져오게 했다. 근본적인 치료는 자신도 몰랐던 각본적인 역할갈등에 대한 이해가 충분히 되었을 때 가능하다.

대개 사람들은 자기의 각본과 라켓 시스템으로 떠나는 여행을 하고 싶어 하지 않는다. 두렵기 때문이다. 내면의 각본과 라켓 시스템의 세계는 정면으로 들여다보기 어렵고 힘든 세계이다. 어떤 사람들은 문제가 생겼을 때 자기분석을 하며 의식의 뒤쪽에 있는 각본과 라켓 시스템에까지 내려가기도 한다. 그러나 대부분 각본과 라켓 시스템의 문 앞에서 도망가고 싶어 한다.

교류분석의 목표 중 하나는 고무 밴드를 제대로 이해하고 지금-여기here and now에서 온전히 사는 것이다. 즉, 고무 밴드의 힘을 약화시키는 것이다. 이는 라켓 시스템과 각본의 이해를 통하여 어린 시절에 겪었던 상처와 미해결 과제를 해소하고 오래된 어린 시절의 감각들로 되돌아가는, 즉 현재에 맞지 않고 불합리하게 작용하는 것으로부터 자신을 자유롭게 하는 것이다. 그렇게 함으로써 어른으로서 힘과 내적 자원을 가지고 스스로의 선택에 따라 지금-여기의 상황에 직접 부딪쳐 가며 승자로서 삶을 살게 되는 것이다.

당신 탓이야
심리게임

오늘도 기수 엄마는 남편과의 통화 뒤에 수화기를 거칠게 내려놓았다. 요즘은 항상 이런 식이다. 남편이 전화를 걸어 오는 것도 그다지 반갑지 않고, '그래도 이러면 안 되지.' 하고 마음을 잘 다스리고 부드럽게 이야기를 하려고 마음을 먹었는데도 항상 통화의 끝에는 짜증이 나고 좋지 않은 감정으로 마무리를 하게 되어 버리는 것이다.

기러기 가족으로 지낸 지 3년째인 기수네는 매일 가족들이 통화하는 것을 기본 원칙으로 지키고 있다. 오늘도 마찬가지였다.

"별일 없지?" 하는 기수 아빠의 물음에 기수 엄마는 "아니, 기수가 오늘 학교에서 사고를 쳤나 봐요. 기수는 물어봐도 아무일 아니라는데 아까 기수 친구 엄마가 전화를 걸어 와서 걱정을 하더라고요." 하고 말했다.

"무슨 일이라는데?" 벌써 목소리가 격앙된 것이 수화기 저쪽에서 느껴지지만 "아마 친구를 때려서 걔가 코피가 났나 봐." 하고 대답했다.

"뭐?" 기수 아빠가 놀라며 쏘아붙인다. "당신은 뭐 하느라 그런 것도 모르고 애 친구 엄마한테서 듣는 거야?"

"아니, 말 안 하면 모르지. 내가 어떻게 알아요?"

"당신이 매일 애 보내고 골프나 치러 다니니 이런 일이 생기는 거야. 내가 집에 좀 있으라고 했잖아."

기수 엄마는 기가 막힌다. "아니, 그거랑 이거랑 무슨 상관이라고……." "왜 상관이 없어? 당신 애 잘 보라고 내가 여기서 혼자 생활하는 거지. 내가 혼자 고생하는데 당신은 팔자 편하게 그러고 다니니 애가 만날 그 모양이잖아."

기수 아빠 말의 요지는 이런 것이다. 아이 양육에 대해서는 전혀 상관하지 않았던 것은 그것이 전적으로 엄마들의 몫이기 때문이라고 생각해서 맡겨 놓았던 것인데, 아이가 점점 이상하게 변해 가는 것을 보면 그것은 분명히 아이를 소홀히 돌본 기수 엄마의 책임이라는 것이다. 한국에 있었으면 시댁 제사에 여러 경조사까지 챙겨 가며 살림을 해야 하지만, 외국에서는 그저 아이만 돌보면 되는데 왜 그렇게밖에 못하는지 한심한 생각이 들면서 이런 모든 일은 당신의 책임이라는 비난하는 말이 나오게 되었다.

사실 기수네가 외국으로 온 것은 기수 때문은 아니었다. 친정의 맏이인 기수 엄마가 가세가 기울어진 친정을 돕느라 여기저기서 빚을 얻어서 생활비를 대 주다가 결국은 그 사실을 알게 된 기수 아빠가 마지못해 내린 결정이었다. 처음에는 그저 동생들 용돈 정도를 주는 대신 자신이 알뜰하게 살려고 했었는데, 차츰 감당이 안 되게 되어 버렸다. 그 사실을 알게 된 기수 아빠는 카드빚을 갚아 주며 다시는 그러지 않겠다는 다짐을 받았다. 그런데 몇 달 뒤에 친구들로부터 돈을 갚으라는 전화를 받는 기수 엄마를 보고는 다그쳤다. "아니, 어떻게 된 거야? 또 돈을 빌렸단 말이야?" 기수 엄마가 대답했다. "그럼 어떡해? 당신이 돈을 안 주는데 내가 무슨 수가 있어? 빌리는 수밖에. 이게 다 당신 때문이야. 다른 사람들은 처갓집 일이라면 물불을 안 가리고 해 주던데, 당신은 사람이 어떻게 자기만 알아?" "아니, 그렇다고 나한테 의논도 없이 친구한테 돈을 빌렸단 말이야?" "의논하면 빌리라 했겠어? 당신이 조금만 더 우리 집에 순순했으면 내가 의논했겠지. 의논이 안 되게 한 사람이 누군데? 이게 다 당신 책임이야."

기수 엄마와 아빠가 하고 있는 게임은 '당신 탓이야See what you

made me do'라는 게임으로, 이 게임의 목적은 책임을 전가하고 자신을 변호하는 데 있다. 이 게임의 특징 중에는 예측 가능한 결과를 향하여 진행된다는 것이 있는데, 앞의 두 사건 모두 다 게임을 시작한 쪽에서 '당신 탓이야.'라고 말하면 상대는 '그게 왜 내 탓이야?'라고 강변해도 그 말이 상대로부터 받아들여지지 않기 때문에 무력감과 함께 자신감도 상실하게 된다.

하지만 이 게임을 자세히 들여다보면 사실은 게임을 시작한 쪽이 잘못을 범하고 있는 것을 알 수 있다. 기수 아빠의 경우 아이의 양육에 본인이 참여를 하지 않고 있었던 사실은 분명 잘못임에도 그것은 여자가 하는 일이라며 자신을 합리화하고 있다. 그리고 그 잘못을 상대에게 전가하는 것이다. 기수 엄마의 경우도 마찬가지이다. 친정에 돈을 주지 않겠다고 약속을 했음에도 불구하고 남편이 친정을 신경 쓰지 않기 때문에 자신은 어쩔 수 없이 돈을 빌려서라도 할 수밖에 없었다며 자신이 한 약속을 이행하지 않은 잘못을 상대의 탓으로 돌리고 있다.

왜 사람들은 이 게임을 하는 것일까? 이런 게임을 자주 하는 사람들의 인생태도는 I'm not OK, You're OK, 즉 자기부정, 타인긍정인 경우가 많고, 이러한 자신의 인생태도를 게임을 통해 확인하고 익숙한 부정적 감정에 빠지는 것이다. 게임을 통해 분노의 스탬프를 쌓아서 결국은 상대에게 터뜨리며 어릴 적부터 익숙한 나쁜 감정들을 느끼려 한다고도 이야기할 수 있다.

기수 아빠가 '당신 탓이야.'라는 게임을 시작하는 경우, 이 게임을 멈추는 방법은 상대에게 책임을 질 수 있는 기회를 제공하는 것이다. 즉, 스스로 결정을 내릴 수 있도록 주도권을 쥐어 주는 것이다.

오랫동안 이런 형태의 게임을 해 온 사람들에게 처음 그런 기회가 주어지면, 오히려 더 당황하고 기회를 피하려 할 수 있다. 하지만 성숙한 태도로 아이 양육에 아빠의 참여가 필요하다고 이야기하고 책임을 지게 하는 것이 바람직하다.

기수 엄마의 경우는 자신이 돈을 빌려서라도 친정에 주는 그 행위에 대해 어른 자아(A)에서 냉정하게 생각해 보는 것이 필요하다. 그리고 잘못이라는 것을 알고 나서도 잘못을 남의 탓으로 전가하며 그 자리를 모면해 보려는 어린아이와 같은 행동을 하고 있다는 깨달음도 있어야 한다.

늘 하던 게임의 유혹에서 벗어나려면 스스로를 돌아보고 자신의 행동의 결과로 초래되는 것을 정확하게 예측하기 위해 어른 자아에서 육하원칙에 따라 전개될 일을 조망해 보는 태도가 필요하다. 또한 시행착오를 거듭하더라도 생활 속의 작은 일을 스스로 생각하고 계획해서 실천하고 그 결과를 온전히 책임지려는 노력을 병행해야 한다.

디스카운트하지 마세요!

디스카운트

교류분석에서 디스카운트discount의 정의는 '문제해결과 관련된 정보를 자신도 모르는 사이에 무의식적으로 무시하는 것'이라고 되어 있다.

일상에서 우리는 크든 작든 매 순간 해결해야 할 문제들과 부딪힌다. 그럴 때마다 그 문제를 해결하기 위해 선택을 해야 하는데, 건강한 어른 자아(A)를 사용할 수도 있지만 자신의 각본으로 빠져들 수도 있다.

이렇게 각본으로 빠져들면 문제해결에 대한 디스카운트를 하게 된다. 디스카운트는 그 사람의 마음속에서 일어나는 현상이므로 다른 사람이 알 길이 없지만 다음의 '네 가지 수동적인 행동' 유형을 보인다면 그 사람은 디스카운트를 하고 있다고 볼 수 있다.

그 첫 번째가 아무것도 하지 않는 것Doing nothing이다. 나의 친한 친구 성미는 얼마 전에 원하지 않는 이사를 했다. 오랫동안 지방의 조그만 도시에서 친구들과 좋은 관계도 맺고 이런저런 일로 바쁘고 즐겁게 살고 있었는데, 어느 날 남편이 아이들 교육에도 더 나을 것이고 자신도 1년의 절반은 서울로 출장을 가야 하니 아예 이사를 하자고 한 것이다. 명목으로는 반대를 하기가 어려웠지만, 자신은 너무 즐겁게 지내고 있었던 터라 속으로는 정말 이사 가기가 싫었다. 게다가 성미 또한 아이들이 커 감에 따라 본인의 생활을 점차 준비하려 하고 있었는데, 차마 그 이야기는 꺼내지도 못하게 되었다. 이런 이야기를 듣는 친구들은 "한번 말이라도 해 보지." 아니면 "그런 중요한 문제는 같이 의논을 해서 툭 털어놓고 말을 하지."라고 했지만, 정작 성미는 그 문제에 대해서는 이사 가는 그날까지 남편에게 아무 말도 못했다. 그리고 속으로는 '다 가족을 위한다고 그러는데 뭐라고 말을 해? 또 말을 해도 이미 결정을 한 상태라 괜히 싸움만 될 게 틀림없어.'라고 생각했다.

문제해결을 위해 어른 자아(A)에서 대화를 하거나 남편에게 자신의 입장을 이야기할 수도 있었는데 아무 말도 안 하고 있음으로써 문제해결에 대한 디스카운트를 한 것이다. 본인은 정작 가기 싫은 이사를 하느라 몸과 마음이 불편해서 병이 날 지경이었지만, 여전히 남편은 아내도 좋아하면서 이사를 했다고 알고 있다. 성미는 문제해결에 대한 선택을 할 순간에 자신의 각본으로 빠져들어서 '가만히 있어도 무슨 일인가 일어나서 내가 원하는 대로 일이 해결되었으면.' 하고 마법적인 해결책만 기다리고 있었던 것이다. 자신은 그 일을 해결할 수가 없을 것만 같은 무력감에 빠져들었기 때문이었다.

두 번째는 과잉적응over adaptation이다. 아이들이 학교를 간 후에 자주 같이 차를 마시는 위층 아줌마가 오늘도 걱정을 늘어놓는다. 다음 달에 친정엄마 칠순이라 형제들이 모여 여행을 가기로 했고 휴일은 차도 많이 막히고 예약도 힘들어서 평일에 가기로 했지만 아이들이 문제라는 것이다. 늘 생활에서 일어나는 이런저런 걱정거리를 들고 오는 사람이기는 해도 언제나 나를 동생처럼 잘 챙겨 주고 정도 많아서 언니처럼 생각하고 있던 터라, 뭐라고 부탁하지도 않았는데 그런 말을 들으면 마음이 불편해진다. 그 사람이 나에게 원하는 것이 있는지, 도움을 청하고 싶은지 생각해 보지도 않고 '나에게 아이들을 돌봐 주었으면 하고 말하는 건가 봐.' 하고 생각하게 되는 것이다. 그래서 내가 할 수 있는 일인지 생각해 보지도 않고 '내가 애들 봐 줄게요.' 하고 말해 버리고 말았다. 그러고 나서 나중에서야 '아차' 하는 생각이 들었다. 하지만 이제 와서 못한다고 하면 더 섭섭할 것이 뻔하다고 또 내 맘대로 상대 마음을 지레짐작하고서는 내 스케줄을 조정하면서 '나는 맨날 왜 이럴까?' 하는 생각이 드는 것이다.

이것도 디스카운트의 수동적 행동 가운데 하나이지만 다른 사람에게 도움이 되려 하거나 순응하는 모습을 보임으로써 '사람이 참 좋다.'라든지 '착하다.' 같은 스트로크를 받게 되고 나도 마치 생각을 잘 하고 결정한 것처럼 보이기 때문에 알아내기가 어렵다. 하지만 어떤 상황에서든 나도 선택을 할 수가 있음을 알아야 한다. 상대가 설사 부탁을 했더라도 그 부탁을 들어줄 수 있는지 아닌지 선택할 수 있다. 상대가 부탁을 하지 않은 상황에서조차 '이렇게 해 주면 좋아할 거야.' 하고 자기 선택은 없는 것처럼 행동한다면 그것은 분명 과잉적응하고 있는 것이다.

세 번째로는 초조$_{agitation}$가 있다. 어떤 상황에 부딪쳤을 때 해결할 수 있는 능력이 있음에도 불구하고 합당한 행동으로 해결하는 대신에 초조하게 무의미한 행동을 반복함으로써 아무 생각 없이 해결능력을 디스카운트하는 것을 초조라고 한다. 우리의 평범한 습관들에서도 찾을 수 있는데, 흔한 예가 스트레스 상황을 앞두고 습관적으로 폭식을 하는 경우이다.

자신이 주체적으로 준비해야 하는 워크숍을 앞두고 몸무게가 3kg이나 늘어 버린 동료가 있었다. 일이 잘 안 풀릴 때마다 밥을 먹었더니 결국은 그렇게 되어 버렸다며 한숨을 쉬지만, 어른 자아(A)를 사용하였다면 밥을 먹는 대신 다른 해결책을 찾아보거나 다른 사람들에게 도움을 부탁하였을 것이다. 먹는 것이 일을 해결하는 데 아무런 도움이 되지 않음에도 내적으로 초조함을 달래 보려고 강박적으로 먹는다면 자신이 해결할 수 있는 일에 대한 디스카운트의 수동적 행동 중 하나로 보아야 할 것이다.

또 나 같은 경우는 해결해야 할 심각한 문제가 있으면 나도 모르게 책상을 손가락으로 반복해서 두드리는 습관이 있다. 그 습관을 반복하는 동안 머릿속으로는 아무 생각도 하지 않고 그

손가락이 움직이는 피아노의 음계를 따라 하고 있는데, 그 음계라는 것도 사실상 피아노를 처음 배울 때 오른손의 기본음인 '도레도레도' '도레미도레미도' 따위이다. 그렇게 반복하는 동안은 해결해야 할 일에 대한 능력을 디스카운트하고 있는 것인데, 아무리 오랜 시간 손가락을 두드려도 사실상 해결되는 일은 없다. 다른 사람이 볼 때는 그저 손가락으로 책상을 두드리면서 생각에 잠긴 것처럼 보이겠지만 일의 해결을 위한 어떤 행동도 생각도 하지 않고 초조해하고 있는 것이기 때문에, 이것은 디스카운트의 수동적 행동 중 하나로 볼 수 있다. 또 불안하면 아무 일도 하지 않고 초조해하며 그저 거실을 왔다 갔다 하면서 시간을 보내는 것도 여기에 해당된다.

네 번째는 무능력화와 폭력incapacitation and violence이다. 10년 전쯤 엄마가 병원에 입원하신 적이 있다. 큰 병도 아니었고 간단한 수술만으로도 해결되는 일이었는데, 평소에는 그렇게 활달하시고 유머를 즐겨 사용하시던 분이 그때는 거의 나에게 의존한 아이 같이 느껴졌다. 의사의 기본적인 질문에도 마치 아무것도 모르겠다는 듯 나를 쳐다보고, 간호사들의 말에도 "우리 애한테 이야기해요."라며 본인은 아무것도 하지 않으려 해서 나를 속상하게 했다. 그것 또한 자신의 능력에 대한 수동성의 표현이다. 병원 입원, 치료 등이 그다지 낯선 일이 아님에도 누군가 대신 해결해 줄 것이라 기대하고 자신은 문제를 감당하고 해결할 능력이 전혀 없다고 생각하는 것이다.

또한 학교에서 친구와의 말다툼으로 기분이 상하고 와서는 그 화풀이로 괜히 동생이 화장실에서 늦게 나온다며 화장실 문을 발로 찬다든지 하는 것이 폭력에 해당된다. 화장실 문을 발로 차는 것이 친구와의 문제를 해결하는 데 아무런 도움이 안 되는데도 본인은 그저 기분이 나쁜 것만 인식하고 그에 따라 행동한다. 또 부부 싸움을 하다가 나가 버린 남편 뒤에서 접시를 던져 깬다든지, 남편이 밥상을 뒤집어엎어 버린다든지 하는 것도 폭력으로 표현하는 디스카운트의 한 형태이다.

우리는 살아가면서 매일, 매 순간 문제와 부딪친다. 그 문제를 해결하기 위해 능동적으로 나선다면, 어쩌면 그 문제들은 해결될 수도 있고 아쉽게도 잘 안 될 수도 있다. 어떻게 될지는 결국 해 본 다음에나 알 수가 있는 것이다.

하지만 이러한 네 가지 형태의 수동적인 모습을 보인다면 그것은 분명 자신의 문제해결능력을 디스카운트한 것이고 자신의 각본, 즉 어릴 적 방식과 태도에 빠진 것임을 알아야 한다. 어릴 적 유아의 미성숙한 사고를 바탕으로 결정한 것에 맞게 세상을 맞추려 하지 말고, 지금-여기에서 어른 자아(A)로 그 문제를 다시 바라보고 능동적으로 해결해 나가는 것이 지금 해야 할 일인 것이다.

교수대 웃음
디스카운트

"어머. 선생님, 우리 아이는 너무 운이 좋은 것 같아요." 오늘도 문기 엄마는 웃는 얼굴이다. "그렇게 생각하신다니 참 다행이네요. 엄마라도 긍정적이셔서." 뭐라 딱히 할 말이 없다. 문기는 지금 병원에 입원 중이다. 그것도 응급 상태로 정신병원 관찰 병동에 있는데, 보통 엄마들과는 다르게 문기 엄마는 그다지 걱정을 하지 않는다. 좋아질 것을 믿기 때문에 크게 걱정하지 않는단다.

처음에는 문기 엄마의 그런 태도가 참 좋아 보였다. 이미 일어난 일, 걱정하고 안달한다고 해결될 것이 무엇이 있을까? 오히려 저런 긍정적인 믿음이 아이를 도와줄 수 있을 것이라고 생각했기 때문이었다. 그런데 시간이 지날수록 문기 엄마의 긍정적인 태도 아래에는 건강하지 못한 어떤 것이 있음이 느껴졌다. 분명 아이에게 급박한 일들이 일어나고 있음에도 항상 엄마가 웃는다는 것이 우선은 좀 일반적이지 않아 보이기 시작했다. 그래서 솔직히 말을 했다.

"문기 어머니, 항상 웃으시고 밝으시니 참 뵙기 좋은데, 어떻게 지금 같은 상황에 그렇게 웃으실 수 있으신가요?"

"호호호. 그럼 웃지 어떡해요. 운다고 될 일도 아니고. 제가 할 수 있는 것은 그저 잘될 거라는 믿음만 가지고 있는 것뿐인데요. 저는 산전수전 다 겪어 봐서 이 정도쯤은 아무것도 아니에요."

"그럼 예전에도 어려운 일을 많이 겪으셨나요?"

그렇게 문기 엄마의 이야기를 듣게 되었다. 넷째 딸로 태어나 누구의 환영도 받지 못하고 자란 이야기며, 무섭고 엄격한 아버지와 아버지를 꼭 닮은 남편의 이야기 그리고 아이들이 이렇게 저렇게 속을 썩이는 이야기까지, 듣기만 해도 버거운 이야기를 하면서 문기 엄마는 줄곧 웃고 있었다.

자신이 지고 있는 짐의 무게에 눌려 살기 힘든 사람이 살아가기 위해 무엇을 할 수 있을까? 게다가 스스로에게는 아무런 힘이 없다고 느끼고 있다면 자신이 할 수 있는 모든 것을 동원해서라도 심리적인 안정감을 찾으려고 할 것이다. 정신분석에서는 이에 대해 불안을 다루는 방어기제라고 설명하고 있지만, 교류분석에서 본다면 문기 엄마는 디스카운트discount를 하고 있는 것이다.

디스카운트는 세 가지 영역에서 일어나는데, 즉 자신과 타인 그리고 상황을 디스카운트한다. 첫째, 맞닥뜨린 일의 존재에 대한 디스카운트이다. 아이가 급박한 상황에서 병원에 입원했음에도 마치 흔한 감기를 앓고 있는 것처럼 생각하는 것이다. 문기 엄마는 '별일 아니야. 내가 뭐 할 수 있는 것도 없고……'라고 생각하면서 그저 두고 보기만 하고 있다. 사실은 좀 더 적극적으로 의사를 만나서 아이의 상태를 의논하고 다음 과정에 대한 결정을 해야 함에도 불구하고 디스카운트를 함으로써 그런 일들을 하지 않아도 된다고 여기고 있는 것이다. 즉, 실체를 아는 것에 대한 두려움에 맞닥뜨리고 싶지 않은 것이다.

그다음은 문제의 중요성에 대한 디스카운트이다. 청소년기에 발병하기 쉬운 정신질환은 그렇게 쉽게 낫는 병이 아닌데도 문기 엄마는 문기의 병이 곧 나아질 것이라고 생각한다. 그것은 단순히 정보의 부족 때문이 아니라 의사나 상담가가 몇 번이나 되풀이하여 말을 해도 그저 믿고 싶은 대로 듣고 마는 것이다.

그리고 본인의 능력에 대해서도 디스카운트를 하고 있다. 본인은 아무런 결정도 할 수 없을뿐더러 설사 하더라도 그것은 남편의 몫이라고 여기고 있다. 나는 그저 잘될 거라고 믿기만 하면 그것으로 모든 것이 다 나아질 것이라고 믿고 있는 것이다.

그렇다면 이러한 디스카운트는 어떤 자아 상태에서 일어나는 것일까? 그것은 오염상태, 즉 부모 자아(P)가 어른 자아(A)를 오염시키고 있거나 어린이 자아(C)가 어른 자아(A)를 오염시키고 있는 상태에서 일어난다. 혹은 자아 상태 중 하나를 제외시켜 버리는 경우도 있는데, 그중 어른 자아(A)를 제외시키는 것이 가장 부정적인 결과를 가져온다고 할 수 있겠다.

문기 엄마의 경우는 어릴 적 결정했던 역할각본에 맞추기 위해 현실을 제대로 인식하고 있지 못하는 어린이 자아(C)가 어른 자아(A)를 오염시킨 것이라 볼 수 있을 것이다. '그저 가만히 있으면 이 힘든 일이 지나갈 거야. 그때까지는 이불을 뒤집어쓰고 있으면 돼.' 혹은 '난 아무런 힘이 없는 존재이니까 이런 어려운 일은 내가 어찌 할 수가 없어.'라고 생각하고 있는 것이다. 그럼으로써 문제해결에 대해서 능동적인 대처를 하지 못하고 그저 수동적으로 시간이 지나서 나아지기를 기다리거나 누군가가 나를 대신해서 해결해 주기를 기다린다. 즉, 어릴 적의 마술적 해결을 기대하는 것이다.

문기 엄마의 가장 든든한 지원군은 종교이다. 다 알아서 해 주신다는 것이다. 그런 강한 믿음이 있기에 웃을 수도 있다는 것인데, 일견 신앙인으로서 올바른 자세 같기도 하다. 하지만 자신이 할 일과 전문가들의 도움을 받을 일에 최선을 다한 후에 믿음을 가지는 것과는 큰 차이가 있다. 이 또한 어린이 자아(C)에서 상황을 해석하고 해결하려는 문기 엄마의 각본이라고 할 수 있다.

정말 큰 문제는 문기 엄마의 이러한 디스카운트로 인해 문기가 그간 제때에 제대로 된 도움을 받을 수 없었다는 것이다. 오랫동안 문기는 엄마에게 불편함을 호소해 왔지만, 엄마는 그리 심각하게 생각하지 않았다. 디스카운트로 인해 문제를 제대로 인식하지 못한 것이다. 그동안 점점 생활이 불편해지고 타인과

의 관계가 어려워진 문기가 드디어 곪을 만큼 곪아서 터진 다음
에 병원에 입원했음에도, 여전히 문기 엄마는 문제의 중요성 또
는 자신의 능력을 디스카운트하고 있다.

　문기 엄마는 듣기만 해도 가슴이 아픈 이야기를 하면서 자꾸
웃는다. 이는 교류분석에서 교수대 웃음_{gallows laughing}이라고 말하
는 것이다. 고통스러운 이야기의 내용과 웃음 사이의 부조화는
듣고 있는 사람에게 어색함을 느끼게 하지만, 이것은 자신의 디
스카운트에 동조하라는 유인과도 같은 것이다. 같이 웃으면서
말을 하면 동조를 하는 것이 되고 그것은 디스카운트를 정당화
하는 것이므로 될 수 있으면 심각하게 들을 수밖에 없다. 그리
고 상담가로서 그런 부분에 대한 나의 느낌을 이야기하고 다양
한 질문을 통해 어른 자아(A)에서 생각해 보도록 자극을 주는
것이 도움이 된다.

　디스카운트는 우리 생활에서도 흔히 일어나는 반응이다. 내
가 디스카운트를 하고 있다고 느껴진다면 그때는 어른 자아(A)
에서 검토를 해 보는 것이 바람직하다. 이러한 측면에서 순간자
각(알아차림)은 매우 도움이 된다. 그리고 자신의 일은 스스로
결정하고 책임진다는 자율성의 회복과 능동적인 태도를 유지하
도록 노력하는 일이 필요하다 할 수 있다.

칭찬이 칭찬 같지가 않아

스탬프

능력 있는 직장 여성인 영아 씨는 옷을 잘 차려입은 날에는 어쩐지 좀 더 자신감 있게 행동을 하게 되는 것 같다고 생각한다. 그래서 출근을 할 때는 옷에 신경을 쓰는 편이다.

오늘 출근길에 같은 회사 동료와 마주쳤다. 동료가 "어머. 영아 씨, 아주 멋있네요. 근데 아무나 소화할 수는 없을 것 같네요."라고 말했다. 영아 씨는 왠지 동료의 얼굴 표정과 말에서 약간의 빈정거림이 느껴지는 것 같아 순수하게 들리지 않아서 불쾌함을 느꼈다.

사람들과의 교류에서 불쾌한 감정을 느꼈을 때 우리는 바로 표현하지 않고 대부분 마음에 모아 둔다. 이른바 '마음의 스탬프stamp; 부정적 감정'를 수집하는 것이다. 분노가 느껴지면 빨간색 스탬프가 쌓이고, 우울한 감정이 느껴질 때에는 파란색 스탬프가 쌓인다. 이렇게 느낀 감정에 따라 다양한 스탬프를 마음에 모아 둔다. 물론 좋은 감정을 느낄 때도 스탬프를 모으는데, 그것을 금색 스탬프라고 부를 수 있다. 다양한 마음의 스탬프가 어느 정도 축적되면 사소한 감정의 동요를 계기로 갑자기 스탬프를 뭔가 경품으로 바꾸듯 어느 순간에는 참아 왔던 감정이 폭발하게 된다.

영아 씨는 점심시간 이후 평소에 사이가 그다지 좋지 않던 다른 동료에게서도 같은 인사를 받았다. 아침부터 옷과 관련된 불쾌한 감정의 스탬프를 수집한 터라 점점 옷이 마음에 안 들기 시작하면서 하루 종일 신경이 쓰였다. 그리고 퇴근 즈음에는 하루 종일 놀림받은 느낌을 떨쳐 버릴 수가 없었다.

그러던 차에 평소 자신을 잘 따르던 직장 후배가 "언니, 오늘 너무 멋있어요." 하고 인사를 하였다. 영아 씨는 고맙다는 인사 대신에 "멋있긴 뭐가 멋있어. 너까지 왜 그러니."라며 퉁명스럽게 화를 내고 말았다. 가볍게 인사를 한 후배는 어리둥절할 뿐이고, 영아 씨도 큰 소리로 화를 낸 것이 후회스럽지만 이미 늦어 버린 후였다. 차곡차곡 회색 스탬프를 모아 두었다가 후배에게 감정을 드러냄으로써 스탬프를 청산하려고 한 것이다. 스탬프를 수집하는 이유는 언젠가는 교환하기 위해서이고, 이런 상태를 빨리 청산하지 않으면 뭔가 답답하고 마음의 평온을 가질 수가 없다. 어떤 방법으로든 회색 경품권을 서둘러 교환해서 '부적응상태'에서 벗어나는 것이 모든 사람에게는 자연스러운 방법이라고 할 수 있다.

만약 영아 씨가 스탬프를 모으지 않고 처음부터 잘 대처했더라면 어떤 대화가 오고 갔을까? "어머. 오늘 참 멋있네요. 근데 아무나 소화할 수 없을 것 같아요." "고맙습니다. 조금 화려한 것 같아서 오늘 아침에 좀 망설였어요. 오후에 손님 접대가 있어서 입긴 했는데 좀 튀는 것 같지요?" "아니에요. 영아 씨라서 충분히 잘 어울리네요. 저라면 엄두도 안 났을 텐데…… 역시 멋있네요!" 이렇게 흘러가지 않았을까.

우리가 매일 하는 교류에서 상대방에게서 느끼는 불쾌감이나 무시당했다는 생각 등은 어쩌면 그 사람의 의도일 수도 있고, 내 마음의 반영일 수도 있다. 충분히 심리적으로 건강한 사람이라면 스탬프를 쌓는 대신 상대에게 물어보거나, 관련 사안에 대한 정보를 더 주거나, 자신의 감정을 잘 표현함으로써 그때그때 해결해야 한다. 만약 부부 사이에 스탬프를 쌓아 두었을 경우 일어날 수 있는 매우 심각한 상황은 나중에 이혼으로 스탬프를 청산하게 되는 것이고, 직장 상사와의 사이에 쌓게 되면 사직서로 스탬프를 청산하게 될 것이다.

불쾌한 감정들을 모아서 감정을 폭발하는 방법으로 심리적 스탬프를 교환하기보다는 자신의 느낌이나 생각을 부드럽게 전달하는 것이 필요하다. 가능하다면 상대의 긍정적인 면, 장점 등을 보려고 노력하면서 금색 스탬프를 모음으로써 항상 즐거운 감정을 경험하고, 금색 스탬프를 모으는 데 도움이 된 주변 사람들에게 칭찬이나 인정, 지지의 말로 돌려주는 것이 가장 바람직하다고 할 수 있다.

오늘도 술 한잔
심리게임

    강남 거리에 어둠이 내리면 그때부터 술집들이 불을 밝히고 하루 종일 회사에서 시달린 직장인들을 유혹한다. 오늘도 박 과장은 혼자 힘없이 단골 술집을 찾는다. 소주 한 병에 안주는 어묵뿐이지만, 이제는 버릇처럼 한잔을 하지 않고는 퇴근을 할 수가 없게 되어 버렸다. "어쩔까……. 도대체 그 인간은 왜 나를 못 잡아먹어서 안달이지? 내가 뭘 그리 잘못했다고……." 김 부장 이야기이다.

    회사에서 흔히 말하는 '라인'이 있는데, 박 과장은 김 부장 라인인 셈이다. 입사한 후 지금까지 줄곧 같은 부서에서 근무를 해 왔고 그 누구보다 박 과장을 지지하고 믿어 주었기에 김 부장을 위해서라면 무슨 일이라도 기꺼이 해 온 박 과장이었다. 김 부장 또한 처음부터 박 과장을 못마땅해했던 것은 아니었다. 똑똑하고 성실했으며 게다가 열심히 일하는 후배였기에 기꺼이 키워 주리라 마음을 먹었던 것이다. 그런데 언젠가부터 둘 사이에 이상한 기류가 흐르기 시작했다.

    확실하지는 않지만 박 과장이 짐작하는 일의 발단은 아마 6개월 전 프로젝트 진행 때부터였던 것 같다. 박 과장의 기획이었기 때문에 진행 상황을 수시로 보고했어야 했는데, 김 부장이 휴가를 간 후에 자연스럽게 상무에게 직접 보고를 했고, 매우 만족한 상무는 그 프로젝트를 회사의 주력사업으로 밀고 나가 보라고 지시했다. 이후로 김 부장은 자연스럽게 박 과장의 프로젝트를 자신의 뜻과 무관하게 지원하지 않으면 안 되게 되어 버려 업무체계상 자신의 공이 되어야 할 일을 온전히 박 과장이 차지하게 된 상황이 못내 못마땅했다.

그럭저럭 일이 추진되어 가고는 있었지만, 그때부터 알게 모르게 김 부장의 눈치 주기가 시작되었다. 대놓고 뭐라고 하는 일은 없지만 작은 일에도 걸고넘어지거나, 박 과장의 업무를 다른 후배에게 조금씩 넘기거나, 일이 끝나면 박 과장이 아닌 다른 과장을 칭찬함으로써 두 사람만이 느낄 수 있는 미묘한 신경전이 시작된 것이다. 하루 이틀도 아니고 같이 근무하면서 하루 종일 얼굴을 마주하고 있다 보니 박 과장으로서는 이러한 상황이 여간 고역이 아니었다. 관계를 회복해 보려고 여러 번 시도를 해 보았지만 그때뿐이고, 예전과 같아지지는 않았다.

그러다 보니 이제는 일보다는 어떻게 하면 이 문제를 해결할수 있을지, 아니 이제는 회사를 사직할까 고민을 하기에 이르렀다. 그리고 다른 동료들 앞에서 뭐라고 욕할 수도 없는 것이 김 부장의 표면적인 이야기들은 지극히 합리적인 것처럼 들린다는 것이다. 단지 박 과장만 느낄 수 있는 심리적인 압박이나 기분이 상하는 자극들이라서 그것을 가지고 뭐라고 하다가는 오히려 자신만 속 좁고 괜히 상사에게 불평이나 해 대는 사람이 되어 버릴 것 같아 누구에게도 말을 못하고 혼자 힘들어하고 있다.

그런데 오늘 술을 마시면서 박 과장은 결심했다. "사직을 하자. 경력도 있고 실력도 있는데 설마 취직이 안 되려고. 어쩌면 내게 새로운 기회가 생길지도 모르잖아. 이전에 모 회사에서 스카우트를 슬쩍 제안한 적도 있었고…… 그래, 내일 사직서를 내자." 그런데 아무 말 없이 일신상의 이유로 사직을 하기에는 너무 억울한 생각이 든다. 그래서 사직서에 김 부장만 알 듯한 말을 첨부해서 내기로 했다. 말하자면 내가 사직을 하는 이유는 표면적으로는 일신상의 이유이지만, 진짜 이유는 당신 때문이라는 메시지를 주고 싶었던 것이다. 이러한 사례는 직장에서 얼마든지 일어날 수 있는 일이다.

스테판 카프먼Stephen Karpman은 게임에 있어서의 드라마 삼각형이라는 도해와 역할을 고안했다. 사람들이 게임을 할 때마다 희생자(V), 박해자(P), 구원자(R)의 역할 중 하나에 빠져들어 간다는 것이다. 그리고 게임을 하는 두 사람 간의 역할 전환switch이 일어나면서 혼란이 생기고 게임의 공식인 'C(미끼)+G(약점)=R(반응) → S(전환) → X(혼란) → P(결말, 보상)'가 성립된다고 했다.

김 부장은 게임을 시작할 때는 박해자의 역할이었고, 박 과장은 희생자의 역할을 맡았다. 회사에서 인정받고자 하고 상사에게 신뢰받기를 원하는 박 과장의 욕구가 약점이라고 말할 수 있고, 김 부장은 이면교류(겉으로는 못마땅하지 않은 듯, 그러나 겉의 이면에는 못마땅함이 들어 있는)로 속임수를 가지고 미끼를 던져 게임을 시작한 것이다. 모든 게임은 이면교류로 이루어지는데, 김 부장의 표면적 메시지는 항상 그럴듯하다.

"박 과장, 이번 일 수고했어. (과장된 제스처로) 그리고 이번에 우리 강 과장. 정말 큰일 했더구먼. 역시 강 과장은 우리 회사의 기대할 만한 재목이야. 이번 일은 강 과장 없었으면 안 될 뻔했는데 말이야. 오늘 한잔 어때?" 박 과장도 칭찬한 것 같지만 결국에는 박 과장의 후배인 강 과장을 더 추켜세우는 칭찬을 하면서 박 대리는 무시당하는 기분이 들게 하는 것이다.

박 과장은 기분이 점점 나빠지고 라켓감정을 맛보며 스탬프가 쌓이게 된다. 이것이 게임 공식에서 '반응'이다. 혼자 끙끙거리며 매일 퇴근할 때마다 술을 마시던 박 과장은 결국 사표를 내기로 결심하게 된다. 박 과장은 그동안 쌓아 온 스탬프를 사표와 맞바꾸기로 한 것이다. 예기치 않게 사표를 받아 든 김 부장에게 그 순간 '전환'이 일어난다. 그때까지는 박해자의 위치에 있었는데 갑자기 희생자가 되어 버리는 것이다. 자기가 그동안 키워 주고 지지해 주었던 후배가 하루아침에 자기 면전에 사표를 던지고 떠나 버리게 된 것과 상무님이 매우 관심이 많은 프로젝트의 기획자인 박 과장이 없으면 자신이 매우 곤란한 상황에 놓이게 될지도 모르는 상황이 되어 버렸기 때문이다. 그것도 알 듯 모를 듯한 이유로…….

김 부장은 믿었던 후배 직원에게 배신을 당한 희생자가 되고, 박 과장은 보기 좋게 상사를 혼내 준 박해자의 역할로 바뀌는 순간이다. 김 부장은 갑자기 예상치 못한 일이 일어났기 때문에 '이게 뭐지?' 하는 '혼란'을 경험하게 된다. 그리고 김 부장의 I'm not OK 감정과 박 과장이 그를 혼내 주었다는 통쾌한 감정이 이 게임의 '결말이자 보상'이 된다. 이 사례에서 명확한 드라마 삼각형은 전환의 순간에 김 부장은 박해자에서 희생자로, 박 과장은 희생자에서 박해자로 위치가 바뀌게 되는 것이다.

사람들이 게임을 하는 이유는 여러 가지가 있다. 우선 스트로크를 주고받을 수 있기 때문인데, 부정적이든 긍정적이든 게임을 하는 동안에는 어떠한 형태로든 스트로크가 오기 마련이다. 또 자신의 초기의 인생태도를 다시 한번 확인할 수 있다. 결국 김 부장은 자신의 인생태도인 I'm not OK, You're OK 태도를 이 게임을 통해 확인했다.

그리고 게임을 하는 동안에는 시간구조화도 할 수 있다. 특히 이런 종류의 회사 안에서 혹은 단체 안에서 일어나는 게임을 할 때는 다른 사람에게 자신이 얼마나 박해를 당하는지, 혹은 자신이 부하 직원 때문에 얼마나 머리가 아픈지에 대해 이야기하면서 시간을 구조화하는 이득도 얻을 수 있다.

이렇게 재미도 없고 감정적으로 상처를 입는 게임을 중단할 방법은 없는 것일까? 에릭 번은 우리가 게임을 하는 것을 안다면 긍정적인 자아 상태의 선택을 사용해서using options, 더 이상 드라마 삼각형을 돌아다니지 말고 그 삼각형에서 벗어날 것을 권하고 있다.

박 과장은 김 부장이 하는 게임을 그만두게 할 수도 없고 그 초대에 응하지 않을 수도 없는 꼼짝달싹할 수 없는 상태에 빠져 버렸다. 박 과장은 게임에서 빠져나올 수 있도록 스스로 선택을 해야 하는 것이다. 예를 들어, 박 과장이 교류분석의 게임을 잘 아는 사람이라면 다음과 같은 선택들을 사용하지 않았을까 짐작해 볼 수 있다.

첫째, 김 부장이 게임을 시작하면서 도발할 때 즉각 그 사실을 알아차리고 김 부장의 이면의 메시지를 읽는다. "박 과장, 이번 일은 강 과장에게 맡기지. 박 과장은 일도 많은데……."라는 사회적 메시지를 김 부장이 보내온다면, 그 이면의 부모 자아 (P)에서 어린이 자아(C)로 보내는 다른 심리적 메시지, 즉 '야, 넌 빠져. 너 그렇게 하면 내가 널 못 믿지.'를 즉각 알아차리고 이렇게 대답할 수 있을 것이다.

"부장님은 제가 여러 일을 맡고 있어서 걱정이 되시는 것 같습니다. 그렇지만 이번 일만큼은 제가 잘할 수 있고 또 꼭 해내고 싶은 일입니다. 강 과장의 도움도 있고 하니 믿고 맡겨 주시면 열심히 해 보겠습니다."라고 어른 자아(A)를 사용해서 말할 수 있다. 그리고 김 부장의 디스카운트에 대해서도 읽어 낼 수 있다. 부하 직원의 능력이 자신을 벗어나려 할 때 두려움 때문에 그 직원에게 게임을 걸고 있다면, 그것은 김 부장이 자신의 능력에 대한 디스카운트, 또 상황에 대한 디스카운트를 하고 있는 것이기 때문이다. 그리고 박 과장이 김 부장이 제공한 디스카운트를 받아들인다면 게임은 진행될 것이지만, 앞의 예를 보듯 디스카운트에 직면한다면 게임은 무력화된다.

또한 김 부장이 게임을 통해 자신의 인생태도인 I'm not OK로 들어가려고 하는 것이라는 것도 알아야 한다. 이러한 인생태도는 초기 결정으로서 각본과 연결되어 있는데, 우리들은 흔히 게임을 통해 우리가 가진 인생태도를 확인함으로써 편안함을 느낀다. 비록 그것이 건강하지 못한 상태라 하더라도 어떤 힘든 환경에 직면하면 자신도 모르게 그러한 태도를 취하게 되는 것이다. 만약에 김 부장이 주변 사람들에게 긍정적인 스트로크를 많이 받게 되면 게임을 통해서 얻는 부정적인 스트로크보다는 질적이고 긍정적인 스트로크를 추구하기 위해서 게임을 점차 적게 할 수도 있다.

에릭 번이 게임의 해결책으로 제시한 선택option도 결국은 자율성의 회복이다. 먼저, 지금 무슨 일이 벌어지고 있는지 알아야

하고, 그다음은 그런 일들에 대한 나 자신의 상태에 대한 자각
이 필요하다. 자각이 있은 후에는 더 건강한 삶을 위해 기꺼이
시간과 노력을 투자할 것인지 결정해야 하고, 만약 그런 재결단
을 했다면 행동이 뒤따르는 상태를 만들어야 한다. 왜냐하면 한
두 번의 자각과 행동만으로 변화를 만들기에는 역부족이므로
반복적인 훈습이 반드시 뒤따라야 하기 때문이다.

우린 하나예요
공생

　얼마 전에 친구로부터 기가 막힌 이야기를 들었다. 아니, 기
가 막히기보다 우울한 이야기라고 해야 옳을지도 모르겠다.
　친구의 지인은 정말 가정적이고 아이들에게 헌신적인 엄마인
데, 이번에 작은아이가 대학을 가서 멀리 떠나게 되었다는 것이
다. 그런데 아이가 이제 자기 품을 떠난다고 생각을 하자 그 엄
마는 견딜 수 없는 허전함이 밀려와 앞으로 아이들 없이 무엇을
하고 살아야 할까 고민을 하다가 또 다른 아기를 갖기로 결심을
하고 시험관 아기를 시도하고 있다는 이야기였다.
　이 정도면 허전함을 넘어서 심리적인 치료를 받아야 할 수준
이 아닌가 싶었다. 그 엄마의 아이들에 대한 그간의 헌신적인

뒷바라지 또한 여느 엄마의 도를 넘어선 것이었다. 아이에 대한 모든 것을 엄마가 결정하고 일일이 지시했기 때문이다. 점심시간에 아이가 전화를 걸어 와 "엄마, 나 뭐 먹어?" 하고 물었다는 이야기는 주변의 좋은 이야깃거리였다. 하지만 정작 그 엄마나 아이는 그렇게 지내는 것이 아주 사이좋은 모녀관계라고 굳게 믿고 있다.

우리 주변에서 우리가 흔히 좋은 관계라고 오해하는 관계 중에는 '공생' 관계가 있다. 공생 관계는 부부 사이, 모자 간 혹은 친구 사이에서도 나타나는데, 겉으로 보기에는 이런 찰떡궁합이 없다. 한쪽이 다른 한쪽의 모자람을 보완하는 것처럼 보이고 정작 본인들도 그러한 관계 속에서만 편안함을 느끼기 때문에 그것이 건강하지 못하다는 것을 깨닫지 못하는 경우가 많다.

친한 동생인 미경이도 같은 경우이다. 나이가 40대 중반인데 아직 부모님과 같이 살고 있고 밖에서는 능력 있는 사람이라는 소리를 듣지만, 집에 들어가는 순간 아이가 되어 버리고 만다. 아침에 눈을 뜨면서부터 잘 때까지 집에서의 생활은 초등학생의 그것과 별반 다름이 없다. 엄마가 갈아 주는 주스를 마시는 것으로 시작해서 밥은 물론이고 빨래며 자기 방 청소까지 어느 것도 자기 손으로 하는 것은 없다. 만약 부모님이 며칠이라도 집을 비우면 먹기 귀찮다는 이유로 굶기가 예사이기 때문에, 그것을 아는 부모님은 거의 집을 비우지 않는다.

하지만 미경이의 표현에 의하면 자기를 돌보아 주는 것이 부모님의 유일한 낙이기 때문에 자신도 어쩔 수 없다는 것이고, 부모님의 이야기를 들어 보면 미경이가 워낙 어릴 때부터 몸이 약해서 그렇게 해 주지 않으면 병이 날 거라는 이야기이다. 주변에서는 마흔이 넘도록 부모님과 함께 사는 효녀라는 소리를 듣고, 또 저렇게 잘해 주시는 부모님을 둔 미경이는 복도 많다는 소리를 듣는다. 그래서 그들은 자신들의 가족관계가 완벽하게 편안하고 좋다고 느끼고 있다.

또 다른 예도 있다. 정애 씨는 결혼을 조금 이른 나이에 했다. 남편과 나이 차가 좀 났지만 오히려 경제적으로 안정되어 있고 든든해 보이는 남편이 오히려 아직 아이 같아 보이는 친구들의 남편들보다 더 좋아 보였다. 그러다 보니 남편 말은 뭐든지 옳게 느껴졌다. 점점 모든 결정에서 남편이 하는 대로 따랐고, 정애 씨는 그저 남편의 지시만 따르면 만사가 편안했다. 로봇이 아닌 이상 정애 씨도 남편의 뜻을 거스를 수밖에 없는 일도 가끔 있었지만, 남편이 화를 내면 그저 아이처럼 잘못했다고 빌면 그만이었다. 언젠가는 남편이 이제는 연로하신 시어머니를 모시고 살아야겠다는 이야기를 한 적이 있었는데, 정애 씨는 그것만큼은 남편 말에 따르기가 어려웠다. 그래서 남편이 그 말을 취소할 때까지 밥도 안 먹고 며칠을 누워서 울기만 했다. 보다 못한 남편이 몇 년 더 지난 후에 생각해 보자고 하자, 그제서야 정애 씨는 자리에서 일어났다. 그런 일 말고는 정애 씨와 남편은 자신들이 금슬 좋은 부부, 좋은 가정을 꾸리고 있는 건강한 사람들이라고 생각하고 있다. 이러한 예들은 주변에서 끝도 없이 많이 볼 수 있다. 정말 이들은 건강하고 좋은 관계를 가지고 있다고 할 수 있을까?

교류분석에서는 공생은 두 사람 혹은 더 많은 사람이 마치 그들 사이에 한 사람을 형성하는 것처럼 행동할 때 일어난다고 설명한다. 다시 말하면, 사람들이 자기의 자아 상태를 온전히 사용하지 않고 부모 자아(P), 어른 자아(A), 어린이 자아(C) 중 어느 하나 혹은 둘만 사용하고 나머지 자아 상태는 공생 관계에 있는 다른 사람의 자아 상태를 취하는 것이다.

부모와 자녀의 경우에서 흔하게 일어나는 공생 관계의 유형은 자녀가 자신의 부모 자아(P)와 어른 자아(A)는 거의 사용하지 않고 오로지 어린이 자아(C)만 주로 사용하는 것이다. 아무리 어린 자녀라 할지라도 온전히 모든 자아 상태를 사용할 수 있음은 익히 아는 일이다. 하지만 부모는 자녀가 그렇게 온전히 전체 자원을 사용하면서 자율적으로 되기를 원치 않는다. 겉으로는 원한다고 할지도 모르지만, 부모가 가진 각본신념으로 인해 자녀에게 어떠한 금지령을 내리게 된다. 말로는 '너 스스로 해야 한다.'라고 하면서 비언어적으로는 '성장해서는 안 된다 Don't grow up.' 혹은 '하지 마라 Don't.'라는 금지령을 주고 있는 것이다.

'성장해서는 안 된다'라는 금지령을 내리는 부모라면 '좋은 부모'라는 가치를 자신의 전체 가치로 규정했을 것이기 때문에, 아이가 성장을 해서 떠나 버리면 더 이상 좋은 부모가 될 수가 없다고 느낄 것이다. 또 자녀들은 그 금지령에 따라 부모 곁을 떠날 수가 없다. 앞의 예에서 미경이가 그런 경우이다. 부모를 떠난다는 것이 마치 부모를 버린다는 것과 같은 의미로 느껴지고 자신도 아직은 부모가 필요하다고 스스로 되뇌면서 부모 곁에 남아 있는 것이다.

자녀에게 '하지 마라'라는 금지령을 주는 경우로는 앞에서 소개한 친구의 지인을 들 수가 있다. 그 엄마는 아이가 자기 곁을 떠날 경우 자신은 아무 역할도 못하고 쓸모없는 뭔가 부족한 부모가 된다는 두려움을 가지고 있다. 그래서 자신의 곁에 머물게 하고 모든 것을 자신이 돌보아 주어야 한다고 느끼고 있는 것이다. 물론 이것은 사실이 아니다. 단지 자신의 각본신념 안에서 불안을 잠재우기 위해서 아이가 필요한 것뿐이다. 이러한 금지령에 묶여 있는 아이는 어떠한 결정도 스스로 하지 않으려 할 것이고 또 스스로는 할 수 없다는 디스카운트를 하게 될 것이다.

정애 씨와 남편의 관계에서 정애 씨는 어른 자아(A)를 사용하지 않고 살아가고 있는 것을 볼 수 있다. 그것을 사용하는 것은 전적으로 남편의 몫이다. 단지 정애 씨는 어린이 자아(C)를 사용하기만 하면 된다. 이 또한 어린 시절 본인의 충족되지 않은 욕구를 현재 재연하고 만족시키려 하는 각본상태에서 비롯된다고 할 수가 있다.

정애 씨의 남편은 어린 나이에 아버지를 여의고 어머니와 살아왔다. 그러다 보니 어머니를 돌보고 가정을 책임지는 것이 자신의 몫이라 굳게 믿게 되었다. 아버지의 역할을 제대로 본 적이 없는 정애 씨의 남편은 그저 통제하고 지시하는 것이 가장의 역할이라 여겼고 그것을 충실히 따르는 아내가 필요했다. 자신이 없으면 아무것도 할 수 없는 아내를 통해서 자신의 능력을 인정받고 비로소 완전한 가정의 가장이 되었다는 만족감을 느끼는 것이다.

정애 씨의 엄마는 엄하고 지시적인 사람이었고 아버지는 오히려 부드럽고 다정한 성품을 가졌다. 어릴 적부터 정애 씨는 자신의 생각이나 의견보다는 엄마의 말을 따르는 편이 더 편했고, 일을 해결하는 데도 더 효과적이라 믿었다. 정애 씨가 늘 즐겨 했던 말은 "엄마 말만 들으면 만사가 형통이야."와 같은 말들이다. 결혼 후에는 단지 대상을 남편으로 바꾸었을 뿐이다. 엄마를 만족시키면 모든 것이 만사형통이었듯이 남편 말을 잘 듣는 것으로 모든 일을 해결하고자 했기 때문에 자신은 그저 어린이 자아(C)를 사용하기만 하면 되었던 것이다. 하지만 남편이 시어머니를 모시자고 했을 때는 어찌해야 할 바를 몰랐다. 제대로 어른 자아(A)를 사용해서 남편과 이성적으로 대화를 해도 결론은 남편의 뜻대로 될 것이라고 스스로를 디스카운트하였기 때문에 그저 몸져눕는 것 외에 어떤 방법이 있을지 몰랐다. 이 또한 어린 시절에 엄마와 어떤 갈등을 겪을 때 정애 씨가 자주 쓰던 전략의 재연이었다.

하지만 공생이라고 해서 전부 안 좋은 것만은 아니다. 건강한 공생 관계도 있기 때문이다. 갓난아기와 엄마는 공생 관계에 있지만 그것은 아기가 혼자서는 살아갈 수가 없기 때문이다. 이때 엄마는 자기의 부모 자아(P)와 어른 자아(A)를 적절하게 사용하여 돌보아 주고 서서히 부모에 대한 의존을 줄여 나가도록 양육해야 한다. 그래서 성인이 되었을 때는 독립된 한 인간으로서 자율적으로 결정하고 행동하도록 격려할 필요가 있다.

건강한 공생과 건강하지 않은 공생의 차이는 디스카운트의 동반 여부에 달려 있다. 공생 관계에 있으면서 자신이나 상대의 능력, 문제 상황, 문제 존재 자체를 디스카운트한다면 그것은 건강하지 못한 공생 관계라 할 수 있다.

만약 부모가 자신도 모르는 병의 유전인자를 가지고 있다면 의도하지 않게 그것이 자식에게 전해지듯이, 심리적으로 건강하지 못한 부모도 마찬가지이다. 좋은 것만 주고 싶은 것이 세상 모든 부모의 마음이지만, 자신에게 무엇이 있는지 모른다면 비록 그것이 병의 유전자 같은 것일지라도 내 마음과는 달리 그것이 자식에게 전해질 수밖에 없다.

우리가 공생 관계에 빠져 있다면, 먼저 그것을 자각하는 일이 중요하다. 처음 공생에서 벗어날 때는 불편하고 힘이 든다. 하지만 공생에서 벗어나 더 많은 선택권과 자율성을 가지고 살아간다면 참된 성취와 만족을 얻을 수 있다. 만약 내게 무엇인가 건강하지 못한 마음이 있다면, 그것을 해결할 수 없다고 디스카운트하지 말고 용기를 가지고 부딪쳐 나가는 것이 성숙해 가는 아름다운 모습이다.

6

마음에
길을 내다

***

수지맞는 인생 장사
교류법칙

만약 우리가 작은 것을 어떤 사람에게 주었는데 그것이 두 배쯤 커져서 돌아왔다면, 우리는 흔히 수지맞았다고 말한다. 그렇다면 인간관계에서도 수지맞는 장사를 할 수 있는 것일까? TA 이론에서는 인간관계에 있어서 행위나 감정을 교환하면서 분명히 수지맞는 인생 장사를 할 수 있다고 말하고 있다. 예를 들면, 다음과 같은 것이다.

길동 씨는 항상 아내의 음식 솜씨가 불만이었다. 결혼하고 십수 년이 지났지만 아직도 된장찌개 맛조차도 들쑥날쑥, 어느 날은 그런대로 먹을 만했다가 어느 날은 찌개인지 국인지 모르는 것이 상에 올라오곤 했다. 처음에는 '곧 나아지겠지.' 하고 참았는데, 가끔 친구들 집에 초대를 받고 가서 한식은 물론이고 중식에 양식까지 종류별로 차려 내는 친구 아내들의 솜씨를 보고 나면 여지없이 불만이 터져 나오고야 마는 것이다.

"당신은 도대체 언제 제대로 음식을 할 수 있는 거야?" 하고 잔소리를 하거나 "요리학원에 좀 다녀야 하는 거 아니야?"라고 은근히 부추겨도 길동 씨 아내는 "맛없으면 먹지 말든지……. 배가 고프면 다 맛있는데 당신은 배가 부른 모양이구먼."이라고 당당히 대꾸를 한다.

이러다가는 영원히 맛없는 음식을 먹고 살 수밖에 없겠다는 생각을 한 길동 씨는 전략을 바꾸기로 했다. 어느 날 퇴근을 하고 집에 들어가니 그날도 여지없이 별로 맛없어 보이는 찌개가 상 한가운데 떡 하니 자리 잡고 있었다. 나름대로 뭔가를 하려고 노력한 흔적은 보였지만 한 숟가락 떠먹는 순간 신통치 않다는 생각이 들었다. 하지만 길동 씨는 "어! 오늘 찌개 맛있는데! 어떻게 한 거야? 맛이 기가 막히네!"라며 바꾼 전략대로 밀어붙였다. "정말? 괜찮아요?"라며 아내도 반색하는 기색으로 마주 앉았다.

조금은 고역이었지만 일단 맛있다고 한 이상 안 먹을 수가 없어서 맛있는 척하며 밥 한 공기를 다 비웠다. 그 후로 그 찌개는 길동 씨 집의 단골 메뉴로 자리를 잡게 되었다. 생전 처음 음식에 대한 칭찬을 들은 아내는 그 찌개야말로 자신의 필살기라도 되는 양 사흘에 한 번씩은 꼭 상에 올리고 그때마다 길동 씨의 평가를 기다리곤 했다. 길동 씨는 한결같이 "야! 지난번보다 더 맛있는데?"라는 칭찬을 아끼지 않았고, 그 평가에 고무된 아내는 그 찌개뿐 아니라 다른 메뉴도 점차 신경을 써서 준비하고 남편의 퇴근을 기다리게 되었다. 그러다 보니 어느 날부턴가 길동 씨는 더 이상 마음에 없는 소리를 늘어놓는 것이 아니고 진심으로 "야! 맛있다!"를 반복하고 있는 자신을 발견하게 되었다. 아내의 음식 솜씨는 그간 길동 씨의 칭찬에 힘입어 놀랍게 발전되어 있었던 것이다. 길동 씨의 전략은 작은 칭찬이 맛있는 식사로 돌아온 수지맞는 인생 장사였던 셈이다.

TA에서 말하는 교류에는 거래라는 의미도 포함되어 있다. 원가에 비해 얼마나 수익을 남겼느냐가 경제의 원칙이라면, 말이나 행동 또한 같은 원리를 적용해 볼 수 있다. 가족 안에서, 친구 사이에, 직장에서 내가 먼저 칭찬이든 인정이든 상대를 행복하게 하는 말이나 행동을 먼저 한다면 그런 것들이 더 큰 것이 되어 나에게 돌아올 것이다.

그래서 TA에서는 '조건 없이 먼저 주면 더 많이 돌아온다.'라는 말이 있다. 줄 때는 가식 없이 진심으로 말이나 행동을 해야 함은 물론이고, 그렇게 하다 보면 어느새 처음에 생각했던 것보다 상대가 더 괜찮은 사람으로 느껴질 것이다. 상대 또한 자꾸 받기만 하면 빚을 진 느낌이 들기 때문에 뭔가로 갚아 주고 싶어진다. 그래서 자신이 받은 것보다 더 큰 것으로 갚아 줄 수도 있게 되는 것이다.

이러한 원리를 부모와 자식 간에 혹은 부부 사이에 적용해서 작은 칭찬, 따뜻한 눈빛이나 포옹, 이해해 주는 말이나 격려하는 말 등을 먼저 한다면, 반드시 편안하고 행복한 관계라는 엄청난 선물이 되돌아오는 경험을 할 수 있을 것이다.

스트로크 경제 법칙
스트로크

오래전 〈칭찬 릴레이〉라는 TV 캠페인 프로그램이 있었던 기억이 난다. 그런데 그 프로그램에 출연한 사람들은 활짝 웃으면서 칭찬을 기쁘게 받는 게 아니라 몸을 꼬고 얼굴을 붉히면서 "아휴! 그게 무슨 칭찬거리라고." 하면서 한사코 손사래를 치며 그 칭찬을 거절하는 모습을 보였다. 우리 문화 안에서는 흔히 그것이 겸손이라고 받아들이지만, TA의 스트로크 경제 법칙에서 보자면 타인이 내게 주는 긍정적인 스트로크를 흔쾌히 받아들이지 못하는 것이다.

클라우드 스타이너Claude Steiner는 부모들이 아이들을 통제하는 수단의 하나로 스트로크 경제 법칙을 따르도록 훈련을 시키고, 본인들은 스트로크 독점가의 위치를 차지한다고 했다. 아이들은 항상 스트로크의 부족을 느끼기 때문에 더 많은 스트로크를 받기 위해 부모가 원하는 대로 행동할 것을 배운다는 것이다.

우리가 알게 모르게 어릴 때부터 오랫동안 지켜 온 부정적인 스트로크의 법칙은 다음의 다섯 가지이다.

① 스트로크를 주어서는 안 돼.

(Don't give strokes when you have them to give.)

② 스트로크를 요구해서는 안 돼.

(Don't ask for strokes when you need them.)

③ 원하는 스트로크라도 받아들여서는 안 돼.

(Don't accept strokes if you want them.)

④ 원치 않는 스트로크라도 거부해서는 안 돼.

(Don't reject strokes when you don't want them.)

⑤ 자신에게 스트로크를 주어서는 안 돼.

(Don't give yourself strokes.)

그래서 우리는 성인이 되어서까지도 이 법칙 안에서 스트로크를 주고받으며 살아가게 된다는 것이다.

스타이너의 이러한 이론이 너무나 잘 이해되었던 때는 어느 단체에서 스트로크를 주제로 강의를 했을 때였다. 스트로크에 대한 이해를 위해 강의를 마치고 몇 그룹으로 나누어 스트로크 주고받기를 연습하기로 했다.

시범을 보였음에도 불구하고 선뜻 시작을 하는 사람이 없었다. "지연 님. 먼저 해 보시겠어요? 누구에게 스트로크를 주고 싶으세요?" 돌아온 대답은 "글쎄요. 제가 보기에 정은 님, 미자 님 그리고 여기 계신 모든 분에게 주고 싶은데, 한 사람만 주면 다른 사람들이 상처를 받을까 봐 못 주겠는데요." "네, 그러시군요. 하지만 지연 님이 한 분에게 주시면 그분은 또 다른 분에게, 또 그분은 또 다른 분에게 주실 테니 결국은 공평하게 스트로크를 주고받으실 수 있는데요." 그렇게 말했지만 그분은 난처한 얼굴로 "전 나중에 할래요."라고 한사코 거절을 했다. 과연 이분은 앞의 법칙 중 어느 것이 익숙한 분일까? 바로 1번, 주고 싶은 스트로크가 있어도 주지 말라는 것이다.

그때 조금 활발해 보이던 정은 님이 "제가 한번 해 볼게요." 하고 난처한 나를 구해 주었다. 그러면서 "미자 님께 드리고 싶은데……. 항상 느끼는 거지만 너무 저의 본보기가 되시는 분이세요. 애들도 잘 키우시고 가정도 화목하게 잘 이끄시고." 그런데 말이 끝나기도 전에 미자 님은 벌써 두 손을 들어 흔들면서 고개까지 젓고 있다. "아니에요, 무슨 말을…… 나만큼 못하는 사람 여기 아무도 없는데……. 과찬이고…… 해야 되니 하는 말인 줄은 알지만 듣기가 너무 민망하네요." 그런데 그 얼굴은 말과는 상관없이 환해진다. 경제 법칙 3번의 실천인 셈이다.

이어서 나이가 지긋해 보이는 정숙 님의 이야기이다. "나이가 드니 더욱 이런 스트로크인지 뭔지 칭찬 같은 소리가 듣고 싶은 것은 사실인가 봐요. 글쎄, 네 살짜리 손녀가 '할머니 예뻐.' 하는 소리에도 그렇게 좋을 수가 없어. 근데 정작 듣고 싶은 것은 영감이 해 주는 '역시 당신이 제일이야.' '아직 당신은 고와.' 같은 소리인데 해 달라고 할 수가 있나……." 이분 역시 경제 법칙 2번의 실천자인 것이다.

조금 익숙해졌는지 그런대로 무난하게 서로 스트로크를 주고받던 중에 은미 님이 뜻밖의 말을 한다. "사실 사람들은 나를 보고 착하다고 많이들 그러는데, 전 그 소리가 참 싫어요. 마치 바보 같다는 말이랑 똑같이 느껴지고……. 그래도 '이기적이다.' '못됐다.' 그런 말보다는 좋은 거니까 감사하게 받아야 하는 거지요?" 은미 님은 경제 법칙 4번에 해당한다.

상대는 나 좋으라고 하는 소리지만 나한테 그것이 진정으로 받아들여지지 않는다면 거절을 할 수도 있는 것이다. 그런데 그 거절이라는 것이 쉽지가 않은 문제이다.

"그렇다면 은미 님은 어떤 스트로크가 듣고 싶으세요?" "저는 착하다는 말보다 똑똑하다는 말이 듣고 싶은데. 사실 안 똑똑하니……." 하고 말을 흐린다.

그때 수민 님이 "아니에요, 은미 님. 제가 지난번에 은미 님이 일 처리하는 거 보고 속으로 '마음씨도 참 고운데 똑똑하기도 하구나.' 하고 느꼈는데요."

"정말요?" 은미 님의 목소리에 생기가 돈다. 받고 싶지 않은 스트로크조차 거절할 수 없는 경제 법칙 4번과 받고 싶은 스트로크의 요구까지도 한꺼번에 해결이 된 셈이다.

"그런데 자기 자신에게 주라는 말은 무슨 뜻인가요? 혼자 거울을 보면서 칭찬을 하라는 말인가요?" 누군가가 물었다.

"그것도 좋은 방법이네요. 자신에게 행복해지고 기분 좋아지는 시간, 공간, 활동 등을 허락하는 거지요. 예를 들어, 음악을 좋아하시면 일부러 시간을 내서 음악을 틀어 놓고 흠뻑 음악에 젖어 본다든지, 욕조에 채운 물에 아로마 오일을 섞어 목욕을 하면서 피로를 푼다든지 하는 등으로 자신이 좋아하는 일을 하면서 자신에게 '나는 그럴 가치가 있는 사람이다.'라는 메시지를 주는 거지요."

모두들 생각만으로도 행복해지는지 미소 띤 얼굴로 고개를 끄덕였다.

앞에서 소개한 다섯 가지 법칙은 우리가 유아 시절부터 부모와 주고받은 스트로크에 의거해서 무의식적으로 우리 몸에 배게 된 법칙이다. 성인이 된 지금, 우리는 스트로크는 무한하고 원하면 언제든지 받을 수도, 줄 수도, 요구할 수도, 또 원하지 않으면 거절할 수도, 스스로에게도 줄 수 있는 것임을 안다. 그렇다면 앞의 다섯 가지 법칙은 과감하게 깨야 하는 법칙인 것이다.

특히 우리는 어린 시절부터 '자기자랑'은 하면 안 되는 것이라 배우면서 자랐다. 스타이너의 다섯 번째 법칙 '스스로에게 스트로크를 주지 마시오.'를 의심의 여지없이 그래야 하는 것이라 믿고, 그 법칙을 깬다면 교만하게 될 것이라는 불안에 시달리면서 살아왔다. 그러나 셀프스트로크_{self-stroke}는 스트로킹의 원천이다.

내 마음속 스트로크 은행에 잔고가 떨어지지 않게 하려면 다른 사람들로부터의 스트로크도 기꺼이 받아들이고, 혹 받고 싶으면 요구도 하며, 스스로에게도 긍정적인 스트로크를 줄 수 있어야 한다. 이렇게 받은 스트로크는 마음속 스트로크 은행에 저장되어 있다가, 필요한 시기에 적절하게 우리를 건강한 생활로 이끄는 에너지가 되어 줄 것이다.

눈으로 듣다
교류와 경청

흔히 남녀가 사랑에 빠지는 것을 '눈이 맞았다.'고 표현한다. 왜 하필 눈일까? 손일 수도 있고 입술일 수도 있는데, 그저 쳐다보기만 하는 눈에 어떤 마력이 있어서 사랑의 첫 순간을 감지하는 것일까?

정신과 의사인 어빈 얄롬Irvin Yalom의 소설 『폴라와의 여행Momma and the meaning of life』에는 "여자가 남자를 유혹하기는 너무 쉽다. 그 남자보다 단지 몇 초만 더 그 남자의 눈을 지그시 응시하기만 하면 된다."라는 구절이 있다.

그렇다. 눈빛에는 너무나 많은 것이 담겨 있다. 아무 말 없이도 표현할 수 있는 최고의 도구가 바로 눈인 것이다. 우리는 상대의 눈을 얼마나 자주 그리고 진심으로 응시하고 있을까? 재잘거리는 아이들의 이야기를 들으며 아이들의 눈을, 하루의 일을 이야기하는 남편의 눈을, 그리고 아내의 눈을 얼마나 들여다보았는지 한번 되새겨 보자.

이야기하는 사람을 향해 코끝과 발끝이 향하게 하고 상대를 향해 몸을 약간 기울이고 그 사람의 눈을 응시하며 미소를 띤 채 "응." "그랬어?" "저런!" "그랬구나!" 등의 추임새를 넣어 가며 고개를 끄떡이고 상대의 이야기를 듣는다면, 상대는 아마 최고의 경청가를 만났다고 생각할 것이다.

하지만 비록 이런 태도로 이야기를 듣는다 해도 내 마음속에 상대에 대한 판단과 나의 생각이 이미 들어 있다면 그것은 진정한 경청이 아니다. 내 마음속의 생각은 내려놓고 진심으로 듣고자 한다면 나도 모르게 궁금한 것들이 생기고 질문을 자연스럽게 하게 된다. 이런 질문이야말로 그 사람의 말을 잘 듣고 있었다는 좋은 증거가 되는 것이다.

이렇게 누군가가 나의 이야기를 들어 준다면, 아마 나도 모르게 내면 깊숙이 숨겨 둔 이야기를 하게 될지도 모른다. 그리고 진정한 친구를 만났다는 느낌을 갖게 될지도 모른다. 가끔 여럿이 함께 밥을 먹고 차를 마시고 이야기를 하고 헤어졌는데 마음속 어디선가 공허함이 밀려오는 경험을 한두 번은 해 보았을 것이다. 분명 다 같이 웃고 이야기를 한 것 같은데, 들은 이야기도, 한 이야기도 없는 것 같은 이상한 허전함이 느껴질 때가 있다. 그건 그 자리에 분명 있기는 했지만 누구의 이야기도 진심으로 듣지 않았고 누구도 나의 이야기를 온몸으로 들어 주지 않았다는 증거이기도 하다.

만약 상대가 온전히 몸을 나에게 돌리고squarely 눈을 맞추며eye contact 살짝 나에게로 몸을 기울이고lean 편안하게 앉아서relaxed 마음을 열고open 나의 이야기를 들어 주었다면, 그런 허전함은 느껴지지 않았을 것이다. TA에서는 이와 같은 대화 자세를 가리켜 상보교류와 이면교류에서 심리적 메시지를 제대로 읽어 주며 전달하는 사람들의 자세라고 한다.

상보교류는 두 사람이 상대방에게서 기대하고 있는 반응으로 서로 응답을 해 주는 상호보완적 의사소통이다. 즉, 대화를 나누는 사람들이 상대를 알아주는 교류이다. 이렇게 교류가 상보적이면 두 사람 간의 의사소통은 편하고 재미있게 계속될 수 있다. 이렇게 되려면 앞서 언급한 '눈으로 말하는 자세'가 선행되어야 한다.

이면교류는 표면적으로 하는 말과 숨겨진 심리적 메시지가 다른 경우를 말한다(대개 비언어적인 경우가 많다). 여기서는 숨겨진 심리적 메시지를 알아차리는 것이 중요하다. 대화를 할 때 표면적 말과 함께 전달되는 미묘한 비언어적 단서(심리적 수준이라고 하는 진정한 속마음)를 가만히 있는 그대로 보며 관찰하여 심리적 수준이 갖는 비밀 메시지secret messages를 파악해 반응해야 한다. 예를 들면, 늦게 귀가한 30대 후반 미혼 여성에게 딸과 단둘이 사는 팔순의 어머니가 "오늘도 왜 이렇게 늦었니?"라고 말한다면 표면적인 것은 '왜 이렇게 밤 늦게 다니느냐?'고 묻는 것 같지만, 사실은 '네가 늘 늦으니 나 혼자 외롭고 적적하다.'는 속마음이 숨겨져 전달되고 있는 경우이다. 이럴 때 어머니의 말 속에 숨겨진 마음(진정한 심리 메시지)을 알아차리려면, 어머니의 비언어적 표현(한숨, 낮은 목소리, 목소리의 톤, 눈빛 등)을 읽을 수 있어야 한다.

우리 모두에게는 내 이야기를 들어 줄 한 사람이 필요하다. 하지만 귀로만 듣지 않고 온몸으로 듣는 사람, 눈으로 듣는 사람이 필요하다. 내가 다른 이에게 그런 사람이 될 때, 나 또한 그런 사람을 가질 수 있게 될 것이다.

서로 만지고 살자
스트로크

쌍둥이가 태어났다. 미숙아로 태어난 쌍둥이들은 인큐베이터에 들어갔고, 그중 한 아기는 거의 생명이 위독한 지경이었다. 의사들도 최선을 다했지만 더 이상 어쩔 수 없다고 포기를 할 즈음, 그나마 조금 더 건강한 아기가 한 팔로 다른 쌍둥이를 껴안았다. 그러자 생명이 위태로웠던 아기는 거짓말처럼 살아나게 되었다(SBS 스페셜 '인큐베이트 포옹').[1]

아마 TV 다큐멘터리에서 이 감동적이면서 짧은 영상을 본 사람이 많을 것이다. 건강한 아이가 허약한 형제에게 주었던 것은 무엇이었을까? 큰 의미에서 본다면 '사랑'이라고 말할 수도 있겠지만, TA에서는 이것을 스트로크stroke, 존재인정자극라고 말한다.

인간은 누구나 자폐상태로 태어나 부모나 주변 사람들이 주는 스트로크에 의해 심리적으로 성장하게 된다. 아기를 쓰다듬어 주는 것에서 출발해서 우리가 흔히 스킨십이라 부르는 것, 또한 몸짓, 표정, 감정, 언어 등 상대에게 존재를 인식시키는 스트로크를 얼마나 적절하게 또는 질적으로 풍부하게 주고받았느냐에 따라 삶의 질이 달라진다.

---

1 SBS 스페셜 67회 '인큐베이트 포옹'. http://allvod.sbs.co.kr/allvod/vodEndPage.do?srs_id=10000080224

그리고 이런 스트로크가 부족하면 마치 갈증에 시달리듯이 스트로크 기아에 시달리게 되고 부모나 중요한 존재로부터 인정 자극을 받기를 원하다 보면 무리를 해서라도 요구하게 되는데, 이럴 경우 바람직하지 못한 형태가 나타나기도 한다. 아프리카의 어느 부족에서 필요 없는 나무를 말려 죽일 때 쓰는 방법에 대해서는 많이 들어 보았을 것이다. 톱이나 도끼를 쓰지 않고 매일 마을 사람들이 나무 밑에 모여 나무를 향해 이렇게 소리를 지른다. "우리는 네가 필요 없어. 그러니 말라 죽어 버려!"

그렇게 나무를 향해 소리를 지르다 보면 어느새 나무가 시들면서 말라 죽어 버린다는 것이다. 말이라는 스트로크가 인간도 아닌 나무에게조차 이렇게 가혹할 수 있다고 생각해 보면, 우리가 매일 별 뜻 없이 습관처럼 내뱉는 말들이 자녀에게 혹은 배우자에게 어떤 영향을 미칠 것인지는 쉽게 짐작해 볼 수 있을 것이다.

미국의 아동병원 의사인 르네 스피츠Rene Spitz 박사는 고아원에서 자란 아이들이 충분한 영양 섭취를 하고 위생적인 환경 속에 있음에도 유아 사망률이 높은 것의 원인에 대해 연구하였다. 그러다가 멕시코의 어느 휴양지 근교의 고아원 아동들이 미국과는 비교도 되지 않을 정도로 열악한 환경 속에서도 건강한 모습으로 자라는 것을 보게 되었다. 그리고 주변에 사는 여자들이 매일 고아원을 방문하여 아이들을 안아 주고, 놀아 주고, 이야기도 해 준 것을 알게 되고, 소아탈진증Marasmus이라는 병을 발견하게 된다. 이 병은 쓰다듬어 주는 것 외에는 치료 방법이 없다. 손이 없는 동물들도 혀로 새끼의 온몸을 핥아 주는 것을 우리는 종종 보게 된다.

이렇게 유아기 때의 접촉은 생명을 유지하고 건강하게 살아가는 데 음식만큼 중요한 것이다. 아동심리학자들은 '어떻게 사랑하고 어떻게 사랑받아야 할 것인가의 태도가 유아기에 결정된다.'고 말한다. 아직 돌이 되지도 않은 아기에게 엄마들은 말을 걸고 눈을 맞추고 아기를 볼 때마다 미소를 짓는다. 이런 모든 것이 긍정적인 스트로크가 되는 것이다. 또한 아기들의 반응을 생각해 보자. 엄마를 바라보고 방긋 웃기도 하고 옹알이로 마치 뭐라 답을 하는 것처럼 중얼거리고 엄마와 눈을 맞추려 애를 쓴다. 엄마 또한 아기로부터 긍정적이고 즐거운 스트로크를 받는 것이다. 엄마와 아기 사이에 신체적이고 직접적인 스트로크와 언어적이고 감정적인 스트로크가 동시에 발생한다고 말할 수 있다.

그렇다면 이러한 스트로크에도 부정적인 것이 있을까? 물론 있다. "난 당신이 있어서 참 행복하다."라는 말은 충분히 긍정적인 반면에, "당신이 있으면 난 힘이 들고 고달프다."라는 말은 부정적인 스트로크이다. 또 말뿐 아니라 째려보는 행동, 때리거나 놀리거나 하는 행동도 부정적인 스트로크라고 할 수 있다.

문제는 우리가 '이러한 부정적인 스트로크라도 전혀 스트로크가 없는 상태보다는 낫다.'고 여긴다는 것이다.

예를 들면, 동생이 태어나서 집안의 관심을 독차지한 경우 형은 흔히 퇴행이라 불리는 행동을 하는 경우가 있다. 소변을 갑자기 못 가린다든지, 동생을 괴롭힌다든지 혼날 짓만 골라서 한다. 동생에게 빼앗겨 버린 관심을 혼이 나면서까지, 즉 부정적인 스트로크라도 받음으로써 가지려고 하는 이유는 무無 스트로크가 그만큼 우리 마음을 허기지게 하기 때문이다.

『이솝 우화』속에 나오는 양치기 소년 피터를 떠올려 보면 쉽게 이해가 된다. 혼자 산 위에서 양을 치고 있으니 얼마나 심심하고 쓸쓸했을까? 아마 친구들이랑 놀고 싶다고 했어도 부모는 허락을 안 할 것이고, 하루 종일 양만 돌보다 보니 비록 거짓말을 해서라도 사람들의 관심(즉, 부정적인 스트로크)을 받고 싶었을 것이다. 모두들 몰려와서 거짓말인 것을 아는 순간 혼이 날 것을 피터라고 몰랐을 리 없다. 하지만 아무 스트로크도 없는 상태에 머물기보다는 그런 부정적인 것이라도 관심이라고 여기면서 얻으려고 했던 것이리라. 이런 부정적인 스트로크에 익숙해지면 청소년들은 비행, 폭력, 지나친 외모집착, 음주나 흡연 등에 빠지게 된다.

아기에게 엄마가 주는 무조건적이고 긍정적인 스트로크는 바로 아기 존재에 대한 인정이다. 아기에게도 이것은 삶을 영위하는 데 필수적이지만, 어른이 되었다고 더 이상 필요 없는 것은 절대 아니다. 인간이라면 누구라도 이러한 스트로크를 받아야 하고 또 주어야 한다. 단, 얼마나 질적이고 긍정적인 스트로크를 주는가는 주고받는 사람의 몫이다. 존재에 대한 인정을 느낄 수 있는 스트로크를 받아 본 사람만이 진정한 사랑이 무엇인지 비로소 깨달았다고 감히 말할 수 있을 것이다.

긍정의 검색 엔진을 돌리라
인생태도

가난한 집안에서 태어난 형제가 있었다. 두 사람은 같은 환경에서 자랐지만 너무도 다른 삶을 살게 되었다. 형은 거리의 걸인 신세를 면하지 못했지만, 동생은 박사학위를 받고 유명 대학의 교수가 되었다. 한 기자가 이들의 사정을 듣고 어떻게 똑같은 환경에서 이렇게 다른 인물이 나오게 되었는지 추적하기 시작했다. 그리고 기자는 형제가 자란 집에는 'Dream is nowhere(꿈은 어느 곳에도 없다)!'라고 적힌 조그만 액자가 있었다는 것을 알게 되었다.

기자는 형에게 그 액자가 기억나느냐고 질문을 던졌다. 형은 조금 생각을 하더니 이렇게 대답했다. "네, 있었죠. Dream is nowhere(꿈은 어느 곳에도 없다)! 20년 넘게 우리 집에 있던 액자였죠. 전 늘 그것을 보며 자랐어요." 그런데 인생의 성공을 거둔 동생은 미소 지으며 이렇게 말했다. "네, 있었죠. 하지만 저는 띄어쓰기를 달리해서 보았어요. Dream is now here(꿈은 바로 지금-여기에 있다)! 전 늘 그렇게 생각하며 자랐죠."

우리는 똑같은 상황을 어떻게 해석하는가에 따라 삶의 방식이 달라지고 결과 또한 달라짐을 알 수 있다. 불평의 눈으로 보면 모든 것이 불평거리이다. 감사의 눈으로 보면 감사할 것이 얼마나 많이 있는지 모른다. 자신을 비롯해 타인, 나아가 세상에는 감사할 것이 너무 많다.

공평하게도 세상에는 완벽한 사람은 없다. 나 자신, 부모, 자녀, 배우자, 직장, 환경 등 모든 것에 장단점이 함께 있다. 긍정적인 사람은 항상 자신과 타인에게서 좋은 것을 찾아 감사한다. 그러나 부정적인 사람은 어디든, 무엇이든 문제를 찾아 문제를 보고 불평한다. 아마 천국에서도 지옥을 찾아낼 것이다. 자신의 단점에 집착하여 열등감에 빠지고 I'm not OK, 상대와 직장에서도 불평거리를 찾아 불평을 하며, 배우자에게도 자녀들에게도 부족한 것만 보고 지적한다 You're not OK. 항상 어디를 가든지, 무엇을 하든지 만족이 없다 I'm not OK, You're not OK.

우리의 뇌는 약 140억 개의 세포로 형성되어 있다. 문제점을 지적하여 불평하다 보면 점점 뇌세포가 '불평세포'의 지배를 받게 된다. 반대로 좋은 점을 찾아 감사하기 시작하면 '감사세포'가 확산되고 조그마한 일에도 감사하는 사람이 된다.

그런데 어떻게 긍정적으로 생각할 수 있을까? 힘든 사람들은 마음속 가득 불안과 우울이 차 있는데, 감사한 일들을 찾을 수나 있을까? 긍정은 억지로라도 낙관적인 생각을 하면 저절로 되는 일인가 이런 의문이 든다. 긍정은 단순하게 좋은 생각이라기보다 세 가지의 산물이라 할 수 있다.

첫째는 인정acceptance이다. 있는 그대로를 인정하고 수용하는 것이다. '자신을 긍정적으로 생각하자.'라는 말은 나 자신을 있는 그대로 받아들이는 것과 동의어이다. '이대로 괜찮다. 내 존재는 이대로 괜찮다. 이렇게 삶을 살아가는 것, 그것만으로도 나는 충분히 괜찮다.' 이렇게 인정하는 것이다.

둘째, 긍정은 확언affirmation이다. '말버릇 이론'의 창시자인 사토 도미오Satou Tomio 박사는 "언어는 행복의 문을 여는 중요한 열쇠이다. 뇌는 자신이 말한 언어를 의식 속에 넣어 자신의 인생에 반영하는 시스템으로 이루어져 있다. 따라서 행복한 인생을 실현하기 위해서는 긍정적인 언어를 좀 더 의식적으로 선택해서 사용하는 습관이 중요하다."라고 하였다. 사람 뇌세포의 98%는 말의 지배를 받는데, 이를 말의 '각인력'이라고 한다. 예를 들어, 어떤 사람이 매일 세 번씩 자신의 긍정성에 대해 다음과 같이 외친다고 가정해 보자. "나는 위대한 일을 할 수 있다. 나는 내부에 위대한 가능성을 간직하고 있다. 나는 이 가능성을 사용하여 내가 원하는 사람이 될 것이다." 이렇게 계속해서 말을 하다 보면 그는 가슴속으로부터 끓어오르는 자신감과 열정을 느끼게 되고, 결국은 포기하지 않고 자신이 꿈꾸는 삶을 살게 될 수도 있다.

셋째는 감사appreciation이다. "마음에 길이 난다."라는 말이 있다. 길이 없던 산길을 아침저녁으로 걸어 다니다 보면 어느덧 길이 나듯, 우리 마음에도 늘 하던 생각의 길이 난다는 것이다. 우리는 누구나 마음에 어떤 길을 낼 것인지 결정할 능력을 가지고 있다. 미국의 유명한 긍정심리학자들은 자녀들과 함께 지낼 시간은 부족하지만 잠자리에 들 때는 언제나 그날에 일어났던 일 중에서 하나를 다음의 문장으로 말하게 한다고 한다. "오늘 ~한 일이 있었는데, 참 다행스럽게 ~되었어요." 의도적으로 어릴 때부터 긍정의 연습을 시키는 것이다.

나는 부정적인 자신의 모습을 발견하고 고치려는 마음을 가지는 분들을 보면 진심으로 격려하고 싶어진다. 아침, 저녁 산책으로 없는 길을 만들 듯 오래 걸리고 힘이 들지만 해 보려는 마음을 먹은 그 순간부터 긍정의 엔진이 돌아간다고 믿기 때문이다.

그러니 이제부터 자신의 과거에 형성된 자신과 타인에 대한 부정적 측면I'm not OK, You're not OK을 보는 습관의 고리를 하나하나 끊어 내는 작업이 필요하다. 자신이나 타인의 과거에 비추어 현재를 해석하지 말고 미래를 통해 현재를 해석하는 것이다. 즉, 과거의 부정적이고 실수하고 실패했던 패배주의에서 벗어나서 미래의 꿈과 비전을 가지고 현재를 해석하고 앞으로 나아가면 누구에게나 놀라운 일이, 기적 같은 일들이 일어날 것이라는 것이다.

지금부터 우리들은 나의 머릿속에 어떤 검색 엔진을 사용할 것인지 결정해야 한다. 부정적인 생각과 말을 검색하고 있을 것인가, 아니면 긍정적인 생각과 말을 검색할 것인가? 나와 타인을 비롯하여 모든 것에서 가능성과 긍정적인 것을 찾아내는 사람, 이러한 사람이 'I'm OK, You're OK' 자세로 살아가며 자신의 인생에서 아름다운 성공 교향곡을 연주하게 되는 사람이다.

OK-BOSS는 누구일까
인생태도

천 부장은 군에 입대한 아들과 대학교 2학년인 딸을 두었으며, 타의 모범이 되는 가장이다. 성격은 그야말로 옳고 그름에 있어 대쪽 같고, 천 원짜리 한 장도 허투루 쓰지 않는 철저한 사람이다. 그의 성격의 일면을 보여 주는 모습이 있다.

천 부장은 전화를 받고 상대를 확인하자마자 하는 첫마디가
'빨리 얘기하고 끊어라.'이다. 쓸데없이 시간낭비하지 말고 용건
만 간단히 하라는 것이다. 그리고 자신은 물론이거니와 아내나
자식들의 생일 따위는 절대 챙기지 않는다. 다 쓸데없는 낭비라
고 생각하기 때문이다. 물론 회사에서는 일을 철두철미하게 잘
했고 자기관리가 엄격한 사람으로 평가받아 상사들의 인정을
받았으며, 그렇게 열심히 저축을 해서 집도 장만했고 아이들도
교육시켰으므로, 스스로는 자수성가했고 가장으로서 책임도 잘
지고 있고 허튼짓도 하지 않는 최고의 남편이자 아빠라고 여기
고 있다.

어느 날 천 부장에게 딸이 전화를 걸어 왔다.

딸: 아빠, 저예요.

천 부장: 응, 그래. 별일 없지? 아빠 일해야 하니 용건만 얘기
하고 끊자.

딸: 아빠가 꼭 들어주어야 할 부탁이 있어요.

천 부장: (평소 표현을 잘하지 않아도 딸을 무척 사랑하는 마음을
가진 천 부장) 뭔데, 빨리 말하고 끊어라.

딸: 꼭 들어주어야 말할 수 있어요. 들어준다고 약속해 줘요.

천 부장: 아니, 이 자식이……. 그래. 들어줄 테니 빨리 말하고
끊어라.

딸: 오늘 퇴근하고 집에 가실 때 장미 한 송이하고 베이커리에서 제일 작은 케이크 하나만 사서 들어가 주세요. 그리고 집에 가서 벨을 누르고 엄마가 문을 열어 주며 말을 시켜도 아무 말도 하지 말고 그냥 씽긋 웃기만 하고 있어 주세요.

천 부장: 별 부탁을 다 하는구나. 그래, 알았다. 빨리 끊자.

퇴근 무렵, 딸은 다시 한번 전화를 해서 부탁했다.

천 부장은 퇴근길에 딸의 부탁대로 장미 한 송이, 케이크 하나를 사서 들어가며 오늘이 무슨 날일까 곰곰이 생각해 보았다.

집에 들어가자 아내는 남편의 손에 들려 있는 꽃과 케이크를 보고는 깜짝 놀라며 "어머나. 당신이 웬일이에요? 꽃과 케이크를 사 가지고 들어올 때도 다 있고……." 하며 물었다. 천 부장은 하고 싶은 말을 꿀꺽 삼키고 딸이 시킨 대로 그냥 씩 웃고 있었다.

아내는 갑자기 천 부장의 손을 이끌며 만면에 웃음을 띠고 "살다 보니 별일도 다 있네. 얼른 씻고 식탁에 앉으세요." 하며 밥상을 차리고 식탁에 마주 앉았다.

아내는 천 부장이 좋아하는 돼지고기 두루치기를 준비했다. 맥주를 한잔 부어 주며 "오늘이 우리 결혼기념일인지 기억하고 있었나 봐요? 결혼한 지 30년 만에 처음이네. 참 별일이

네……." 하며 활짝 웃었다.

　맥주 한잔, 장미꽃 한 송이, 작은 케이크, 두루치기를 앞에 두고 마주 앉아 주름진 얼굴로 활짝 웃는 아내의 모습을 보며 천 부장의 가슴은 저릿했다. '아! 참…… 저 사람이 저렇게 활짝 웃는 모습이 얼마만이지? 겨우 꽃 한 송이, 케이크 하나에……. 내가 그간 참 무심했구나!' 하는 생각이 들었다. '나는 이때까지 나름 열심히 살아왔다고 자부했는데, 참으로 소중한 것을 잊고 살았구나!' '내게 소중한 사람들에게 내 마음을 제대로 전달하지 못하고 살아왔구나!' 하는 자각이 일어났다.

　이후 천 부장은 아내의 생일은 물론 결혼기념일, 자녀들의 생일을 잊지 않고 챙기며 자신의 삶에서 고마운 존재들에게 자신의 마음을 전하기 시작했다. 천 부장은 지금 더욱 행복한 삶을 살고 있고, 그 가정에는 서로에 대한 긍정성OK-ness, 고마움이 넘쳐 나게 되었다.

　자! 여기서 우리는 생각해 볼 것이 있다. 이 가정에서 서로에 대한 긍정성이 넘쳐 나게 한 사람은 누구일까? 천 부장도, 그의 아내도 아닌, 바로 '천 부장의 딸'이다. 이런 사람을 OK-BOSS라고 한다. 즉, 상대와 가정과 조직에 긍정성을 퍼트리고 느끼게 하며 존재의 의미와 활력을 불어넣는 BOSS 역할을 하는 사람이자, 상대와 자신이 속한 환경을 변화시키는 사람이다. 이러한 사람의 삶의 태도는 많은 경우 'I'm OK, You're OK'이다. 이것은 '나도 좋고 너도 좋다.'라는 객관적이고 수용할 줄 아는 균형 잡힌 태도를 말한다.

자! 이제 우리 모두 나의 상대에게, 가정에서 그리고 직장에서, 더 나아가 지역사회에서 OK-ness가 넘쳐 나게 하는 OK-BOSS가 되도록 노력해 보자. 우리의 인생은 지금보다 분명 더 행복한 삶이 될 것이다.

말이 그렇지, 뜻이 그런가요
교류

고등학교 1학년인 딸 유진이가 울면서 소리를 지른다. "난 엄마 때문에 죽고 싶어. 정말! 이렇게 나를 키우려면 낳지를 말지. 왜 낳기는 엄마 마음대로 낳아서 나를 이렇게 힘들게 하는 거야!"

엄마는 기가 막힌다.

"그래, 죽고 싶어? 엄마 때문에? 그래……. 그럼 죽어! 근데 대신에 나가서 죽어! 나는 이제까지 고생해서 키운 딸이 내 눈앞에서 죽는 꼴은 못 보니까 죽고 싶으면 나가서 죽어!'

유진이는 "선생님, 저는 엄마 때문에 정말이지 죽고 싶어요. 엄마는 나를 사랑해서 그런다고 하는데, 난 그런 사랑은 필요 없어요. 그렇게 자기 맘대로 사랑하려면 차라리 인형을 사랑하라 그러세요. 난 그런 사랑 없어도 살 수 있어요." 아이는 상담 시간이 끝나도록 그렇게 소리치며 울고만 있다.

두 사람의 갈등이 시작된 것은 유진이가 6학년이 되고부터이다. 직장을 다니는 엄마는 항상 아이에게 미안해서 회사일이 끝나면 동료들의 눈치가 보이더라도 칼같이 퇴근을 하곤 했다. 그러면서도 어릴 때부터 자기 일은 스스로 알아서 한 아이를 믿었다.

그런데 어느 날 아이 방에서 담배를 발견하고는 엄마는 천지가 무너지는 충격을 받았다. 당장 직장을 그만두고 유진이를 돌보는 일에 전심을 다하기로 결심했다.

그런데 문제는 엄마가 유진이를 돌보는 일에 전력을 다하면 다할수록 유진이의 거짓말이 늘어 가고 엄마 눈을 속이기에만 급급해졌다는 것이다. 오히려 자유를 박탈당한 어린 짐승같이 우리를 빠져나가는 것에 온 에너지를 쏟고 있는 형국이 되어 버린 것이다. 그러다 보니 두 사람 사이에 오고 가는 말은 날이 갈수록 날카로워지고, 마침내는 서로에게 죽겠다며 협박을 하게 되어 버렸다.

어느 날 친구랑 놀다가 귀가 시간을 넘겨 들어온 유진이는 식탁 위에 엎드린 엄마를 발견했다. 엄마 옆에는 마시다 만 술병과 유진이에 대한 섭섭함과 자신이 엄마로서 모자란 점에 대한 자책이 가득한 편지가 쓰다 만 채로 펼쳐져 있었다. 며칠 전에

"너 때문에 나도 죽어야겠다."라는 말을 하던 엄마를 떠올린 유진이는 급한 마음에 주변에 살던 엄마 친구를 불렀고, 술에 약한 엄마가 잠시 잠이 든 것을 오해한 해프닝으로 끝났다. 하지만 두 사람 마음에 서로에 대한 불신만 생긴 또 하나의 사건이 되었다.

두 사람 사이를 날이 갈수록 악화시키는 가장 큰 요인은 무엇일까? 유진과 엄마는 상담시간 거의 대부분을 서로가 한 말에 대해 이야기를 하면서 시간을 보낸다.

"엄마는 이렇게 말했어요." "유진이가 이렇게 대답을 하는데……." "엄마가 글쎄, 이런 말을 하지 뭐예요." "유진이가 말도 안 되는 대답을 하더군요."

사람들은 흔히 '말로 오해를 풀어라.' '대화로 문제를 해결해라.'라고 제시한다. 그런데 말을 하면 할수록 꼬이고 상처를 받는 경우도 있다. 그것은 바로 표면적으로 들리는 말 이면에 숨은 뜻을 가진 상대의 심리적 메시지를 읽지 못하고 표면적인 말에 반응하여 서로가 말하고자 하는 것이 어긋나 갈등을 불러일으키기 때문이다.

유진이가 "나는 엄마 때문에 죽고 싶어."라고 한 말을 엄마는 어떻게 알아들었을까? 정말 아이가 죽을 거라고 생각하지는 않았어도 엄마를 괴롭히기 위해 하는 말이라고 이해했을 것이기 때문에 아이에게 똑같이 돌려주고 싶어서 "그러면 나가서 죽어라."라는 말을 하게 된 것이다.

그 말의 숨은 뜻은 무엇일까? '엄마……. 나는 너무 괴로워. 엄마랑 이렇게 싸우는 것도, 엄마와 이런 사이로 지내는 것도, 나는 너무 힘들고 괴로워. 엄마가 나 좀 도와줘.' 이런 뜻이 아니었을까?

엄마가 "죽으려면 나가서 죽어. 내 눈앞에서 죽는 꼴은 못 본다."라고 한 말에는 무슨 뜻이 숨어 있을까? '너는 내가 세상에서 가장 귀하게 여기는 내 딸이야. 그런 네가 엄마에게 그렇게 험한 말을 하니 엄마 마음은 마치 죽을 것처럼 아프고 쓰리구나.' 이런 뜻이 아닐까?

이런 식으로 겉말만 듣고 서로 생채기를 내기 시작한다면 차라리 말을 안 하는 편이 더 나을지도 모른다. 두 사람 중 한 사람만이라도 상대의 말 속에서 진짜 전하고 싶은 속마음(이면교류 속의 심리적 메시지)을 읽는다면 두 사람의 대화는 달라졌을 것이다. 유진이와 엄마는 극단적인 경우이지만, 우리도 일상에서 흔히들 이런 대화를 주고받는다.

시험이 내일이라면서 늦게까지 컴퓨터와 씨름하고 있는 아들 뒤에서 엄마는 조금 높은 톤으로 "지금 몇 시니?"라고 묻는다. 표면적으로는 몇 시냐고 묻는 것 같지만, 정작 전달하고자 하는 말은 '너 이제 컴퓨터 그만하고 공부해야 돼. 내일 시험인데.'이다. 마치 등 뒤에 눈이라도 달린 듯 엄마의 의도를 온몸으로 감지한 아들은 힐끗 시계를 쳐다보고는 "11시네."라고 답한다. 아들의 이 말에 숨은 진짜 의도는 '내가 알아서 할 건데 자꾸 참견이에요?'이다. 두 사람은 이면교류로 자신의 의도를 숨기고 마치 시간을 물어보는 듯한 질문과 그 질문에 맞는 답을 주고받지만, 두 사람 다 기분은 이미 나빠져 버리고 말았다.

퇴근해서 집에 온 남편이 TV만 보면서 누워 있다. 청소기라도 좀 밀어 주면 좋겠다 싶은 아내가 "에구……. 이놈의 집안일은 왜 해도 해도 끝이 없나." 하면서 짜증을 부린다. 만약 남편이 아내의 숨은 뜻('좀 도와줘요.')과 전하는 메시지의 자아 상태(어린이 자아→양육적 부모 자아)를 알았다면, "일이 밀려서 힘들어서 그래? 뭐 좀 도와줄까?"라고 말을 하거나 본인도 피곤한 상태라면 "힘들지? 나도 오늘은 피곤하네. 우리 좀 쉬고 같이 하자."라고 말할 수 있다.

아내의 자아 상태(어린이 자아)에 간단한 스트로크로 위로해 주고(양육적 부모 자아 상태에서) 이성적인 태도로(어른 자아) 아내의 어른 자아 상태에 이야기를 하면 아내의 속마음이라는 과녁을 정확히 맞히는 교류가 되는 것이다.

하지만 실제로 TA에서 말하는 상보교류만으로 모든 사람과 대화를 하는 것은 불가능한 일인지도 모른다. 겉의 말과 숨은 뜻이 일치하는 말을 하는 것은 오랜 기간의 자기통찰과 그만큼의 훈련이 필요한 일이다. 또한 상대의 자아 상태를 정확히 읽고 대화를 하는 것도 내가 마음이 안정되고 편안한 상태에서나 가능한 일이다.

살다 보면 가끔은 하얀 거짓말white lie, 즉 듣기 좋은 거짓말도 해야 하고, 속으로는 좀 불편해도 겉으로는 아닌 척해야 하는 일들이 일어나게 마련이다. 그러나 적어도 내 주변 사람들과의 교류에 있어서만은 내가 먼저 적극적인 자세로 경청하면서 마음을 열고 대화를 한다면 상보교류가 가능할 것이며, 조금은 말로 인한 상처를 적게 받을 수 있지 않을까 싶다.

 ## 나이 들면 필요한 것
스트로크

외국에 머물고 있을 때 자주 넋을 놓고 쳐다보는 광경이 있었다. 그것은 두 손을 꼭 잡고 다니는 노부부들의 모습이었다. 머리는 하얗고 등은 굽었지만 빠르게 돌아가는 세상과는 아무런 상관이 없는 듯 자신들의 보폭에 맞춰 두 손을 맞잡은 채 장을 보거나 산책을 하는 모습을 보면 나도 모르게 자꾸만 눈길이 갔다. 가끔은 할아버지가 할머니의 어깨를 쓰다듬기도 하고 또 가끔은 멈춰 서서 가볍게 입을 맞추기도 하는 모습은 그들에게는 일상적이라 아무도 주의를 기울이지 않지만, 그것을 몰래 보는 나는 왠지 입가에 웃음이 나면서 조금은 민망해진다. 그러면서 길을 걸어갈 때는 몇 미터쯤 앞서거나 뒤서거니 걸어 다니던 우리네 부모들의 모습이 떠오른다. 마치 모르는 사람처럼 그렇게 걸어가다 할 말이 생각나면 앞서 가던 아버지가 기다리거나 어머니가 종종걸음으로 "보소, 보소!" 하고 뒤따라가던 모습이 겹쳐서 보이는 것이다. 사람들 앞에서 손을 잡거나 쓰다듬기는 고사하고 칭찬 한마디라도 하면 팔불출이라고 놀림을 당하니, 외출을 하더라도 몇 시간 동안 서로 말 한마디 안 하는 것은 당연한 일이었다. 새삼스럽게 우리네 부모들은 부부 사이에 어떤 스트로크를 주고받았을지 궁금해진다.

스트로크는 '어루만짐'이다. 말로 상대의 마음을 어루만지고, 눈빛으로 상처를 어루만져 주고, 두 팔로는 온기를 전해 주고, 온몸으로 사랑을 전해 주는 어루만짐이다. 사람은 스트로크 없이는 살아갈 수 없다. 바깥에서 아무런 스트로크가 오지 않으면 스스로라도 주어야만 살 수가 있다.

우리가 흔히 생각하는 스트로크는 '말로 하는' 스트로크이다. 부정적인 것으로는 꾸지람이나 좋지 않은 예견, 고함을 지르는 것 등을 들 수 있고, 긍정적인 것으로는 칭찬, 격려, 상대를 알아주는 말이 있다. 칭찬 중에서도 '구체적이면서 간접적인 칭찬'이 아이들에게 대단한 영향을 끼친다.

아마도 우리 모두에게는 칭찬 중 전해 들은 칭찬이 가장 흐

못했던 경험이 있을 것이다. "네 아버지가 친구들에게 네 이야기를 하시는데……"라든지 "엄마가 얼마나 너에게 고마워하던지……"와 같은 이야기를 들으면 칭찬의 힘은 두 배가 된다.

반대로 간접적으로 받는 부정적 스트로크는 매우 좋지 않은 자극이다. 하지만 상황에 따라서 직접적으로 받는 부정적 스트로크보다 더 나은 효과를 가져올 때도 있다.

『태백산맥』의 저자 조정래는 자신의 산문집 『누구나 홀로 선 나무』에서, 아버지로부터 자신도 모르게 물려받은 아들 야단치는 법에 대해서 이야기를 했다. 아들이 연락 없이 늦게 들어오거나 하면 아내에게 뭐라고 하게 되는데, 정작 아들이 무사히 귀가를 하면 아무 소리도 안 한다는 것이다. 자신도 자라 오면서 아버지로부터 그런 훈육을 받았는데, 다음 날 어머니나 형제들로부터 아버지가 얼마나 걱정하고 다른 식구들을 닦달했는지 전해 들으면 온 식구들에게 저절로 미안한 마음이 생겨 스스로 늦게 들어오는 일을 자제하게 되더라는 것이다.

물론 항상 이런 효과를 기대할 수는 없지만, 직접 보고 야단을 치다 보면 감정을 자제할 수 없을 수도 있고 마음먹은 것보다 더 심한 말을 할 수도 있기 때문에 이런 경우에는 더 효과적이지 않았나 싶은 생각이 든다.

그렇다고 마주 보면서 주고받는 스트로크를 무시할 수는 없다. 때로는 상대의 말, 눈빛, 표정, 행동에서 더 많은 것을 읽을 수 있다. 그것은 전해 들을 때는 가늠치 못하는 것들이다.

나는 어린 시절 "아이구, 참 잘했구나." "나는 네가 자랑스럽다."라는 말을 별반 듣지 못했지만, 부모의 칭찬과 인정 속에서 자랐다고 여기고 있다. 그것은 말보다는 부모님의 표정과 희미한 미소와 끄덕임이 내게 주던 칭찬이었기 때문이다. 말보다 더 진실하게 느껴졌기 때문에 지금도 내 기억에 나는 칭찬받는 아이인지도 모른다.

또 스트로크에는 조건적이거나 무조건적인 것들이 있다. 야채를 먹지 않는 어린아이를 가르치기 위해서는 조건적인 스트로크를 사용할 수밖에 없지만('야채를 먹으면 엄마가 잘했다고 꼭 안아 줄게.'), 사랑한다는 표현은 무조건적이어야 한다. '엄마는 네가 착해서 너를 사랑해.'라고 하거나 '말을 잘 들으니 난 네가 좋아.'라고 한다면, 그것은 조건적인 스트로크가 된다. 아무리 어린아이라도 마음속으로는 '내가 착하지 않으면 엄마는 나를 사랑하지 않을 건가 봐.' 혹은 '말을 잘 듣지 않으면 선생님이 나를 싫어할 수도 있어.'라고 생각하게 되는 것이다. 어떻게 사람이 항상 착하고 항상 말을 잘 들을 수 있겠는가? 때로는 화도 낼 수 있고 때로는 상대의 말을 무조건 듣기보다 자신의 생각대로 할 수도 있는 것인데, 이런 조건을 걸면서 스트로크를 주게 되면, 자신의 내면의 느낌보다 상대의 가치에 맞추는 사람이 될 수도 있다.

스트로크에는 신체적인 것도 있다. 아기를 안아 주고 쓰다듬어 주는 것에서부터 아이들의 등을 토닥여 주는 것, 포옹해 주는 것, 연인들의 신체적인 접촉, 부부생활에 이르기까지 몸으로 상대에게 표현하고자 하는 것들이 모두 이에 해당한다.

그런데 아기일 때는 넘치던 스트로크가 나이가 들수록 줄어 간다. 할머니, 할아버지가 되면 더 이상 아무도 어루만지거나 안아 주지 않는다. 가끔 잔정 많은 자식이 슬쩍 손이라도 잡아 주면 그것만으로도 할머니들은 눈가를 훔친다. 스트로크의 기아상태에 빠져 있었기 때문이다. 특히 우리 문화에서는 더욱 당연하고 흔한 일들이다. 하지만 어른이 되었다고 그리고 노인이 되어 간다고 신체적인 접촉이 필요 없는 것은 아니다. 아니, 젊을 때보다 더욱 필요하다.

우리의 부모들을 생각하면, 특히 위 세대를 생각하면 화병이라는 대한민국 특유의 병이 생기는 것이 어쩌면 당연한 일일지도 모르겠다는 생각이 든다. 가족을 위한 희생이 당연하다는 생각에 한 치의 의심도 없이 살아왔건만, 어느 누구도 질적인 스트로크를 주지 않는다. 가끔 TV를 보면 할머니들이 한탄을 하며 이런 말을 한다. "그렇게 고생했지만 우리 영감은 한 번도 고생했다는 소리를 살아생전 안 했어. 그런데 딱 한 번 하더구먼. 바로 죽기 전에 그간 고생했다고 하는데 얼마나 눈물이 나는지. 근데 그게 서러워서 나는 눈물이었어." 그런 소리를 들으면 너

무나 안타깝다. 그 소리가 뭐라고 그렇게 아끼며 살다 가셨는
지…….

우리 부모 세대는 말로 하는 스트로크도 부족했지만 신체적
스트로크는 더욱 부족한 채로 살아왔다. 그것은 단지 그 세대
만의 표현 방식이 아니라 대를 물려 가며 전수되는 감정의 표
현 방법이 되었던 것이다. 그렇게 언어적으로나 신체적으로나
스트로크를 받지 못하고 살아왔으니 감정을 표현하는 일이 서
투르고, 서럽고 억울한 일이 있어도 마음에만 쌓아 놓아 화병이
생기는 것이다.

마음에 아무리 많은 사랑의 말이 넘치고 감사의 말이 넘치면
무엇하는가? 표현하지 않으면 없는 말이다. 마음으로 아무리
많이 안아 주고 쓰다듬어 주면 무슨 소용인가? 한번 잡아 주는
손이 더 따뜻한 법이다. 인본주의 심리치료의 대가인 칼 로저스
Carl Rogers는 표현이 없는 공감은 공감이 아니라고 했다.

자식들이 오면 근엄한 표정으로 아버지의 권위를 보이려 하
고 늘 교훈을 입에 달고 사서도 손주들이 뛰어 들어와 "할아버
지!" 하고 안기면 같이 아이가 되어 천진한 웃음을 짓는 우리 아
버지들에게 "아버지, 저도 안아 주세요." 하고 두 팔을 벌려 보
자. "싱겁기는." 하고 받아치실지도 모르겠지만, 몇 초만 꼭 안
고 마음으로 "사랑합니다."라고 말하면 아마 그날은 지루한 교
훈을 듣지 않아도 될지 모른다. 그리고 어머니의 정성이 더욱

듬뿍 들어간 밥을 먹을 수 있을지도 모른다.

그러나 그것보다 더 좋은 것은 내 아이들이 나중에 나에게도 그렇게 해 줄 것을 기대할 수 있다는 것이다. 비록 길거리에서 흰머리에 등이 굽은 남편으로부터 입맞춤은 받지 못할지 몰라도 내 아이들이 나를 볼 때마다 "어머니" 하면서 안아 준다면, 그것만으로도 열심히 살아온 보상이 되지 않을까…….

7

마음에
현재(Present)를
선물(Present)하다

***

명상 워크숍에서
시간구조화

밴쿠버에 있는 UBC(University of British Columbia)에서 열렸던 명상 워크숍에 참여했을 때의 일이다. 시작 시간이 9시였지만 그날따라 지도자가 늦는 바람에 시작이 지연되고 있었다.

명상 워크숍인지라 의자도 없이 차가운 마룻바닥에 담요나 '자푸'라고 불리는 명상 방석을 깔고 앉아 사람들이 기다리고 있었다. 그래도 세계적으로 명성이 자자하며 21세기 영적 스승이라 불리는 에크하르트 톨레Eckhart Tolle의 파트너인 킴 잉Kim Eng이 이끄는 워크숍인지라 일찌감치 마감이 된 만큼 사람들도 꽤 많았는데 참으로 조용하게들 기다리고 있었다.

나도 비어 있던 자리 하나를 발견하고는 방석을 깔고 앉았다. 손 하나 뻗으면 서로 닿을 거리임에도 앞사람도 옆 사람도 아무도 아는 척을 하지 않았다. '군중 속의 고독이군. 잘됐네. 괜히 말 시키면 그것도 골치 아프지.' 그야말로 TA의 시간구조화 중 폐쇄withdrawal 상태이다. 이러한 상태에서 주고받을 수 있는 유일한 스트로크는 셀프스트로크self-stroke뿐이다. 몸은 그 자리에 많은 사람들과 함께 있는데, 생각은 내 속을 헤매고 다닌다. 관심이 오로지 나 자신에게만 집중되어 과거와 미래의 쓸데없는 생각들 사이를 오고 간다. 한참 생각에 빠져 있다가 옆 사람을 흘깃 보니 책을 읽고 있었다. 나도 막 읽은 톨레의 책이라 반가웠지만 뭐라 선뜻 말을 걸기가 좀 어려운 것은 혹시 먼저 말을 걸었는데 그쪽에서 무심하게 반응을 하면 거절당한 것처럼 상처를 받을까 두려워서일 것이다. '에이, 아는 척 말고 그냥 시작 시간을 기다리지 뭐.' 하고 마음을 먹는다.

그때 뒤에서 누군가가 "실례합니다." 하고 말을 걸어 왔다. 돌아보니 젊잖게 생긴 노신사이다.

"미안한데 자리를 조금 앞으로 당겨 주시겠소? 여기밖에 자리가 없어서……."

"네, 그러지요." 가능한 한 상냥하게 웃으면서 조금 앞으로 당겨 앉았다. 외국에서 살다 보면 웃음만큼 친화력이 큰 무기가 없음을 몸소 체험하기 때문에 나도 모르게 몸에 밴 습관이다. 그러자 그는 "저, 나는 벤이라고 해요." 하며 손을 내민다.

그 손을 잡고 인사를 하자 옆 사람이 또 인사를 한다. "안녕하세요. 난 존이에요. 만나서 반가워요." 그러다 보니 책을 보던 내 옆 사람도 앞사람도 전부 인사에 참여했다. 아주 간단하지만 인사라는 의식ritual을 행했던 것이다.

의식은 이렇게 간단한 인사에서부터 복잡한 종교적인 행사까지 다양하다. 명절이나 기념일을 잊지 않고 챙기고 계획을 세워 시간을 구조화하는 것 또한 의식이라고 말할 수 있다. 그렇게 스트로크를 서로 주고받으면서 이름과 사는 곳에 대해 이야기하다 보니 처음보다는 조금 친숙해진 느낌이 들었다.

"와, 근데 오늘 날씨 좋던데요. 벚꽃 핀 것 보셨어요?" 존이 말했다. 날씨로 시작되는 잡담pastimes이 시작된 것이다. "예, 정말 아름답더군요. 근데 오늘 왜 이렇게 늦게 시작되는 건지 아세요?" 벤이 물었다. "킴이 좀 늦게 출발할 사정이 있었다고 아까 들어오면서 들었어요." 서너 명이 둘러앉아 시작을 기다리며 이런저런 이야기를 나누었다.

그렇게 잡담을 나누다 보니 단순히 "안녕하세요." 하고 인사를 나눌 때보다는 서로를 조금 더 알게 된 느낌이 들고, 그 서너 명이 다른 사람들에 비해 더 가깝게 느껴졌다.

흔히 잡담을 하는 사람들은 자신의 이야기를 재미있게 만들어서 하기도 하고 다른 사람들의 이야기를 하기도 한다. 하지만 지금-여기here and now의 일을 이야기하기보다 과거에 일어난 일이나 다 같이 흥미 있는 주제를 선택해서 이야기한다. 잡담을 주고받을 때는 부모 자아(P) 상태나 어린이 자아(C) 상태에서 이야기를 주고받는 경우가 많으며, 이는 게임이나 친밀로 넘어가기 전에 서로 속을 떠보는 스트로크 교환 방식이다.

드디어 워크숍이 시작되었다. 시간구조화 중 활동_{activity}에 들어간 것이다. 모든 사람이 명상을 체험하고 배우겠다는 같은 목적으로 시간과 에너지를 기울이는 상태를 활동이라고 말할 수 있다. 잡담과는 다르게 활동 중일 때 사람들은 어떤 결과물을 향해 에너지를 기울인다. 이렇게 활동을 함께 할 때는 어른 자아(A) 상태를 사용하며, 생산적이고 창조적인 시간이 되면서 참여한 사람들에게 만족을 준다.

하지만 모든 사람이 같은 마음으로 참여하였다 해도 TA에서 말하는 게임_{game}을 하는 사람이 한둘은 있게 마련이다. 잠시 쉬는 시간이 지나고 오전 강의에 대한 질의 응답시간이 있었다. 앞자리에 앉아 있던 건장한 체구의 금발 남자가 자신을 마이클이라고 소개하며 질문을 했다. "난 당신이 소개하는 여러 명상 방법을 다 연습해 봤는데, 별 효과가 없었습니다. 혹시 다른 방법이 없나요?" 킴이 웃으며 대답을 했다 "그렇다면 순간명상이라는 것도 해 보셨나요?" "그럼요. 그래도 별로 달라지는 걸 못 느꼈어요." "요가는 어떠셨나요?" "요가 좋죠. 그런데 그건 명상법이라기보다는 운동 같던데요."

'yes-but_{네-그러나}' 게임이 시작되었다. 킴이 이것저것 제안을 하면 할수록 마이클은 "그래요. 그것도 좋은데, 나는 이러저러해서 별 효과가 없던데요. 뭐 다른 건 없나요?"만 되풀이하고 있었다. 그러다 보니 다른 사람들은 질문을 할 엄두도 못 내고 두 사람의 이야기만 듣고 있는 셈이 되고 말았다. 킴 또한 초조해 보였지만 어떻게 해도 마이클이 들을 기미가 안 보이자 "마이클, 오늘 워크숍이 끝나면 저와 함께 다시 한번 이야기를 하면 어떨까요?" 하고 마무리했다.

게임을 하는 마이클의 사회적 수준의 메시지는 '나는 잘하고 싶은데 좀 도와주세요.'였지만, 심리적인 메시지는 '당신이 뭐라고 이야기를 해도 난 안 믿어. 당신의 방법들은 별 도움이 안 돼.'라는 것이었다. 이와 같이 모든 게임은 이면교류의 교환으로 시작되며, 예측 가능한 결말로 향하는 공식을 가지고 진행된다.

성인인 지금도 어린 시절의 전략을 되풀이해서 상대에게는 불쾌한 감정을 맛보게 하면서 자신 또한 자신의 인생태도I'm not OK, You're OK를 확인하는 것이 이 게임의 목적이 될 수가 있다.

그렇게 오전 시간이 지나고 오후에는 몸을 움직이는 여러 가지 형태의 명상법에 대한 체험이 있었다. 그중 하나는 온몸을 이완시키는 방법으로 머리부터 발끝까지 흔들기가 있었는데, 아무도 없는 방에서 혼자 해도 민망할 것 같은 그 행동을 그 많은 사람과 함께 하자니 절로 웃음이 터져 나왔다. 게다가 옆 사람, 뒷사람과 마주 보고 하라는 게 아닌가? 그것도 자신이 지을 수 있는 가장 웃기는 표정을 짓고서.

뒤에 있던 벤 그리고 옆에 있던 존과 그렇게 한참을 마주 보고 배꼽을 잡고 웃으며 온몸을 흔들고 있으면서 그제야 그 명상법을 이해하게 되었다. 그들이 너무나 친밀하게 느껴지는 것이었다. 갑자기 오래 알아 온 친구처럼 그리고 가족처럼 느껴지면서 처음 가졌던 부끄러운 느낌은 어느새 멀리 사라지고, 진정 자유롭다는 것이 무엇인지를 느끼고 오늘 처음 만난 사람에게서 이토록 가까운 느낌을 가질 수 있다는 게 신기하기만 하였다.

TA에서 말하는 친밀intimacy은 인격 대 인격의 교류이고, I'm OK, You're OK의 긍정적이고 순수한 관계를 경험하는 것을 말한다. 그날 나는 짧은 경험이었지만 그 순간 순수하게 그들을 사랑한다는 강렬한 느낌을 가졌었다.

강의와 명상 방법을 배운 것 이상으로 그날이 인상 깊게 남아 있는 것은 타인과 친밀이라는 특별한 감정을 공유한 덕분이 아니었나 지금도 생각한다.

행복 찾기
시간구조화-의식

매년 5월은 달력의 중간 부분에 숨어 있다가 한 해를 시작한

지 얼마 되지도 않아 불쑥 찾아온다. 봄의 시작이니 새순이 돋느니 이야기한 지가 엊그제인데, 벌써 신록의 계절이라는 수식어를 보디가드처럼 거느리고 당당하게 나타나는 것이다. 아마도 이러한 5월이 부담스러운 사람은 비단 나 혼자만이 아닐 것이다. 그야말로 행사의 달이 아닌가? 어린이날, 어버이날, 스승의 날 같은 공식적인 행사 외에도 형제들의 생일이나 소소한 기념일도 5월이 가장 많다. 그러다 보니 5월에 있는 내 생일에 바라는 바는 축하 인사도 안 받고 아무것도 안 해도 되는 날로 만들어 주는 것이라는 말을 하게 되었다.

TA에서는 사람이 스트로크를 조절 또는 충족시키기 위해 자신의 시간을 구조화한다고 한다. 이러한 시간구조화 내용 중에 폐쇄withdrawal나 잡담pastime 그리고 의식儀式, ritual은 시간구조화 개념에서 본다면 그다지 질적인 쓰임새가 아닌 경우가 많다.

하지만 그것은 어디까지나 어느 자아 상태에서 교류하고 있느냐에 따라 확연히 달라진다. 폐쇄의 상태일 때는 신체적으로 혹은 심리적으로 자신을 타인으로부터 멀리함으로써 스트로크를 얻는다. 그리고 비록 몸은 타인과 함께 있더라도 나만의 생각에 빠져 있기도 한다. 어린이 자아(C) 상태에서 다른 사람과의 스트로크를 주고받는 일이 어렵다고 느끼거나 혹시 거절이 두렵다면 스스로를 폐쇄의 상태에 두려고 할 것이다.

의식의 상태는 사람들이 성장하면서 부모나 가족문화, 전통

적 의례를 보고 배워서 의례적으로 행하는 일정한 행동 패턴으로 시간을 보내는 것을 포함한다. 의식은 부모 자아(P) 상태에서 어린이 자아(C) 상태로 전해지는 메시지를 듣는 것이다. 특히 순응하는 어린이 자아(AC) 상태에서 지금까지 늘 해 오던 일을 습관처럼 반복하는 것이다. 타인과의 교류의 측면에서 보자면 폐쇄보다 조금 더 큰 위험을 느낄 수도 있다. 내가 반갑게 인사를 했는데 상대로부터 무시당했다면 그 거절의 느낌은 무척 불편할 것이기 때문에 오히려 폐쇄가 안전하다고 느낄 수도 있기 때문이다. 의식으로부터 오는 스트로크는 강도는 낮지만 긍정적이다.

잡담은 부모 자아(P)나 어린이 자아(C)의 상태에서 서로 공통의 관심사나 친숙한 일들, 혹은 남들에 대한 이야기를 하면서 시간을 보내는 것이다. 의식보다는 조금 더 강도가 있는 스트로크를 교환하고, 또 사회적인 교환이라는 측면에서의 기능도 있다. 이러한 폐쇄, 의식, 잡담 등을 다시 한번 생각해 보면 일상에서 기분 좋고 좀 더 쓰임새 있는 시간으로 만들 수도 있다.

일요일 예배나 미사 혹은 법회에 참여해서 기도를 하는 시간을 한번 생각해 보자. 참여를 하는 일은 의식에 속하지만, 그 의식 속에서 혼자만의 기도 시간은 폐쇄에 해당될 것이다. 이러한 경우의 폐쇄는 우리의 일상에서 꼭 필요한 일이다. 또 아침마다 조깅을 하는 시간은 폐쇄에 해당되지만, 그 시간을 통해 건강을 유지할 것이고 맑은 정신을 가질 수 있어 건설적인 시간이 된다. 단지 어떤 자아 상태로 폐쇄의 시간을 보내느냐가 중요하다. 어른 자아 상태(A)에 머물 수 있었다면 분명 그 시간도 우리에게 필요한 시간이 된다.

잡담 또한 그러하다. 날씨를 주제로 한 이야기, 정치인 이야기, 연예인 이야기, 낚시나 골프 후 그 과정에 대해 이야기하는 것, 부모들의 자식 자랑, 스포츠, 자동차, 증권 등 처음 만나거나 친한 사람들끼리 이야기를 주고받는 일만 잡담에 해당하는 것은 아니다. 즐거움을 위해 운동경기를 하거나 명절날 식구들이 윷놀이를 하거나 고스톱을 치는 것도 잡담성 활동으로 시간을 구조화하는 유형에 속한다고 할 수 있을 것이다. 심리게임game으로 발전하지만 않는다면 잡담의 시간 동안 우리는 많은 긍정적인 스트로크를 주고받고 즐거움을 경험할 수 있다.

나아가 사람들은 부모 자아(P) 상태의 지시를 순응하는 어린이 자아(AC) 상태에서 수행하면서 잔고가 부족해져 가는 스트로크 은행을 의식으로 채우려고 한다. 이것은 무미건조해져 가는 자신의 삶에 약간의 자극을 주려고 하는 것이다. 하지만 이 의식이라는 과정을 통해 자신의 삶을 더욱 풍요롭게 가꾸어 나가는 사람들은 분명 우리 주위에서 찾아볼 수 있다. 그들은 즐거움이 반복되는 나만의 의식을 행하는 사람들이다. 이는 반복하는 의식에 정서와 의미를 부여함으로써 가능해진다. 이런 경우에는 의식이 행해지는 자아 상태는 부모 자아(P)의 지시를 순응하는 어린이 자아(AC) 상태에서 수행하는 것이 아니라, 어른 자아(P) 상태에서 어린이 자아(C) 상태로, 특히 자유로운 어린이 자아(FC) 상태로 의식을 만들어 나가는 것이라고 할 수 있다.

문화심리학자 김정운 교수는 "삶이 행복하려면 반복되는 정서적 경험이 풍요로워야 한다. 우리가 음악회를 가거나 여행을 떠나기를 원하는 것도 그곳의 의식을 통해 생산되는 정서적인 경험을 원하기 때문인 것이다. 내 일상에서 즐거운 의식을 다양하게 개발해서 특별한 의미와 느낌을 부여하면 삶은 풍요로워진다."라고 했다. 그리고 문화심리학자답게 문화를 '정서 공유의 의식'으로 정의했다. 문화란 특정한 정서를 공유하는 방식이며, 공유되는 정서와 의식이 없는 사회는 문화 또한 존재하지 않는다는 것이다. 즉, 기계적인 구조만 남게 되어 메마르고 건조한 사회 그리고 개인이 된다는 것이다.

그렇다면 우리는 습관적이고 의무뿐인 의식을 어떻게 정서를 공유하고 의미가 부여되는 행복의 씨앗으로 만들 수 있을까? 일상 속의 사소하지만 즐거운 의식은 '마음먹기'에 따라 너무나 다양하다. 산을 좋아하면 산행을 자신의 의식으로 정해 산행 후 시원한 막걸리와 두부김치로 마감하는 하산주下山酒 의식을 할 수도 있다. 그 시간을 통해 한 주의 고단함을 씻고 산행의 뿌듯함을 함께 맛본다. 부부가 데이트하는 날을 정해 연애할 때의 기분으로 분위기 좋은 레스토랑에서 와인을 한잔하며 일반적인 외식을 의식으로 전환하는 것도 좋다. 함께 멋있게 차려입고 영화나 연극, 음악회를 보러 나선다면 일상이지만 늘 기다려지는 날이 될 것이다. 커피를 좋아한다면 아침에 일어나서 향기 좋은 원두를 갈면서 하루를 시작할 수 있다.

이렇듯 누구나 자신의 일상에서 즐거운 의식을 다양하게 개발하면 된다. 나이를 먹을수록, 삶을 살아갈수록 이런 종류의 사소하지만 즐거운 자신만의 의식이 메마른 우리의 삶을 구원해 주고 '소소하지만 확실한 행복'을 느끼게 해 준다. 무엇보다 중요한 것은, 내 삶이 더 이상 건조하고 팍팍하지 않으려면 '내 삶이 더욱 좋게 느껴지는 나만의 의식'에 관심을 가지고 실천해야 한다는 것이다.

성 부장은 왜?
인생태도

성 부장은 어느 모로 보나 괜찮은 사람이다. 요즘같이 회사에서 버텨 내기 어렵다고 아우성을 치는 세상에 상사뿐 아니라 후배들까지 챙겨 가며, 자기가 맡은 일 또한 실수 없이 잘 해내니 회사 내부에서뿐만 아니라 거래처에서도 칭찬이 자자하다.

그래서 특히 후배들은 어려운 일이 있을 때면 스스럼없이 성 부장을 찾아온다. 다른 선배들 같으면 후배들의 고충을 일일이 듣기보단 '술이나 한잔 하고 잊어버려라.' 하는 정도의 충고를 하기 일쑤지만, 성 부장은 술보다는 이야기를 열심히 들어 주고 "이번 일은 아쉽게 이렇게 되었지만 다음은 틀림없이 잘될 거다. 네 능력을 그간 보아 왔는데 너라면 충분히 해낼 수 있다. 뭐든지 내가 도울 일이 있으면 도울게. 힘내라." 하고 정말 마음 따뜻한 격려를 아끼지 않는다.

그리고 이런 태도는 다른 사람들에게 하는 말로만 그치는 게 아니라 자신에게도 스스로 적용한다. 성 부장이 가장 좋아하는 말이 '피할 수 없으면 즐겨라.'라는 말이다. 항상 일을 즐기는 자세로 하려고 노력하면서 열심히 하되, 그렇게 하고 나서는 진인사대천명이라고 외면서 결과에 그다지 집착하지 않는 것이다.

그런 성 부장도 가기만 하면 스트레스를 받는 장소가 있다. 그건 다른 곳이 아니라 반년 전에 다니기 시작한 골프 연습장이다. 골프를 못 치고는 거래처 관리도 어려운 세상이 되다 보니, 본인의 건강도 위하고 일에도 도움이 된다고 생각해서 과감하게 돈을 들여 골프채도 사고 발을 들여놓았다. 그런데 막상 시작하고 보니 골프가 그리 만만치 않은 운동이었다. 주변에서는 지금쯤이면 어지간하겠다며 라운딩을 하자고 이야기들을 하는데 그게 더 스트레스이다. 막상 연습장에 가서 귀가 아프게 빵

빵 쳐 대는 다른 사람들을 보면 괜히 주눅이 들고 자기도 모르게 구석 자리를 찾아 연습을 하게 되는 것이다. 얼마 전에는 조금 늦게 출근을 해도 되는 날이라 집 부근 연습장을 들렀다가 같은 아파트에 살고 있는 친구를 만나게 되었다. 그래도 구력이 성 부장보다는 조금 오래된 그 친구는 마치 자신이 프로라도 되는 양 온갖 이론과 시범을 곁들여 물 만난 고기처럼 떠들어 대더니 "넌 연습 더 해야겠다. 그래 가지고는 라운딩 나갔다가 캐디 언니들한테 욕만 먹는다." 하고는 가 버리는 것이 아닌가. 아직은 실력이 형편없는 게 사실인지라 뭐라고 말도 못했지만 속으로는 부글부글 끓어오르는 화를 삭이느라 애꿎은 공만 이리저리 날려 보냈다. 얼마나 속이 상했는지 1년 전에 끊은 담배 생각이 날 정도였다.

'저놈은 나보다 나을 것도 없을 것 같은 실력에 잘난 척이 오히려 프로 수준이구먼.' '근데 나는 왜 이렇게 안 늘지?' '이러다 정말 라운딩 나가서 망신만 당하면 어쩌지?' '모두 밥 먹고 골프만 치나. 왜 이렇게들 빵빵 날려 대는 거야? 에이, 짜증 나.' 마음속이 마치 벌집 쑤셔 놓은 듯 복잡해지면서 자신이 한심하게 느껴지고, 남들은 쉽게도 잘하는데 자신만 뭔가 모자란 사람처럼 느껴졌다.

간신히 화를 삭이고 회사로 들어오니 오늘따라 중요한 회의가 있었고, 후배인 김 과장이 머뭇거리며 따라 들어온다. "저,

부장님. 제가 오늘 실수를 했는데."라고 시작된 김 과장의 이야기는 결론인즉 자신의 실수는 인정하지만 어쩔 수 없는 상황이었다며 이해를 구하는 이야기였다. 평소라면 잘 들어 보고 스스로 해결하도록 도와주는 방식을 택할 수 있었을 것이다. 그러나 오늘은 왠지 화가 나면서 자신도 모르게 "아니, 자네는 번번이 나한테서 뭘 바라는 건가? 나는 이해만 하는 사람이야? 자신이 실수를 했다면 책임을 지면 되잖나?" 하고 큰소리를 내고 말았다. 머쓱해진 김 과장은 굳어진 얼굴로 알았다며 자리를 떴는데, 오히려 그 모습에 미안하지가 않고 더 화가 나는 이유를 성 부장은 스스로 생각해도 알 수 없었다. 자신의 일을 책임지려 하지 않는 김 과장의 모습이 마치 다른 모든 후배의 모습인 것처럼 생각되면서 "내가 얼마나 더 봐줘야 다들 정신을 차리게 되는 거야? 내가 무슨 자네들 뒤치다꺼리하는 사람인 줄들 알아." 하고 혼자 중얼거리며 회의실로 향했다.

그날따라 회의실 분위기는 심각했다. 얼마 전 해외에서 걸린 클레임을 해결하는 자리였는데 서로 책임을 안 지려고 이리저리 부서별로 실랑이를 하다가 결국은 성 부장의 부서로 일이 떨어지고 말았다. 아침부터 마음이 조금 심란해 있던 성 부장이 조금 방심하고 있던 사이 일이 그렇게 되어 버린 것이다. 어느 부서가 맡아도 결국은 본전도 못 건지게 되어 있던 일이라 그제야 그건 우리가 해결할 사안이 아니라고 발뺌을 해 보는데, 사장이 한마디를 한다.

"아니, 성 부장, 그렇게 이리저리 책임을 안 지려고 할 게 아니라 적극적으로 나서서 좀 해 보지 그래? 다른 부서는 일이 좀 많아서 그런 것 같은데."

사장의 말이니 뭐라 할 수가 없어서 "알겠습니다." 하고 마무리를 하는데 이제는 거의 폭발하기 일보직전이다. '아니, 누구 잘못도 아니라면서 왜 나더러 해결하라는 거야? 내가 동네북이야? 그간 내가 너무 만만하게 보인 게 틀림이 없어. 다들 뻔뻔하게 잘들 빠져나가고. 열심히 하면 알아주는 세상이 아니고 골치아픈 일만 떨어지는 세상인데 뭐 하러 회사일에 그간 그리 열심이었을까?' 결국은 1년 전에 끊었던 담배에 다시 불을 붙였다.

성 부장의 하루 일과는 이렇게 마무리되었지만, 하루 동안 성 부장은 자신도 모르게 네 가지의 인생태도를 반복하고 있다. 대체로 성 부장의 인생태도는 I'm OK, You're OK 태도이다. 자신에게도, 남들에게도 너그러우며 충분히 서로를 인정하고 지지적인 입장을 취하고 있기 때문이다.

그런데 골프 연습장에만 가면 태도가 바뀐다. 그때는 I'm not OK, You're OK 태도가 되고 만다. 자신이 시작한 지 얼마 되지 않았다는 사실을 간과하고 무조건 남들이 부러워지면서 자신은 한심하게 느껴지고 연습장에 서서도 다른 사람들과 끊임없이 비교하고 있기 때문이다. 이것은 빨리 잘하고 싶은 조급한 마음에서 나오기도 하고 어쩌면 골프에 대한 성 부장의 열등감에서 비롯되었는지도 모른다.

그리고 오늘 김 과장을 대한 태도에서는 I'm OK, You're not OK 태도가 느껴진다. 도움을 구한 후배에게 비난을 한 것은 이해를 하고자 하는 마음보다는 상대를 판단하고자 하는 마음이 더 앞섰기 때문일 것이다. 이런 태도로 사람들을 대하다 보면 결국 성 부장 옆에 남는 후배는 한 사람도 없을 것이 분명하지만, 돌아서는 김 과장의 굳어진 표정을 보고도 여전히 화가 나 있던 성 부장은 그 사실을 깨닫지는 못하고 여전히 김 과장과 다른 후배들에게까지 화살을 돌렸다.

회의 시간 말미에 성 부장은 결국 I'm not OK, You're not OK 태도가 되고야 만다. 나뿐만이 아니라 상대에게도 비난과 공격을 하는 태도를 보이면서 결국은 끊었던 담배를 다시 피우게 되고 말았다.

평소 성 부장이 가진 태도인 I'm OK, You're OK는 누구나 지향해야 할 좋은 태도임에도 불구하고 스트레스를 받는 상황이 되면서 네 가지 인생태도가 번갈아 나타났는데, 이것은 비단 성 부장뿐 아니라 누구에게도 일어날 수 있는 상황이다. 그렇지만 성 부장이 조금만 달리 마음을 먹었다면 어떻게 되었을까?

골프는 하루아침에 되는 운동이 아니다. 겨우 6개월 만에 잘하려고 하는 것이 욕심일 수 있다. 다른 사람들은 그만큼 많은 시간과 노력을 투자해서 이루어 낸 것이라고 여기고 천천히 하자고 마음을 먹었다면, 아마 연습장에서 구석 자리만 찾는 일은 없을 것이다.

늦게 출근하는 날 연습장에서 운동도 하고 친구를 만나 좋은 조언도 들었다고 생각했다면 좋은 마음으로 출근을 했을 것이고, 평소처럼 김 과장의 부탁을 도와줄 수도 있었을 것이다.

또한 회의실에서도 조리 있게 자신의 부서 일이 아니라고 말을 하거나, 평소 자신의 지론처럼 '어차피 할 일, 즐기면서 하자.' 하고 생각했을 것이다.

그렇다면 성 부장이 평소에 지니고 있던 좋은 인생태도를 유지하는 비결은 무엇일까? 그것은 어떤 일에나 있기 마련인 동전의 양면 중 긍정적이고 나에게 도움이 되는 생각에 포커스를 맞추는 것이다.

호피 인디언들은 자신들이 기우제를 지내면 항상 비가 온다고 믿는다. 황량한 사막에 비가 올 확률은 거의 없음에도 그들의 믿음이 응답을 받는 이유는, 그들이 비가 올 때까지 기우제를 지내기 때문이다. 언뜻 들으면 썰렁한 농담이라고 치부해 버릴 수도 있지만, 그들은 생각의 포커스를 비가 오지 않는 것에 맞추는 것이 아니고 비가 오는 것에 맞추고 있다.

TA의 I'm OK, You're OK 태도야말로 이 긍정성과 맞물려 있는 태도라 할 수 있다. 긍정적인 사고가 이 태도를 더 확실하게 해 주고, 또 이런 태도를 가지게 되면 사고의 긍정성이 증대되기 때문이다. 100% 믿는 긍정성은 사막에서도 씨를 뿌리고 농사를 짓게 하는 기적을 만든다. 우리의 삶에서도 긍정성을 회복할 수 있다면 이보다 더한 기적을 만들 수 있지 않을까?

내 삶의 의미는
어른 자아

50대 중반의 기업체 간부인 창모 씨가 상담실을 찾아왔다. 그는 사랑하는 부인을 떠나보낸 지 2년이 다 되어 가지만 아직 슬픔에서 헤어 나오지 못하고 있었다. "마지못해 밥을 먹고, 할 수 없이 일을 하고 지냅니다. 제가 왜 살고 있는지 모르겠습니다. 아내가 투병 중일 때도 저는 회사일이 바쁘다며 지방출장을 다니느라 곁에 있어 주지도 못했습니다. 왜 그때 함께 있어 주지 못했는지 지금은 너무 후회가 됩니다."

그의 표정만큼이나 목소리에도 회한이 가득했다. 아내의 죽음을 견디느라 우울증으로 힘들어하고 있는 것 같았다.

"선생님, 혹시 지금 겪고 있는 고통의 의미를 알고 계신지요?" "아니, 그게 무슨 말씀이시죠? 고통에도 의미가 있나요?" 삶에 의욕이 없었던 창모 씨는 깜짝 놀라 되물었다. "만약 거꾸로 선생님이 먼저 세상을 떠나고 부인이 지금 살아 있다면 선생님은 부인이 어떻게 지내기를 원하실까요?" "힘들겠지만……. 아마 슬픔을 딛고 잘 지내길 원하지 않았을까요?" 그는 한참 말이 없었다.

"저도 그렇게 생각합니다. 같이 갈 수 없다면, 먼저 보낸 후 아내를 추억하며 남은 일을 정리하고 마감하는 게 제 몫이라는 걸요!" 그의 얼굴이 조금은 편안해 보였다.

정신과 의사 빅터 프랭클Viktor Frankl은 나치에 의해 3년간 강제수용소에 갇혀 지내는 동안 부인과 부모, 형제를 잃었다. 인간으로서의 존엄성과 삶의 기반을 송두리째 잃고, 수없이 죽을 고비를 넘기면서도 훔친 종이에 몰래 원고를 쓰는 것으로 연약한 삶을 지탱했다. 프랭클은 절박한 상황에서도 삶에 의미를 부여하며 살아남을 수 있었다. 그리고 의미라는 뜻이 담긴 '로고테라피logo therapy, 의미치료'라는 심리이론을 만들어 유명한 정신과 의사가 되었다.

삶의 의미를 잘 찾지 못하고 힘들어하는 사람들이 많다. 내 삶의 의미는 나에게 있는데도 타인의 태도에서 내 삶의 기쁨과 고통을 결정하려 하기도 한다. '가족 때문에 힘든 일을 묵묵히 견딘다.'고 말하는 사람들이 있다. 가족 때문에 희생을 하는 것이 자신의 삶에서 큰 의미가 있다고 생각하는 것이다. 사실은 그것보다는 좋은 아빠나 능력 있는 남편이 되고 싶은 것, 즉 내 삶의 의미가 더욱 중요하지만 그렇게 생각을 하면 왠지 이기적인 것처럼 생각된다. 그래서 자신의 삶은 오로지 가족을 위해 있는 것이라고 생각한다. 그러다 보니 가족이 조금만 내 기대에 부합하지 않으면 힘든 삶에 대한 보상을 기대하게 된다.

2년간 불면과 좌절 속에 힘들어했던 창모 씨는 조금씩 일상생활을 되찾으며 회복하기 시작했다. 고통과 슬픔이 완전히 사라진 것은 아니지만, 이제는 그것들을 이해하고 받아들이고 감당하게 되었다. 어쩌면 허무하게 마감했을지도 모르는 삶을 다시 일으켰고, 자신의 남은 삶에 의미를 부여하기 시작했다.

독일의 철학자 니체Nietzsche는 "왜 사는지를 아는 사람은 어떤 고통도 이겨 낼 수 있다."고 했다. 상담을 진행하다 보면 내담자들은 자신의 삶과 역할에 의미를 부여하며 비로소 회복해 나간다. 그러면서 점차 역지사지의 힘을 발휘하게 된다. 역지사지는 타인과 자신의 입장을 바꾸어 보는 것, 즉 서로 신발을 바꾸어 신어 보는 것이다. 이것이 제대로 되면 왜곡되었던 대인관계가 점차 정상적으로 돌아오게 된다.

나도 승자가 될 수 있다

승자 각본(셀프스트로크)

우리나라 사람들의 평균수명이 OECD 국가의 평균을 넘어 여성은 85세, 남성은 80세가 되었다고 한다. 굳이 80년의 세월을 길다 짧다 말하지 못하는 이유는 시간이라는 개념이 주관적이라 누구에게는 너무나 긴 세월이 누구에게는 마치 찰나처럼 느껴질 수도 있기 때문이다. 그러나 그 주관적인 시간 개념 안에서 우리는 자신만의 인생이라는 시간 덩어리를 채우며 살아간다.

많은 사람이 매년 초가 되면 새로운 결심을 한다. 올 한 해는 '이것' 하나만은 당차게 해 보리라……. 그리고 '이것'을 위해 별도로 시간을 계획한다.

또 일상적인 생활 속에서의 '하루'라는 시간도 아침에 눈을 뜬 뒤로부터 일정이 어떻게 되어 있는지에 따라 다르게 구조화된다. 이렇게 보면 자신의 평생을 걸고 이루고 싶은 꿈을 위해 목표를 세우고 시간을 계획하는 것은 당연한 일이 아닐까?

여기서 우리는 각자 자신의 한 번뿐인 '인생'이라는 시간을 어떻게 계획하면서 사는지를 되짚어 볼 필요가 있다. 누구에게나 하루 24시간, 1년 365일이라는 똑같은 시간이 주어진다. 그러나 승자winner와 패자loser는 이러한 시간을 구조화하는 데서 차이가 난다. 승자의 공통점은 자신의 시간을 자신을 위한 질적인 셀프스트로크를 주는 데 많은 에너지를 쏟는다는 것이다.

빌 게이츠Bill Gates의 '생각주간think week'은 여기저기에 소개된 유명한 이야기이다. 빌 게이츠는 1년에 두 번씩 소박한 별장에서 혼자 자신만의 '생각주간'이라 불리는 시간을 보낸다. 간단한 식사만 누군가가 날라다 줄 뿐이고 가족조차도 접촉이 금지되는 시간이다. 그 시간만큼은 철저하게 혼자가 되어 직원들의 아이디어를 읽고 메일을 보내는 시간으로 사용한다. 이 '생각주간'에서 나오는 빌 게이츠의 아이디어들은 곧바로 전 세계 시장의 지각변동을 일으키게 된다.

또 유명한 일본의 소설가 무라카미 하루키Murakami Haruki는 글을 쓸 때 자신의 시간을 구조화하는 이유에 대해 이렇게 설명한다. 작가라는 직업은 하루 종일 자신의 서재에서 일을 하는 자유로운 직업인 동시에 잘못하면 일과 건강을 동시에 잃어버릴 수도 있는 위험한 직업이라는 것이다. 그래서 하루의 몇 시간은 정해놓고 글을 쓰지만, 반드시 그다음에는 운동을 하거나 산책을 하거나 하면서 혼자만의 시간을 갖는다. 하루키가 마라톤을 시작한 것도 그 때문이었다고 한다. 그는 자신의 책 『달리기를 말할 때 내가 하고 싶은 이야기』에서 지난 16년 동안 거의 매일 달리기를 해 왔으며, 인생의 고통에 비하면 달리는 것은 일도 아니라고 쓰기도 했다.

빌 게이츠나 하루키만이 아니다. 변화경영 전문가이면서 자기경영 분야의 베스트셀러 저자인 구본형은 『익숙한 것과의 결별』이라는 책에서 자신만의 시간을 만들어 가는 방법을 다음과 같이 이야기한다. 주어진 시간을 사용하는 데 가장 중요한 것은 '무엇을 할 것인가!'라는 질문이며, 이것은 욕망과 관계가 있다. 진정한 욕망을 발견해야만 그것을 위해 시간을 사용할 수 있다. 두 번째로 중요한 것은 이 욕망을 위해 24시간을 어떻게 짤 것인가 하는 문제이다. 욕망이 꿈에 그치지 않으려면 일상 속에서 구체화되어야 한다. 그래서 그는 아침 일찍 일어나 새벽의 여명 속에서 글을 쓰고 읽는다고 했다. 그때는 군더더기 없는 좋은 음악과 함께하고 저녁 시간은 자유롭게 놓아두면서 무엇에나 쓸 수 있게 한다고 한다. 아이들에게 잔소리를 하기도 하고, 아내와 포도주를 마시기도 하며, 영화나 음악회를 감상하기 위해 둘이 외출을 하기도 한다는 것이다. 그는 하루를 22시간의 일상과 2시간의 자신만을 위한 시간으로 나누라고 말한다. 그 시간은 자신만을 위해, 자기 자신이 되기 위해 사용하라고 충고한다. 이 2시간은 어느 무엇을 위해서도 양보해서는 안 되고, 그것을 포기하는 날 우리는 노예가 될 것이라고 강변한다. 질적인 셀프스트로크를 통해 오로지 재충전의 시간을 지혜롭게 누리는 것이다.

평창 생태마을에서 환경운동을 하는 황창연 신부는 1년 중 한

달은 무슨 일이 있어도 자신만의 시간으로 사용한다. 한국에 있으면 강연 요청과 여러 가지 일을 외면할 수가 없어서 잘 쉴 수가 없기 때문에 모든 연락을 다 끊고 조용한 타국 땅에서 그 한 달을 보낸다는 것이다. 스킨스쿠버는 그가 가장 즐기는 취미이다. 그는 느지막이 일어나 아침을 먹고는 산소통을 메고 바다로 들어가 바닷속 비경에 감탄하고, 물고기들과 놀고 싶은 만큼 놀다가 나와서는 점심을 먹고 또 바닷속으로 들어간다. 그러다 나와서 낮잠도 자고, 해가 지면 저녁도 먹고, 와인도 한잔하고, 또 뒹굴거리고……. 그렇게 아무것도 안 하고 노는 일에 전력투구하다 보면 일상으로 돌아와서는 에너지가 넘치고 일할 맛이 생긴다는 것이다.

이렇게 사람마다 자기에게 주어진 시간을 계획하는 방법이 다르다. 그런데 내가 보기에 이들은 모두 승자로서 시간을 구조화하고 있다. 즉, 질적인 셀프스트로크를 자기만의 방법으로 끈질기고 고집스럽게 실천하고 이것을 일상의 자신의 본분에 큰 자양분으로 삼는다는 것이다.

나도 나만의 시간구조화를 하고 있는데, '2시간 법칙'과 '꿈의 징검다리 법칙'이라 이름 붙인 것이 그것이다.

우선 '2시간 법칙'은 '하루 시작 2시간'과 '일주일, 한 달, 1년의 마지막 날 2시간'을 사용하는 방법이다. 하루 시작을 위한 2시간 법칙은 눈 떠서 하루를 시작하는 두 시간 동안 세상일에 휩

쓸리지 않고 온전히 자신만의 사명mission에 몰입하는 것이다. 아침에 눈을 뜨면 입꼬리를 올리고 '아, 즐거운 하루가 또 시작되는구나!' 하는 마음으로 일어난다. 그러고 나서 영양제를 입에 넣고 물을 마시며 영양제의 성분이 오장육부에 잘 전달되기를 빌면서 하루의 시작을 감사한다. 그다음은 명상이다. 그런 다음 맨손체조(난 맨손체조 애호가이자 예찬론자이다)와 스트레칭, 팔굽혀펴기, 윗몸일으키기, 복근운동을 하고 간단한 몸 풀기로 마무리한 다음, 샤워를 하고 책을 읽으면서 2시간을 보낸다. 물론 이 시간 동안 TV, 라디오, 신문은 일절 듣거나 보지 않는다. 내가 해결할 수 없는 세상일을 걱정하며 하루를 시작할 필요가 없기 때문이다.

일주일, 한 달, 1년의 마지막 2시간 법칙은 한 주를, 한 달을, 1년을 마무리하는 시간을 마련하여 맑은 정신으로 지난 시간을 반추해 보고 평가와 검토, 미완의 일들에 대해 정리하는 것이다. 그리고 열심히 산 나에게 스트로크를 준다(스스로 잘했다고 이야기해 준다). 그러고 나서 다음 스케줄을 보며 마음을 가다듬고 새롭게 정리를 한다. 특히 1년을 마무리하는 시간에는 기도를 곁들인다. 올 한 해를 잘 마무리할 수 있음에 감사드리면서.

두 번째는 '꿈의 징검다리 법칙'이다. 말하자면, 삶의 종착점까지 징검다리를 하나둘 건너며 꿈을 이루기 위한 구조화를 하는 것이다.

우리는 가슴에 꿈을 품을 때 심장이 고동치고 삶이 뚜렷한 색을 가지면서 인생이 아름다워지는 것을 경험한다. 난 100세까지 살고 싶다. 그래서 나 혼자 단언을 했다. 나는 100세에 죽을 것이라고(삶의 종착지). 그리고 100세까지의 평생계획을 구조화했다. 참 욕심도 많다고 할 수도 있다. 그러나 난 충분히 가능하다고 굳게 믿고 있다. 앞서 언급했듯이 인간의 평균수명이 점차 늘고 있고 의료기술의 진보도 놀라울 지경이다. 문제는 나 자신이다. 난 100세까지 살기 위해 나름대로 최선이라 여기는 방법을 실천하고 있다(작은 꿈의 징검다리). 매년 정기 건강검진을 하고, 식이요법으로 반식半食, 즉 소식을 한다. 담배는 오래전에 끊었고, 술은 좋아하나 적당히 간간이 마신다. 그리고 매일 운동을 하고 등산도 즐긴다. 동시에 매사를 긍정적이고 낙천적으로 생각하고 느낀다. 그래서 별칭도 OK-BOSS이다.

이렇게 시간을 구조화하는 이유는 승자winner로 살다가 승자로 인생을 마무리하고 싶기 때문이다. 승자의 진정한 의미는 자신의 인생철학과 맞물려 있는데, '어떤 인생을 살 것인가?' 혹은 '내 삶의 의미는 무엇인가?'라는 탐구에 있다. 단순하게 인생에서 남은 시간을 무엇을 하며 지낼지에 대한 시간의 구조화가 아니라 그 시간은 어떤 교류로 채워 나갈 것인지 스스로 결정하는 자율성 정도는 교류분석을 아는 사람이라면 누구라도 할 수 있을 것이라고 나는 믿는다.

일단 내가 먼저
교류분석 마인드

살아가는 일이 힘들고 고통스러운가? 괴로움의 원인은 누구에게 있을까?

우리는 흔히 다음과 같은 상상이나 환상을 가진다. '우리 애가 공부를 1, 2등 한다면…….' '아내가 또는 남편이 조금만 달라지면 결혼생활이 행복할 텐데…….' '우리 회사 사장이 월급을 팍 올려 주면 지금보다 훨씬 애사정신을 가지고 열심히 일할 텐데…….'

하지만 당신 자신이 상처받기 쉬운 사람이라면 타인이나 상황이 변한들 달라질 것이 무엇이 있겠는가? 타인과 상황이 문제가 아니라 상황을 어떻게 해석하는가 하는 문제이다.

신영복은 감옥에서 보낸 20년의 삶이 완전히 인생을 바꾼 진정한 '나의 대학 시절'이었다고 고백했다. 그는 감옥이라는 환경에서 다양한 사람을 만나서 동양고전, 철학, 서예, 목공, 제화, 재단 등을 배우며 자신의 삶을 더욱 깊고 아름답게 만들었던 것이다.

이처럼 그곳에 있는 사람의 마음가짐에 따라서 상황은 다르게 지각된다. 삶의 자세 중 'I'm OK, You're not OK 또는 'I'm not OK, You're OK' 자세를 가진 사람, 그리고 자신과 상황에 대한 디스카운트를 하는 사람은 흔히 환경 때문에 자신이 병들었고 괴롭고 무능력해진다고 한다. 또한 '환경이 좋아지면 나는 유능해지고 모든 것이 좋아지고 대인관계도 원만해질 거야.'라고 생각한다. 그리고 그런 환경을 원망하고 부모나 남편, 상사, 동료 등을 원망한다. 그러나 상황보다 더 중요한 것은 그 상황 속에 있는 인간이다.

부부 문제를 상담할 때 문제를 자기에게서 발견하고 고치려는 태도를 보이는 부부는 문제해결이 쉽다. 그러나 끝끝내 자기의 문제를 부인하고 상대편의 문제만 고치라고 요구하는 부부는 어렵다. 사실 우리는 간단한 버릇 하나 고치기도 쉽지 않다. 자발적으로 고치려 해도 어려운데, 강요로 고쳐지기는 더욱 어렵다. 그런 의미에서 보면 상대에게 변하라고 강요하는 것은 일종의 폭력일 수도 있다.

'내가 변해서 성숙한 행동을 하려고 노력해야 한다. 그럴 때 상대와 세상이 변한다.'는 것이고, TA에서 강조하는 자아실현의 열쇠이다. 이는 내가 먼저 손 내밀고 다가가면 상대는 나에게 더 많은 것을 주게 되고 더욱 환대하게 된다는 뜻이다.

TA를 공부하는 동안 당신은 자신 안의 어린이 자아(C)가 무엇인지 생각해 보기도 하고, 새삼 부모님과 자신과의 관계 속에서 부모 자아(P) 상태를 다시 생각해 보기도 했을 것이다. 이미 내면의 변화가 진행되어 있을 수도 있다. 하지만 여전히 남아 있는 문제들이 있을 것이다. TA를 통한 치유와 성장의 과정은 나 자신과의 대화를 통한 분석 과정을 거쳐 자율로 가는 것이다. 내 문제에 대한 이해와 자각은 다른 사람과의 교류와 관계 속에서 그 효과가 나타난다. 내면의 어린아이가 드러나고 내가 그 아이로부터 벗어나면 어린 시절 많은 영향을 미쳤던 부모님과의 관계가 회복되고 자신과 가장 가까운 사람들과의 관계가 회복된다. 그러나 이 회복의 과정은 저절로 이루어지지는 않는다. 나를 힘들게 한 상대방에 대한 힘든 용서의 과정이 필요하다. 내면아이로부터 먼저 벗어난 사람이 먼저 용서를 시작할 수 있다. 여기서도 '내가 먼저'가 중요하다.

열 사람이 모여 있으면 열 개의 아픔이 있고, 백 사람이 모여 있으면 백 개의 아픔이 있다. 다만, 그 아픔의 경중에서의 차이만 있을 뿐이다. 다시 말해, 사람은 누구나 각자 나름대로의 상처와 아픔을 갖고 있다는 것이다.

어린 시절 자신에게 상처를 입힌 상대는 아버지일 수도 있고 어머니일 수도 있다. 또한 형제, 친구, 직장동료 등일 수도 있다. 대체로 교류분석을 공부하며 실천하는 과정을 거쳐 어느 정도는 용서가 되었을 수도 있다. 이제는 보다 적극적으로 용서하기 시작하자. 용서는 구체적인 사랑의 행위이다. 물론 용서는 쉽지 않다. 용서는 나와 상대에 대한 감정을 동반하게 되므로 쉬운 과정은 아니다. 그래서 용서란 고슴도치를 껴안는 것이라고 한다. 그만큼 고통과 희생을 감수하는 것이다.

TA에서는 이러한 용서의 과정을 회피해 왔던 감정을 접촉하는 방법으로 '빈 의자empty chair 기법'을 사용한다. 자신의 맞은편 빈 의자에 용서를 할 대상이 앉아 있다고 상상한 다음 충분히 감정이입이 되면 이제 그 사람에게 마음을 터놓고 과거의 감정을 이야기하는 것이다. 빈 의자 기법은 게슈탈트 심리치료에서 가장 많이 쓰이는 방법 중 하나로서, 흔히 현재 치료 장면에 와 있지 않은 사람과 관련된 사건을 다룰 때 사용한다. 예컨대, 굉장히 엄하신 아버지가 빈 의자에 앉아 계신다고 상상하고서 아버지에게 평소 하지 못했던 하고 싶은 말을 하도록 하는 것이다.

빈 의자 기법에서 용서란 상대방이 어떤 일을 했어도 그 사람을 받아들이겠다는 지속적인 약속이다. 한 번으로 그치지 않고 그 용서의 약속을 지켜 나가도록 늘 자신을 점검하고 두 번, 세 번 용서하는 행동을 반복해야 할 것이다. 나를 괴롭혔던 상대는 자기 나름의 입장이 있었을 것이다. 아버지의 외도로 힘든 날을 살고 있던 어머니라면 그런 이유로 어린 나를 방치했을 수도 있다. 또는 먹고 살기가 너무 힘들어 자식에게 먹을 것만 주는 것이 최고의 사랑인 줄 알고 있었을 수도 있다. 아니면 자신도 똑같은 부모 아래에서 자라 아이들은 으레 그렇게 키우는 것인 줄 알고 있었을 수도 있다. 부모님도 나처럼 힘든 인생을 살고 있었고 그들 나름대로는 최선을 다한 것일 수도 있는 것이다. 이러한 것들을 빈 의자에 앉은 심리적 상대가 하는 이야기를 듣고 알게 된다.

그들의 입장에서 이해해 주면 용서가 쉬워진다. 이뿐만 아니라 내가 나이가 든 후에 나에게 힘든 상황을 만들었던 사람들도 용서해야 한다. 그들 또한 그 자신의 내면아이에게서 벗어나지 못하고 자신의 상처를 가지고 타인에게 상처를 입힌 것일 수 있다. 용서는 짐을 벗는 것이다. 하나둘씩 마음의 짐을 내려놓는 용서를 실천해 보자. 내가 먼저 모든 짐을 내려놓는 날, 몸과 마음이 날아갈 듯 가벼워질 것이다. 자각을 통한 자율의 과정에 진정한 안식과 평화가 온다.

사람은 자신이 작아 보일 때 우울하고 분노한다. 하지만 쑥 자라서 커진 자신을 발견했을 때는 더 이상 작은 일로 분노하거나 우울해지지 않는다. 이제는 교류분석 또는 인간관계와 관련된 책을 읽고 그 방법을 터득해서 실행에 옮겨 봐도 좋겠다. '내가 먼저' 칭찬하고 격려하고 배려하고 경청하고…… 부모님 또는 당신을 힘들게 했던 사람에게 맛있는 식사를 대접하거나 함께 목욕을 즐기거나 작은 선물을 마련해 보자. 당신의 달라진 태도가 그들을 행복하게 할 것이다. 흔히 변화는 고통을 수반한다. 사용하지 않던 근육도 사용하면 통증이 생기듯, '안 하던 짓'을 하려면 처음에는 망설여지고 쑥스럽고 어색하고 불편하다. 그러나 처음 한 번이 어렵다. 행복해하는 그들의 모습이 나의 이 기분 좋은 변화를 가속화시켜 줄 것이다. 이것이 생활 속 실천을 중시하는 TA에서 강조하는 '내가 먼저'라는 자아실현의 열쇠이다.

내 안의 무엇이 나를 고통스럽게 했는지 발견하고, 그 고통을 유발했던 사람들을 이해하고 용서한다. 그리고 그들을 마음으로부터 껴안고 그들을 행복하게 해 주기로 재결단하는 모습……. 그 모습을 상상 속에 선명하게 그려 보라. 성숙하고 자기존중감이 있는 사람만이 그런 태도를 취하고 그런 삶을 살 수 있다. 집착하는 마음의 매임으로부터 자신을 놓아주고 타인을 놓아주면서 누릴 수 있는 자유로움……. 그 자유와 함께 내 안 저 깊은 곳에서 올라오는 기쁨을 느낄 수 있을 것이다. 얼마나 근사한가? 당신은 당신 그대로의 모습으로 바로 그런 삶을 자율적으로 살 수 있는 존재이다.

자율성
교류분석의 최고 지향점

교류분석에서 가장 가치를 두는 것은 인간의 '자율성'이다. 상담을 하면서 자신의 삶을 타율적으로 사는 사람들을 더러 만난다. 부모의 목소리에 묶여서 살고 있는 것이다. 부모도 남이다.

좀 특별한 남이다. 외할머니와 어머니가 각자 서로를 위해 달라고 그렇게 유치하게 싸우는 것을 보며 자란 여성 내담자는 지금 어머니와 자신이 참으로 유치하게 싸운다. 서로 자기를 봐 달라고 하며…….

자신의 생각과 행동의 조종석에 여전히 부모가 또는 이들 중 한 사람이 앉아 조종을 하고 있다. 스스로 결정을 잘하지 못한다. 조금이라도 혼자 결정을 하려고 하면 비상벨이 울리며 목소리까지 들려온다. 자신이 선택할 수 있는 것이 많지 않다. 그리하여 자신이 자꾸 디스카운트 당하는 것에 속상함, 답답함, 화를 계속 묻어 두고 있다가, 어느 날 자신을 조종하는 사람에게 한꺼번에 터뜨린다. 난폭하게, 미숙하게 말을 하고, 아이처럼 울고, 떼를 쓰고, 해야 할 일을 하지 않는 방식으로.

고도원의 책 『절대고독』에 '내 인생 내가 산다!'라는 대목이 나온다.

나는 내 인생의 주인인가, 손님인가?

주인공인가, 구경꾼인가? 답은 분명하다.

구경꾼이 아니다. 내 인생은 내가 주인공이다.

내 인생 내가 산다. 어느 한순간도 남이 대신 살아 주지 못한다.

내가 먼저 행복하게 살아야

남도 행복하게 살릴 수 있다.

이 대목은 교류분석의 '자율성'과 너무 와닿는다. 자신이 자신의 삶을 선택하고 만들어 나가는 실존적 존재일 때 사람은 자율적으로 사는 것이고, 이것이 존재로서 행복감을 느끼게 해 준다.

행복도 만들어야 한다. 행복은 누구에게나 있지만, 내가 쟁취해야만 내 행복이 되는 것이다. 그래서 내가 행복해야 배우자도 행복하고, 다른 가족도 행복하며, 주변 사람들도 행복하다.

나는 평소 "네 자신을 네가 잘 데리고 다녀."라고 자주 말한다. 자신이 자신에게 몸에 좋은 것 먹여 주고, 편안하고 폼 나는 옷도 입혀 주고, 좋은 것 구경도 시켜 주고, 좋은 강의도 들어 주고, 누가 자신을 데리고 다녀 주겠는가? 그리고 설사 데리고 다녀 준다고 그게 행복하겠는가? 이러한 사실을 크게 깨닫는 것이 대오각성大悟覺性이다. 교류분석에서는 '자각(알아차림)'이라고 한다.

사람이 자율적이 되려면, 우선 자신이 여전히 무언가에 종속되어 영향을 받고 있다는 것을 '자각(알아차림)'해야 한다. '자각(알아차림)'이 한 사람의 삶 속에 깊이 침전되지 못하고 미완성으로 끝나는 경우도 많다. 대체로 가슴과 의식 속 깊은 곳에서의 울림과 몸으로 '자각(알아차림)'하는 것이 아니라 머리로 지식으로 아는 경우이다.

이러한 '자각(알아차림)'이 사람을 변하게 하려면 다음 수순이 스스로 행동하는 것이다. 이것이 교류분석에서 말하는 '자발성'

이다. 이 '자발성'은 자율로 가는 터닝 포인트이고 늘 용기를 필요로 한다. 용기란 두려움이 없는 상태가 아니다. 두려움에도 불구하고 행동하는 것이다.

전 세계 25개 사막을 홀로 건너며 내면으로의 여행을 통해 자신에게 도달하고자 한 독일의 유명한 탐험가이자 여행가, 저널리스트 아킬 모저Achill Moser는 『당신에게는 사막이 필요하다』에서 "지금 이 순간에도 나는 정확히 그날을 기억할 수 있다. 처음 사막을 향해 떠났던 그날, 벌써 35년이 흘러 버린 바로 그날, 내 인생은 180도 바뀌어 버렸다. 내 나이 열일곱 살이었다. 6주 동안의 여름방학을 이용해 함부르크를 떠나 파리와 바르셀로나를 거쳐 북아프리카로 향하는 사막 여행이었다."라고 술회했다. 평범한 10대의 사막 여행 한 번이 한 사람의 인생을 바꾸어 놓았다. 인생을 바꾸는 경험, 운명을 바꾸는 점 하나, 그것을 가리켜 '터닝 포인트'라 부른다. 누구에게나 삶에 터닝 포인트가 있다. 변곡점이다. 현재까지의 삶의 방식이 변화되는 지점이 있다. 이럴 때 항상 스스로 행동하고 있는 경우가 많다. 이것이 용기와 행동으로 삶을 송두리째 변화시키는 장면이다. 온갖 간섭과 통제로부터 온전히 자유로운 나, 자율적인 나를 만나는 감동적인 장면이다.

용기와 행동은 늘 병렬이다. 뭔가를 시도는 해야겠다고 알고 있는데 선뜻 행동으로 옮겨지지 않는다. 용기를 못 내고 있다.

개인적으로 어떤 성취는 얼마나 많이 실패하느냐에 달려 있다고 생각한다. 수많은 작은 실패가 모여 발전과 성취를 이룬다. 성공과 성취의 크기는 얼마나 많이 실패하느냐에 달려 있다. 만약 어떤 사람이 무언가를 당신보다 잘한다면, 그것은 그 사람이 당신보다 그 일에서 더 많은 실패와 좌절을 맛보았기 때문일 가능성이 크다. 어떤 사람이 당신보다 못하다면, 그건 그가 당신보다 배움의 고통을 덜 경험했기 때문일 가능성이 크다. 산을 오르는 것이나 골프, 요가, 산악자전거 타기 등은 모두 작은 좌절, 고통, 실패를 무릅쓰고 나서 어떤 경지에 오르게 되는 것과 같다.

생각은 있으나 좀처럼 실행으로 옮기지 못하는 경우는 여전히 과거 매너리즘에 묶여 있거나, 혹시나 실수하면 어쩌나 싶은 두려움에 혹은 절대 실패하지 않을 방법을 찾느라 너무 신중한 나머지 한 발짝도 떼지 않고 조건만 무르익기를 기다리고 있는 것이라고 볼 수 있다. 하지만 그렇게 해서는 아무것도 이룰 수 없다. 빨리 실수하고 실패하는 편이 훨씬 낫다. 실수와 실패를 반복한 사람만이 성공에도 이를 수 있다. 그러니 실수와 실패를 두려워하지 않는 용기가 필요하다. 이 용기가 행동을 부르고, 이 둘은 사이좋게 어깨동무하여 같이 간다. 결국 알아차림이 용기를 붙들고 행동으로 보일 때 진정한 자율성을 갖게 되는 것이라 믿는다.

이렇듯 교류분석의 사상이 삶으로 증명될 때

아름답기 그지없어라.

매 순간 알아차림을 통해 자유로운 선택을 실천하는 자,

생생한 실존과 마주하리라.

·에필로그·

"진정한 지식이란 말로 아는 것보다는 어떻게 행동할지를 아
는 것이다."(Berne, 1949: 28).[1]

    이 책은 교류분석 이론의 번역서나 편저서만 출판되어 오던
2011년에 국내에서 처음 교류분석을 우리 생활과 상담 이야기
로 알기 쉽게 설명하여 문화관광부 우수교양도서로 선정되었던
『관계의 미학, TA: 생활 속의 교류분석』을 좀 더 확장한 것이다.
『관계의 미학, TA: 생활 속의 교류분석』에서 설명 형식으로 각
장에 첨부되었던 이론을 과감하게 생략하고 독자들이 쉽게 읽
을 수 있도록 수정, 보완, 추가하였다.
    이 책에서는 인간관계에 작동하는 마음의 원리를 교류분석이
라는 프리즘으로 좀 더 세밀하게 들여다보았다. 즉, 관계에서 사
람들의 마음은 어떻게 상처를 받게 되는지, 그러면서도 자꾸 비

---

1 Berne, E. (1949). The nature of intuition. *Psychiatric Quarterly*, *23*, 203-226.

숫한 일이 반복되는 이유를 심리학 이론인 교류분석에서 알아내고, 상처를 치유하는 방법, 다시 상처받지 않는 마음의 근육을 키울 수 있는 방법에 관한 고민에 대해 혜안을 모색하고 있다.

교류분석은 우리 모두가 화가이며 자기 인생의 그림을 자신이 그리며 살아간다는 실존철학과 닿아 있다. 그림은 손으로 그리지만, 그림의 시작은 마음에서 비롯된다. 마음 상태에 따라 그림의 색깔과 꼴이 달라지고, 섬세한 밑그림이 마음에 담겨 있어야 손끝으로 옮겨지게 된다. 우리의 관계도 이와 같아서 마음의 이미지, 마음의 색깔이 인생과 인간관계라는 그림에 투영된다.

지구촌에서 교류분석을 공부한 사람들이 공통적으로 하는 말은 이 이론을 공부하면 먼저 나 자신에게 '도움이 된다'는 것이다. 관계의 중심에 나를 세울 수 있고 이러한 나를 이해하면서 비로소 인간관계의 비밀을 깨닫고 이를 잘 해결할 수 있는 단연 최고의 이론은 교류분석이라는 것이다.

또한 '나는 진정한 어른인가?'에 대해 고민하고 질문하는 철학과 맞닿아 있다. 자신이 다른 사람들에게 상처를 주지는 않았는지, 자신이 받았던 상처에 힘들어하고 있지는 않은지, 그 상처들을 품어 주고 감싸 주는 사람이었는지 등과 같은 인간관계 선상에서의 질문들이다. 그래서 자연스럽게 지금의 나는 나의 부모가 아니고, 어린 시절 아이도 아니고, 지금-여기에서 '진정한 어른'이라고 자각함으로써 인간관계를 친밀하게 하는 평범한 비법을 알려 준다.

교류분석에서 '나'는 하나가 아니라 참으로 다양한 모습을 가지고 있다는 것을 알려 준다. 매 순간 말투, 표정, 행동 등이 수없이 변하는 나의 모습을 알게 되고, 대하는 사람마다 그리고 벌어지는 상황마다 전혀 다른 모습의 나를 발견하게 된다. 그런데 알고 보니 그 모두가 '나'였고 그 '나'는 고유하다는 사실을 알아차리게 되며 나를 사랑하게 된다.

자, 이제 우리 교류분석의 지식을 행동으로 연결하여 좋은 관계, 좋은 삶을 위한 마음의 훌륭한 정원사가 되어 보자.

이영호, 박미현

에필로그

이영호 Lee Youngho

'더 나은 사람이 되는 것에 늦은 때는 없다.'고 믿으며, 인간 성
장에 대한 무한 신뢰를 갖고 있다. 대구대학교 대학원 사회복
지학과에서 대상관계, 교류분석 등을 공부하였고(Ph.D), 이를
토대로 부산 한병원, 인제대학교 부산백병원에서 정신건강사
회복지사로 오랫동안 일했다.

한국교류분석상담학회 초대회장을 역임하였고, 현재 인제대학
교 사회복지학과 교수로 있다. 우울증, 정신건강 상담 및 인간
관계에 특히 관심을 가지고 한국통합TA연구소, ㈜한국TA러
닝센터에서 TA교육과 상담, 저술 등 왕성한 활동을 하고 있는
이론가이자 임상가이다.

교류분석을 통해 우리 사회가 보다 건강하고 조화로워질 수
있다고 믿는 따뜻한 긍정주의자이다.

E-mail: leeyh600@hanmail.net

박미현 Park Mihyun

젊은 시절부터 "'마음'은 무엇인가?" "'사람'은 어떻게 살아야 하는가?"와 같은 질문의 답을 찾고자 읽었던 인문학 책들이 심리상담의 길로 자연스럽게 이끌어 주었다. 다양한 심리이론을 공부하던 중 TA를 만나 운명처럼 빠져들었다. 삶의 궁극적 가치에 대한 개인적 고민은 TA를 만나 한층 더 깊어졌고, 변화를 원하는 사람이 TA를 제대로 만난다면 원하는 대로 삶을 만들어 갈 수 있겠다는 TA상담에 대한 강한 믿음을 가지게 되었다. 캐나다 밴쿠버 트리니티 웨스턴 대학교(Trinity Western University)에서 상담공부를 시작하여 경성대학교에서 교류분석 부부상담 논문으로 박사 학위를 받았다.

현재 한국통합TA연구소/관계심리클리닉과 ㈜한국TA러닝센터를 김해와 부산에서 운영하고 있으며, 교류분석으로 상담과 강의, 번역과 책 쓰는 일을 하고 있다.

E-mail: jeanniepmh@gmail.com
한국통합TA연구소 홈페이지: http://www.gota.kr

이영호, 박미현의 교류분석 관련 저서 및 역서로는 『관계의 미학, TA: 생활 속의 교류분석』(공저, 학지사, 2011), 『교류분석 부모훈련』(공저, 서문사, 2014), 『교육현장에서 교류분석의 적용』(공역, 학지사, 2012), 『마음을 여는 열쇠: 교류분석을 통한 정서활용』(공역, 학지사, 2015), 『아임 오케이 유어 오케이』(공역, 학지사, 2020) 등이 있다.

나는 과거로 가는
다리를 건너지 않겠다
-풀어 쓴 교류분석 이야기-

I Will Not Cross the Bridge That Leads Me to the Past
- Transactional Analysis Explained -

초판 1쇄 발행 2021년 6월 30일
초판 2쇄 발행 2023년 10월 20일

지은이 이영호 · 박미현
발행인 김진환

발행처 학지사
발행처 이너북스 **주소** 서울특별시 마포구 양화로 15길 20 마인드월드빌딩
대표전화 02-330-5114 **팩스** 02-324-2345
출판신고 2006년 11월 13일 제313-2006-000265호
홈페이지 http://www.hakjisa.co.kr

ISBN 978-89-92654-62-3 03180
정가 15,000원

출판미디어기업 학지사

간호보건의학출판 **학지사메디컬** www.hakjisamd.co.kr
심리검사연구소 **인싸이트** www.inpsyt.co.kr
학술논문서비스 **뉴논문** www.newnonmun.com
교육연수원 **카운피아** www.counpia.com